LUISTER JE WEL NAAR MÍJ?

# LUISTER JE WEL NAAR MÍJ?

## Gespreksvoering met kinderen tussen vier en twaalf jaar

Martine F. Delfos

uitgeverij
SWP

Eerste druk 2000 - Negende druk 2005 zijn verschenen onder ISBN: 90-6665-340-X
Tiende herziene druk 2005 - Twaalfde druk 2006 zijn verschenen onder ISBN 978 90 6665 724 3
Dertiende uitgebreide druk 2008 - Zestiende druk 2011 zijn verschenen onder ISBN 978 90 6665 940 7
Zeventiende druk, maart 2014

Engelse editie: *Are you listening to me? Communicating with children from four to twelve years old.*
SWP Publishers: Amsterdam (2001), ISBN: 90-6665-366-3

Eerste Spaanse editie: *¿Me escuchas? Cómo conversar con niños de cuatro a doce años.*
Bernard van Leer Foundation: Den Haag (2001), ISBN: 90-6195-058-9
Tweede Spaanse editie: *¿Me estás escuchando?* Pirámide: Madrid

Duitse editie: *Sag mir mal... Gesprächsführung mit kindern. 4-12 Jahre.* 9e druk. Beltz Verlag: Weinheim/Basel (2004). ISBN: 3-407-22128-2

Franse editie: *De l'ecoute au respect, communiquer avec les enfants.* Érès: Ramonville Saint-Agne (2007). ISBN: 978-2-7492-0715-5

Informatie over overige uitgaven van Martine F. Delfos: www.mdelfos.nl

Cover t/m 9e druk  Cover vanaf 10e druk 

Luister je wel naar míj?
*Gespreksvoering met kinderen tussen vier en twaalf jaar*
Martine F. Delfos

ISBN 978 90 8850 510 2
NUR 847

Lucas Quinten
Voor het kind dat wordt...

*The most powerful weapon in empowering the child is adult modesty.*
Het meest krachtige wapen in het weerbaar maken van kinderen
is de bescheidenheid van de volwassene.
(Delfos, Lezing voor de YMCW, Helsinki, 1999).

# COMMUNICEREN MET KINDEREN EN JEUGDIGEN

*Luister je wel naar míj?* vormt samen met *Ik heb ook wat te vertellen!* een serie van twee boeken over communiceren met kinderen en jeugdigen. Ieder deel richt zich op de specifieke doelgroep (deel 1: 4-12; deel 2: 13-25). De ontwikkeling gedurende de periode wordt beschreven en de specifieke kenmerken van gespreksvoering met kinderen van verschillende leeftijden. Er staan veel oefeningen in die iedereen zelf kan uitproberen. Het is geschikt voor opleidingen, maar blijkt ook een handig hulpmiddel voor ouders bij de opvoeding van hun kinderen. In beide boeken is aandacht voor de juiste houding die nodig is voor een goede gespreksvoering met jeugdigen.

Deel 1
Luister je wel naar míj?
*Gespreksvoering met*
*kinderen tussen vier en twaalf jaar*

Deel 2
Ik heb ook wat te vertellen!
*Communiceren*
*met pubers en adolescenten*

# INHOUD
## *Korte inhoudsopgave*

# INHOUD
## *Uitgebreide inhoudsopgave*

# TEN GELEIDE

Sinds begin jaren '90 heeft WESP (Bureau voor sociaal marktonderzoek) in samenwerking met instellingen voor jeugdhulpverlening de mening en beleving van kinderen en jongeren ten aanzien van de hulp in kaart gebracht. Op dit moment gebeurt dat ook voor het onderwijs. De Bernard van Leer Foundation ondersteunt sinds een aantal jaar projecten om het luisteren naar jonge kinderen te bevorderen. Belangrijk kenmerk daarbij is dat uitvoerders van de hulp of het onderwijs zelf open vraaggesprekken voeren. Om hun gespreksvaardigheden te ondersteunen, is op hun verzoek een aantal Trainingen Vraaggesprekken ontwikkeld, die zich richten op vraaggericht werken of het vergaren van cliëntenfeedback.

Omdat de kwaliteit van de gespreksvoering aantoonbaar afnam met het afnemen van de leeftijd van de te interviewen kinderen, is gedurende een aantal jaar verkend wat daarvan de oorzaken waren. Bekeken is wat jonge kinderen doen – en niet doen – als ze geïnterviewd worden, wat bekend is over gespreksvoering met jonge kinderen bij deskundigen en in de literatuur, en welke ondersteuning hulpverleners en leerkrachten wensen als ze in gesprek gaan met jonge kinderen over hun mening en beleving.

In ieder geval werd duidelijk dat kinderen vanaf een jaar of vier in staat zijn om veel informatie te geven over hun belevingswereld. Ook bleek die informatie belangrijk genoeg om de kwaliteit van het aanbod van onderwijs of hulp te kunnen verbeteren. Maar bestudering van enkele duizenden pagina's woordelijk uitgetypte interviews met kinderen van vier tot en met twaalf jaar uit de trainingen vraaggesprekken, wees uit dat de manier waarop de gesprekken verliepen, heel bepalend was voor de informatie die jonge kinderen gaven. De wijze van voorbereiding van het gesprek, de houding van de interviewer, diens gespreksvaardigheden en afstemming op de ontwikkelingsfase van het kind waren doorslaggevend.

Alle reden om een deskundige in gespreksvoering met jonge kinderen te vragen om haar schat aan ervaring en kennis te combineren met het vooronderzoek van WESP en dit te vervatten in een boek. In de uitgangspunten het kind serieus te nemen, ook heel jonge kinderen, te luisteren naar hun mening en beleving en er vervolgens iets mee te doen om hun situatie te verbeteren, hebben WESP en Martine Delfos elkaar gevonden. Ik spreek de wens uit dat dit boek de lezer zal inspireren om in gesprek te gaan met jonge kinderen. U luistert toch ook naar hen?

Jorien Meerdink
*Directeur Bureau WESP*

# VOORWOORD

Toen Jorien Meerdink van Bureau WESP (Bureau voor sociaal marktonderzoek) mij in 1998 vroeg om een syllabus te schrijven ten behoeve van de training voor het vraaggericht werken met jonge kinderen en zij mij in 1999 vroeg deze syllabus uit te werken als boek. Dit sloot naadloos aan bij mijn behoefte en voornemen om een boek over gespreksvoering met kinderen te schrijven. In de vele enquêtes over gespreksvoering met kinderen die ik had gehouden tijdens colleges en trainingen bleek dat er geen handboek en zelfs nauwelijks informatie op dat gebied bestond, maar wel een grote behoefte aan leerstof. Behalve Thomas Gordons klassieker over *Luisteren naar kinderen*, dat naast zijn prachtige 'actief luisteren' en 'ik-boodschap', echter meer een opvoedkundige methode is, bestond er nog nauwelijks een boek dat specifiek de gespreksvoering met kinderen tussen vier en twaalf jaar behandelt. Vreemd, omdat het zo belangrijk is voor bijna iedereen in zijn of haar dagelijkse leven en zeker binnen het werkveld van de jeugdhulpverlening. Ik heb er dan ook met groot genoegen aan gewerkt.

Kinderen hebben er recht op dat er zorgvuldig met hen gecommuniceerd wordt en volwassenen varen er wel bij om dit met kinderen te doen.

Nu, 2014, kan *Luister je wel naar míj?* zich nog steeds verheugen in een toenemend lezerspubliek. Tot mijn grote vreugde maken vele opleidingen er dankbaar gebruik van. Het boek blijkt in een behoefte te voorzien, zowel in Nederland als in het buitenland. Het is inmiddels aan zijn zeventiende druk toe. In elke nieuwe druk zijn recente inzichten en onderzoeken, en ervaringen uit de praktijk en van studenten verwerkt. Ook deze zeventiende druk is weer aangevuld met nieuw onderzoek en nieuwe inzichten; wetenschap is nu eenmaal dynamisch.

De wereld waar het kind in opgroeit, is sterk veranderd door het virtuele milieu (tv, video, mobieltjes, de computer met internet, tablets en gaming). Het is een belangrijke en indringende leefwereld voor jeugdigen geworden. Een wereld waar we nog steeds veel te weinig communiceren met kinderen en hen in feite voor de leeuwen werpen. Maar we moeten hen een gezonde virtuele ontwikkeling bieden, net als een gezonde lichamelijke, sociaal-emotionele, cognitieve, sportieve en creatieve ontwikkeling. Het is van doorslaggevend belang om met kinderen hierover te praten. Kennis hierover is bij kinderen ruim aanwezig, bij volwassenen ontbreekt het, op grote lijnen na. Kinderen en jongeren weten meer over computers en internet dan volwassenen: Boven de twintig weet niet wat beneden de zestien aan het doen is. Het is voor de meeste volwassenen niet meer mogelijk om alle kennis daarover in te halen. Wel heb ik geprobeerd een bodem te leggen waardoor communiceren met kinderen gestimuleerd wordt, en kinderen leggen je wel uit wat een *healer* is of een *safe-point*.

Inmiddels werd mij vanuit opleidingen en de praktijk dringend verzocht om een leerboek over communiceren met pubers en adolescenten te schrijven, wat ik met plezier heb gedaan *(Ik heb ook wat te vertellen! Communiceren met pubers en adolescenten)*. Ook dat boek vindt zijn weg naar opleidingen hulpverlening en onderwijs, maar ook naar ouders. De twee boeken zijn op elkaar afgestemd, en nog sterker op de opleidingspraktijk afgestemd.

In beide boeken zijn per hoofdstuk oefeningen opgenomen. Deze oefeningen zijn bedoeld om de stof toe te passen en te verdiepen. Het zet hopelijk ook de hersens op 'aan'. Met het uitvoeren van de oefeningen wordt geleidelijk aan de juiste houding voor gespreksvoering met kinderen en jeugdigen ontwikkeld. Aan het eind van ieder hoofdstuk staan aandachtspunten die op de hoofdlijnen van het hoofdstuk slaan.

Beide boeken zijn in eerste instantie geschreven voor studenten in opleidingen psychologie, pedagogiek, sociaal-pedagogische hulpverlening, de pedagogische academie, fysiotherapie en zelfs de conservatoria maken er gebruik van. Maar ze zijn zeker ook waardevol voor hulpverleners die met kinderen werken. Het is bedoeld voor mensen die beroepshalve met kinderen werken, van de politieagent die een verhoor af moet nemen, de leerkracht op school tot aan de therapeut die het kind behandelt. Maar ook ouders die de communicatie met hun kinderen willen begrijpen en verbeteren, kunnen voor inzicht en handvatten in dit boek terecht.

Een aantal mensen wil ik bedanken voor hun hulp en steun bij de totstandkoming van dit boek. Naast de bijdrage van WESP, zocht ook Marijke Gottmer bij de eerste druk materiaal, waarvoor ik haar dank. De conferentie van de IFCW, *International Forum of Child Welfare*, in Helsinki (september 1999), voedde mij met het wetenschappelijk werk dat onder andere aan Universiteit van Jyväskylä in Finland uitgevoerd wordt. In 2012 vroegen ze mij hen methodologisch bij te komen staan in hun onderzoeken naar communicatie met kinderen.

Nicolien van der Keur bedank ik voor de zorgvuldige opmaak van omslag en binnenwerk van dit boek en de prettige samenwerking, ook nu weer nu het geheel in een nieuw jasje wordt gestoken. Ik bedank studenten die materiaal voor mij zochten: Floris Hartmann en Laura Dekkers.

Ik dank mijn uitgever, Paul Roosenstein, die mijn werk onvoorwaardelijk steunt.

Ik dank mijn gezin die de bodem van mijn bestaan vormt.

Martine-France Delfos
*Utrecht, maart 2014*

# 1 INLEIDING
## *Luister je wel naar míj?*

*Luister je naar me!?* Kinderen hebben het al zo vaak gehoord, een vraag met een besliste en strenge toon. Maar van binnen denken ze zo vaak: *Maar luister je wel naar míj?* En ze hebben gelijk. Hoewel kinderen de reputatie hebben niet naar volwassenen te luisteren, is het omgekeerde ook het geval. Volwassenen luisteren vaak ook niet naar wat kinderen zeggen. De vraag van de volwassene is echter doorgaans een vraag naar gehoorzaamheid, die van het kind een smeekbede dat er naar zijn of haar verhaal geluisterd wordt.

Iedereen is kind geweest en de meeste mensen praten dagelijks zoniet wekelijks met kinderen en toch is het vaak moeilijk om écht met kinderen te communiceren.

Er bestaat nauwelijks literatuur over gespreksvoering met kinderen, en zeker niet over jonge kinderen. Er is weinig tot geen wetenschappelijk onderzoek naar gedaan. Wat er wel is, richt zich vooral op het verschil in communicatie tussen volwassenen en kinderen. Weinig aandacht wordt besteed aan hoe volwassenen en kinderen met elkaar in gesprek zijn en hoe ze kunnen communiceren op basis van hun mogelijkheden en onmogelijkheden. Clark (2005) stelt in een review van onderzoek naar het luisteren naar kinderen dat er weinig onderzoek gedaan is in het horen van kinderen, maar dat naar voren komt dat het belangrijk is om in de communicatie met kinderen rekening te houden met het verschil in perspectief, belangstelling en behoeften op verschillende leeftijden.

Inmiddels is er steeds meer aandacht voor het kind gekomen. Het Verdrag van de Rechten van het Kind is aan het begin van de eenentwintigste eeuw zo'n tien jaar oud (IVRK, 1990). De aandacht is steeds meer gericht op het kind (Delfos, 2001a). Gezien de toenemende belangstelling voor de mening van het kind begint er enig onderzoek te komen over hoe overzichtsonderzoeken met vragenlijsten en interviews met kinderen uitgevoerd zouden moeten worden (Borgers, De Leeuw en Hox, 1999). Mede vanwege het Internationaal Verdrag inzake de Rechten van het Kind wordt aandacht besteed aan de participatie van kinderen in wetenschappelijk onderzoek. Punch (2002) laat zien dat wetenschappelijk onderzoek met kinderen anders is dan met volwassenen en laat zeven methodologische knelpunten zien. Het belangrijkste probleem is dat de visie op kinderen die van volwassenen is in plaats die van kinderen zelf. Het recht van kinderen te participeren in wetenschappelijk onderzoek ondervindt problemen, onder andere door de eisen van de ethische commissie die beoordeelt of onderzoeken mogen worden uitgevoerd (Powell & Smith, 2009). Conroy en Harcourt (2009) bespreken hoe gevoelig het ligt om jonge kinderen toestemming te vragen voor het participeren in onderzoek. Hun toestemming kan bijvoorbeeld alleen de zeer nabije toekomst beslaan en ouders geven soms toestemming waar kinderen zelf dat niet zouden geven, of vice versa. Het is noodzakelijk om een perspectief te nemen waar het kind centraal staat (Grover, 2004). De mogelijkheid om deel te nemen aan wetenschappelijk onderzoek staat niet los van de houding ten opzichte van kinderen in het algemeen. Sinclair (2004) geeft aan dat participatie van kinderen in wetenschappelijk onderzoek alleen mogelijk is wanneer het ingebed is in de relatie met kinderen in het algemeen. Om kinderen te laten participeren in onderzoek moet men zich realiseren dat kinderen het door hebben als volwassenen zich gelijkwaardig aan kinderen opstellen. Kinderen hebben in het dagelijkse leven ervaring met de machtsverhouding van kinderen en volwassenen (Christensen, 2004).

Het spreken met kinderen is voor bijna iedereen een dagelijkse bezigheid; in ieder geval gedurende een deel van zijn of haar leven. Voor professionals die met kinderen werken, is het zelfs een kernactiviteit. Toch leren we er op opleidingen vaak weinig over en moeten we onze kennis vooral putten uit onze eigen ervaring en die van de mensen om ons heen. In ontwikkelingspsychologische boeken is de aandacht die eraan besteed wordt beperkt; in gunstige gevallen hooguit een bladzijde of twee. Specifieke aandacht voor *open gesprekken* met kinderen – het centrale onderwerp van dit boek – is nog schaarser. Meestal gaat het onderzoek over het communiceren met kinderen in verhoorsituaties en voor getuigenissen.

## 1.1 DE DOMINANTIE VAN TAAL

Hoe jonger het kind, des te onhandiger volwassenen zich lijken te voelen in gesprek met kinderen (oefening 1.1, bijlage 1). Zeker wanneer het om moeilijke of pijnlijke onderwerpen gaat. Voor het kind geldt dat niet minder. Hoe jonger het kind, des te vreemder de communicatie met volwassenen vaak voor hem of haar is. Het begint al vanaf de geboorte. Baby's worden niet met taal, maar wel met de mogelijkheid tot taal geboren (Chomsky, 1957; Kegl, Senghas en Coppola, 1999). Al snel heeft een baby door, dat een volwassene niet genoeg begrijpt als het niet uitgedrukt wordt in woorden. Zonder dat dit uitgelegd wordt, begrijpt de baby dat hij of zij zal moeten leren wat die brei aan geluiden die volwassenen voortbrengen betekent, en probeert de baby zichzelf een taal eigen te maken. Een baby weet zelfs abstractie te maken van verschillende klanken die tot hetzelfde klanksysteem behoren, maar door verschillende mensen worden uitgesproken. Geluidsgroepen als 'eten' of 'buiten' die door verscheidene mensen met verschillende stemmen worden uitgesproken, worden herkend als een zelfde begrip. De baby weet daaruit, geheel zelfstandig met slechts lichte aansporing van kinderen en volwassenen om de baby heen en zonder regels te krijgen, een woordenschat, een betekenisschat en een grammatica te ontwikkelen. Hoort het verschillende soorten klanken dan zal het deze als aparte talen groeperen, 'eten' en 'buiten' bij elkaar en 'manger' en 'dehors' in een andere groep. Zo maakt het kind in dit voorbeeld onbewust 'Nederlands' en 'Frans'.

Wanneer een kind meerdere talen aangereikt krijgt, twee of zelfs drie, zal het deze in principe allemaal leren.

*Mente, van zeven maanden, lacht mij welwillend toe terwijl ik hem in het Nederlands toespreek. Wanneer ik, als tweetalige, naar het Frans overschakel, begint hij te kraaien van genot. Hij hoort dat er iets nieuws gebeurt en daar is hij verrukt over, zoals baby's enthousiast zijn over nieuwe dingen. Deze ervaring heb ik vaker gehad bij baby's.*

Maar niet iedereen heeft dezelfde talige talenten en niet iedereen krijgt dezelfde mogelijkheden aangeboden om taal te ontwikkelen. Er zijn verschillen aan te geven tussen jongens en meisjes (Delfos, 2004a). De taalontwikkeling bij jongens verloopt vaak trager (Rutter en Rutter, 1993; Delfos, 2009a).

Kinderen zijn bijzonder sensitief ingesteld op hun omgeving en begrijpen situaties van daaruit, lang voordat er woorden bij horen (Donaldson, 1979). Ze ontvangen de woorden uit hun omgeving dan ook vanuit deze sensitiviteit voor situaties en koppelen hun begrip van de situatie aan de woorden die ze horen.

Voor kinderen, zeker jonge kinderen, zijn beelden erg belangrijk en hebben ze grote communicatieve waarde. Cook en Hess (2007) laten zien dat foto's die door kinderen genomen worden, betekenisvol kunnen zijn. Foto's die kinderen maken zijn niet statisch, hebben meer betekenissen voor de kinderen zelf en de volwassenen die ze bekijken. Ze kunnen een idee geven van het perspectief van het kind zelf in een bepaalde context op een bepaalde tijd.

In alle talen maken kinderen in het begin fouten die ze zelf produceren en die hen niet geleerd zijn. Fouten die voortkomen uit hun abstractievermogen, of het nu een intelligent kind is of een kind met minder sterke intellectuele vermogens. Ze zeggen 'ik loopte' als 'perfecte' vervoeging vanuit een grammaticaal inzicht (*overregulariseren*) (De Villiers en De Villiers, 1999; Stemberger, 2004), terwijl geen enkele volwassene hem of haar dit geleerd heeft. Integendeel, wanneer het kind een dergelijke fout maakt, verbetert de volwassene het kind en zegt dat het 'ik liep' moet zeggen. Op dat moment leert het kind dat het werkwoord 'lopen' een uitzondering op de regel vormt. Vervolgens zegt het kind voortaan 'ik liep' en past dit toe op het hele werkwoord en andere werkwoorden die een uitzondering op de regels voor vervoegen vormen (Rousseau, 1726; Chomsky, 1975). Hoe groot die prestatie is, zien we wanneer volwassen buitenlanders de Nederlandse taal moeten leren vanuit een eigen taal waar geen vervoegingen van werkwoorden bestaan, wat overigens het geval is voor bijna alle niet-westerse talen. Deze buitenlanders zeggen hardnekkig 'ik niet weten', omdat in hun moedertaal werkwoorden als 'weten' niet vervoegd worden en ze hebben de grootste moeite om het vervoegen van werkwoorden in het Nederlands onder de knie te krijgen. Wanneer men als volwassene een nieuwe taal leert, komt het zelden voor dat men die taal vloeiend leert spreken.

*In 1980 komen er Vietnamese bootvluchtelingen naar Nederland. Ze werken hard op school om de Nederlandse taal meester te worden. Maar ze vinden het vreemd: 'Martine, waarom zeggen jullie 'één stoel, twee stoelen? Het is toch duidelijk dat het er meer dan één is? Waarom zeggen jullie: ik loop, jij loopt, wij lopen? Het is toch duidelijk, het gaat over 'lopen'. En waarom zeggen jullie ik liep, als je 'gisteren' zegt is het toch duidelijk, dan hoeft er niet ook nog 'liep' bij.' Een verfrissende kijk op je eigen taal. In het Vietnamees bestaan veel meer woorden die over betrekkingen tussen mensen gaan en gevoelens. Welke taal is rijk, denk je dan? (oefening 1.2, bijlage 1).*

Er bestaat een *sensitieve periode* voor taal (Montessori, 1950) waarbinnen het kind op taal gericht is en waarin het deze taal vloeiend leert beheersen. Deze periode loopt van de geboorte tot ongeveer zeven jaar; vervolgens is er een sensitieve periode voor het verfijnen van de taal, vooral in grammaticaal opzicht en voor het leren lezen en schrijven, van ongeveer zeven tot tien jaar.

Kegl heeft aangetoond dat jonge dove kinderen die met elkaar opgroeien gezamenlijk een volwaardige, grammaticale gebarentaal ontwikkelen. Dit in tegenstelling tot doven die pas samen zijn gaan wonen toen zij adolescent waren. Zij ontwikkelen slechts een woordenschat in de vorm van gebaren (Kegl, Senghas en Coppola, 1999).

De capaciteit tot het leren communiceren met behulp van taal is enorm groot, maar moet wel de gelegenheid krijgen om ontwikkeld te worden. Volwassenen maken vaak de vergissing dat wanneer een kind in staat is om de woorden van een taal uit te spreken, het kind ook in staat is om de vragen te formuleren die hem of haar bezighouden. Zeker tot zo'n tien jaar is dat beslist niet het geval. Kinderen kunnen bijvoorbeeld vanuit hun gebrek aan het onder woorden kunnen brengen van wat ze willen vragen, *repeteervragen* stellen, dat wil zeggen het herhalen van dezelfde vraag. Volwassenen interpreteren dat gedrag niet zelden als onoplettendheid en reageren door te zeggen dat ze al antwoord gegeven hebben en dat het kind moet luisteren. Een kind dat steeds dezelfde vraag stelt, kan een kind zijn dat slecht luistert. Maar het zal vaker een kind zijn dat probeert een bepaald antwoord te bewerkstelligen zonder in staat te zijn de juiste vraag daarbij te formuleren.

*Intika is vier, ze is vol belangstelling voor baby Bas bij de buren. Iedere keer vraagt ze: Krijgt Bas de fles? Ze herhaalt die vraag dagelijks en krijgt het antwoord dat Bas de fles krijgt. Totdat de buurvrouw plotseling bedenkt dat Intika misschien iets heel anders wil vragen. Ze vraagt: Wil je Bas de fles geven? Intika zucht van opluchting: 'Ja'!*

Ook al krijgt het kind uitgebreid antwoord, het kind herhaalt de vraag in de hoop het gewenste antwoord te krijgen. Repeteervragen komen tot een jaar of acht veel voor. Kinderen kunnen een gesprek nog niet goed vormgeven volgens de regels die volwassenen hanteren. Bijvoorbeeld is bondig formuleren een regel die veel volwassenen impliciet hanteren, terwijl dit voor kinderen nauwelijks haalbaar is.

Volwassenen breken veel van de initiatieven van kinderen tot gesprek af. Ze nemen vaak te weinig tijd om het kind zelf te laten uitdrukken wat het wil zeggen en nemen het gesprek over (Van Haaren, 1983). *'Wacht even'* ligt de volwassene voor op de tong (oefening 1.3, bijlage 1). Van Haaren stelt dat gespreksvoering met kinderen de mate van creativiteit van volwassenen reflecteert. Communicatie met kinderen vraagt speelsheid en het loskomen van vaste patronen. Praten met kinderen vergt ook het afleren van onmacht en angst om deel te nemen aan fantasieën, dromen, symbolen, ideeën en gevoelens, zo stelt Van Haaren. Het betekent het afleren van starheid en prestatiedwang om te normeren, te interpreteren, te winnen en te concurreren.

Wie naar peuters kijkt die nog niet spreken, kan aan hun gedrag zien dat ze ongelooflijk veel begrijpen. Het *begrijpen* van de taal loopt ver voor op de *productie* daarvan. De *actieve* woordenschat – het aantal woorden dat het kind gebruikt – reflecteert bij lange na niet de *passieve* woordenschat – het aantal woorden dat het kind kent en begrijpt. Er bestaat bijvoorbeeld een vertraging van 5 maanden tussen het begrip van 50 woorden bij een kind (met 13 maanden) en het kunnen produceren van 50 woorden (met 18 maanden) (Menyuk, Liebergott en Schultz, 1995). Jongens lopen achter ten opzichte van meisjes bij hun vroege woordenschat (Reznick en Goldfield, 1992).

> *Marec, een bijna tweejarig kind van politiek vluchtelingen werd plotseling gescheiden van zijn ouders en in een ziekenhuis opgenomen, in een totaal andere taalomgeving. Zijn ouders mochten niet in het ziekenhuis komen; familie was er niet. De eerste dagen uitte Marec nog wat klanken die uit zijn eigen taal afkomstig waren. Toen daar niet op gereageerd werd, omdat de klanken niet begrepen werden, nam het kind geen initiatief meer om zich talig uit te drukken en ging hij uitsluitend woordjes nazeggen die hij om zich heen hoorde. Hoe jong het kind ook was, het had feilloos door dat zijn eigen taalsysteem niet van toepassing was en het legde zich toe op het leren van de nieuwe taal.*

Volwassenen nemen zelden het perspectief van het kind. Zeker in ziekenhuissituaties is goede communicatie van groot belang (Capjon & Bjørk, 2010).

Het is vaak ontroerend en komisch om te zien hoe de peuter die zelf uitstekend begrijpt wat de ander zegt, radeloos van woede kan worden en zijn vuisten balt van ingehouden drift, wanneer hij zelf niet in staat is de taal te produceren die nodig is om te zorgen dat de volwassene hém begrijpt. Het is zelfs zo dat driftaanvallen en het slaan van andere kinderen bij veel kinderen afnemen vanaf ongeveer drie jaar. Dus vanaf het moment dat ze zich enigszins talig verstaanbaar kunnen maken.

## 1.2 LEERCAPACITEIT EN LEERBEREIDHEID VAN KINDEREN

Maria Montessori (1950) stelt dat volwassenen meer respect zouden moeten tonen voor het kind dat helemaal zelf een taalsysteem weet te ontwikkelen. Ze zegt dat er een gebrek aan respect doorklinkt in de wijze waarop volwassenen op school het kind het alfabet als een enorme traktatie aanbieden. Zij willen het kind daarin les geven, volledig voorbijgaand aan de kolossale eigen *leercapaciteit* van het kind dat reeds zelfstandig een taal geleerd heeft. Vanuit het niets heeft het kind zich voor de schoolgang al een groot gedeelte van de fonologie, de semantiek, de grammatica en de pragmatiek van de taal eigen gemaakt (Berk, 2003).

Ook de *leerbereidheid* van kinderen is enorm groot. Zeker jonge kinderen zijn bereid nieuwe gebieden te betreden, wanneer hen de mogelijkheid daartoe wordt aangeboden. Dat varieert van het leren van taal tot het leren schommelen, van zindelijk worden tot rekenen en van afwassen tot een computer bedienen.

> *Aan de vierjarige Serge die nog in bed plaste, werd voorgesteld om eens te beginnen met 's nachts zindelijk te worden. Hij reageerde heel welwillend en zei: 'Zeg maar hoe het moet en dan zal ik het doen.' Zijn moeder was erg verrast door deze vraag en moest het antwoord schuldig blijven. 'Hoe wil je dan dat ik het leer als jij het me niet uit kan leggen?', was de reactie van Serge.*

Kinderen vinden het zelfs zo prettig om te leren, dat ze er helemaal in opgaan en hun omgeving vergeten. Wanneer ze vervolgens iets beheersen, treedt er *normalisatie* op (Montessori, 1950), het gevoel weer helemaal tot zichzelf te komen. Ze kijken om zich heen en worden zich weer bewust van een wereld waarvan ze even afgesloten waren.

Jonge kinderen zitten veel minder vast aan bepaalde patronen. Ze zijn goed in staat om iets vanuit verschillende perspectieven te benaderen en treden de wereld minder bevooroordeeld tegemoet dan volwassenen.

> *Een aardig voorbeeld van de (ver)vorming van het geheugen door vooringenomenheid, vormt het onderzoek van Allport en Postman (1947). Zij toonden kinderen en volwassenen twee foto's van mannen, een zwarte en een blanke man. De blanke man had een mes in zijn hand. Kinderen herinnerden zich in het algemeen correct dat de blanke man een mes had; de volwassenen noemden de zwarte man als degene die het mes in de hand had.*

Het jonge kind neemt vooral waar met zijn of haar zintuigen, met name door middel van de geurzin en de tastzin. Ervaringen worden niet of nauwelijks in woorden vastgelegd. Het jonge kind is ook biologisch anders toegerust dan de volwassene. Het 'kijkt' bijvoorbeeld met de mond en heeft daartoe meer tastknoppen in de mond dan een volwassene. Er is bij het jonge kind sprake van een wezenlijk andere vorm van waarnemen, een vorm die de volwassene niet of nauwelijks meer kent (Schachtel, 1959/1973). Ervaringen uit de kindertijd zullen daarom eerder door middel van geur of tast opgeroepen kunnen worden en niet makkelijk in taal uitgedrukt worden. Cook en Hess (2007) geven nog een andere reden waarom herinneringen uit onze kindertijd zo moeilijk te bereiken zijn: *While childhood is something common to all humans, the child within each of us tends to be buried by the conventions of adult socialization.*

Het menselijk jong wordt 'te vroeg' geboren en rijpt nog zo'n vijfentwintig jaar door na de geboorte (Gesell en Ilg, 1949; Tanner, 1990; Brouwers-de Jong, Burgmeijer, en Laurent de Angulo, 1996). Onder andere om hier ruimte voor te laten, maar ook om de schedel wat te kunnen laten ineenschuiven tijdens de geboorte, is er een opening bovenin de schedel gelaten, fontanel genaamd, die zich pas na verloop van een à twee jaar sluit. Het *rijpingsproces* betekent dat er nog geen sprake is van een geïntegreerde vorm van waarnemen, zoals bij volwassenen. Linker en rechter hersenhelft functioneren tot zo'n zeven jaar bijvoorbeeld nog sterk los van elkaar. De ervaringen worden in fragmenten van geur, kleur en anderszins, in verschillende gebieden van de hersenen opgeborgen, met weinig verbindingen daartussen. De integratie van de hersenhelften vindt met zo'n zeven jaar pas zijn beslag, wanneer er ook een verandering in het genenpatroon zichtbaar wordt (Fulker, Cherry en Cardon, 1993).

Wanneer kinderen opgroeien, merken ze dat volwassenen een vastomlijnde, talige wijze hebben waarop ze de wereld beschrijven en wordt er grote druk op kinderen uitgeoefend om zich hieraan aan te passen, stelt Schachtel (1959/1973). Afwijken van de norm roept angst op in het oudere kind, maar ook in volwassenen. Hierdoor ontstaat een grote behoefte tot aanpassen. Als gevolg daarvan zal het kind zich steeds meer talig uitdrukken, omdat de volwassene dat van hem of haar vraagt.

Er is een groot scala aan communicatiemogelijkheden, waarbij de geur misschien wel een van de belangrijkste is die ons gedrag stuurt, maar toch hebben volwassenen de neiging zich veelal tot talige communicatie beperken, in tegenstelling tot het kind dat gretiger gebruikmaakt van de verschillende mogelijkheden en bijvoorbeeld door middel van spel of gebaren iets duidelijk kan maken. Taal is bovendien voor het kind ook niet uitsluitend een communicatiemiddel, maar ook een instrument om te ordenen. Dat is goed te merken aan het *hardop praten, de innerlijke taal* van jonge kinderen (Vygotsky, 1996). Dit hardop praten, begeleidt de activiteiten van kinderen. Het helpt hen deze activiteit te begrijpen, te ordenen en te coördineren, *'Nou doe ik dit blokje er in...'*

Hoe ouder het kind, des te groter de druk tot talig functioneren; niet-talig functioneren wordt zelfs regelmatig door de volwassenen als onbeleefd benoemd, *'Niet wijzen, zeg maar wat je wil.'* Met het ouder worden, neemt het gebruik van sommige vormen van zich uitdrukken af; bijvoorbeeld tegen iemand aanleunen wanneer je behoefte hebt aan steun of naar iets wijzen in plaats van het te benoemen.

*Kas, van vijf jaar, vroeg aan een volwassene die druk in de weer was om een kamer leeg te ruimen, 'Waar ga je die bak neerzetten?'. De volwassene kon in haar drukte niet op het woord komen. Was het een volwassene geweest in plaats van een kind, die de vraag stelde dan had deze op dat moment, hulpvaardig, een aantal mogelijkheden onder woorden gebracht: 'Onder de vensterbank? In de linkerhoek?' Kas begreep dat het taalsysteem niet zo functioneerde in die drukte en zei vriendelijk: 'Wijs het maar aan', en verwoordde vervolgens correct de plaats waarnaar gewezen werd.*

Hoe beperkend de drang tot verbale communicatie van volwassenen voor kinderen (maar ook voor henzelf) is, toont de werkwijze van de crèches in Reggio Emilia (Edwards, Gandini en Forman, 1998; Keesom, 1998). In deze Italiaanse stad werken kunstenaars en pedagogen samen om jonge kinderen te begeleiden in hun uitdrukkingswijze en hun leerproces. De Reggio-benadering is erop gericht de intellectuele ontwikkeling van het kind te bevorderen door zich systematisch te richten op symbolische uitdrukkingswijzen. Het resultaat is verbluffend. Door middel van creativiteit blijken jonge kinderen ons ongelooflijk veel duidelijk te kunnen maken en spreekt hun 'kunst' dermate tot de verbeelding dat het werk van de kinderen van Reggio Emilia als expositie onder de naam *'De honderd talen van kinderen'* wereldwijd grote indruk maakte. De werkwijze van Reggio Emilia kan gezien worden als een verdere ontwikkeling van het denken van Montessori. De gerichtheid op kinderen zelf en hun ontwikkelingsmogelijkheden staat centraal, maar is nu vervat in het brede scala van uitdrukkingsmogelijkheden. Dus worden in de Reggio-benadering ook het tekenen en vertellen gebruikt en vooral de samenwerking en interactie met andere kinderen. Dit laatste had bij Maria Montessori (1950) nauwelijks aandacht. Zij was meer gericht op de individuele cognitieve ontplooiing van het kind. Ook in Nederland zijn inmiddels experimentele créches en scholen gestart die op de leest van Reggio Emilia zijn geschoeid.

## 1.3 BETROUWBAARHEID EN SUGGESTIBILITEIT

Er is weinig geschreven over gespreksvoering met kinderen. Daarom kunnen we ons in dit boek slechts voor een klein deel baseren op bestaande literatuur en onderzoek. Wát er bekend is over gespreksvoering betreft vooral de mate waarin getuigenissen van kinderen al dan niet *betrouwbaar* zijn. Over deze betrouwbaarheid is lange tijd bijzonder negatief geoordeeld. Tot voor kort werd uitgegaan van een grote *beïnvloedbaarheid* van kinderen, zeker jonge kinderen. Deze zouden erg gevoelig zijn voor *suggestie. Suggestibiliteit* is de mate waarin iemand er door een ander toe gebracht kan worden te geloven dat iets is gebeurd of iemand eruit ziet op een wijze die niet in overeenstemming is met de werkelijkheid en met de herinnering. Het doen geloven bijvoorbeeld dat iets heeft plaatsgevonden dat in werkelijkheid niet gebeurd is (Loftus en Davies, 1984).

Tot heel jong, zelfs drie jaar, blijken kinderen echter weinig gevoelig voor suggestie als het om een stressvolle gebeurtenis gaat, die hen is overkomen en kunnen ze vrij correct aangeven wat ze meegemaakt hebben (Davies, 1991; Peterson, 1999;

Fivush, Sales, Goldberg, Bahrick en Parker, 2004). De suggestibiliteit van kinderen neemt af van vier tot acht jaar en neemt weer licht toe vanaf een jaar of dertien (Nurcombe, 1986). Er bestaat een samenhang tussen de mate van suggestibiliteit en het niveau van morele ontwikkeling. Kinderen blijken echter gemiddeld niet oneerlijker te zijn dan volwassenen en niet minder betrouwbaar als getuige (Nurcombe, 1986). Het blijkt zelfs dat kinderen betere getuigen kunnen zijn dan volwassenen; dit geldt in het bijzonder voor kinderen van vijf à zes jaar (Elbers en Ter Laak, 1989). Als reden daarvoor wordt genoemd dat kinderen van die leeftijd minder schema's vormen over een gebeurtenis en dus minder dan volwassenen een bevooroordeelde kijk hebben op die gebeurtenis; dit bevordert een meer objectieve en accurate waarneming. Dat kwam ook uit het onderzoek naar de blanke en het mes, dat hierboven genoemd werd (Allport en Postman, 1947). Wat de betrouwbaarheid van uitlatingen van kinderen over een gebeurtenis daarentegen verkleint, is dat zij op de leeftijd van vijf à zes jaar, nog erg beïnvloedbaar zijn en openstaan voor suggestieve vragen, zeker wanneer het gaat om kenmerken van personen of dingen. Zij gaan ervan uit dat de volwassene serieus is en hen niet om de tuin wil leiden. Als gevolg daarvan stellen ze een uitlating van een volwassene niet meteen ter discussie. Ook vertellen zij spontaan minder (oefening 1.4, bijlage 1).

*Een jong kind dat gevraagd wordt of de ballonnen in de klas rood of blauw zijn, zal al snel een kleur noemen, ook als er geen ballonnen in de klas hangen. Het kind zal de uitspraak van de volwassene niet vanzelfsprekend ter discussie stellen om zich af te vragen óf er wel ballonnen hangen. In de vraag staat niet ter discussie óf er ballonnen hangen en suggereert daarmee dát er ballonnen hangen. Vervolgens staat alleen ter discussie wélke kleuren de ballonnen hebben. Wordt aan hetzelfde kind gevraagd óf er ballonnen in de klas hangen en zo ja welke kleur deze hebben, dan zal het kind antwoorden dat er geen ballonnen hangen en ook geen kleur noemen.*

Het is de vraag of kinderen deze suggestibiliteit niet doorhebben. Een aardig voorbeeld is filmpje met het voorbeeld van de Kerstman. De juf van een kleuterklas kleedt zich om tot Kerstman voor de ogen van de kleuters. Vervolgens wordt hen gevraagd waar de juf is. De kinderen zeggen dan dat de juf weg is. Dit voorbeeld wordt wel gebruikt om te laten zien dat kinderen fantasie en werkelijkheid niet kunnen onderscheiden. Toch is een nadere bezinning nodig. Als men het filmpje scherper bekijken, is te zien dat de kinderen aarzelen na de vraag waar de juf is. Ze kijken elkaar afwachtend aan, zoekend naar hoe er gereageerd moet worden. Dan komt er een over de brug die zegt dat de juf er niet is en de anderen volgen. In de aarzeling zit waarschijnlijk de verbazing wat de bedoeling van de vraag is. Dat de juf de Kerstman is, is waarschijnlijk wel duidelijk voor de kinderen, dus de vraag moet een andere bedoeling hebben. Degene die over de brug komt, heeft mogelijk de conclusie getrokken dat het om een spel gaat en speelt het spel mee. Deze interpretatie is gebaseerd op het non-verbale gedrag van de kinderen en de vraag is of deze interpretatie juist is. Echter, dat de kinderen niet zouden weten dat de juf zich heeft omgekleed is minder aannemelijk.

Volwassenen zijn overigens eveneens zeer gevoelig voor suggestieve vragen, zoals onder andere de onderzoeken van Loftus en haar collega's laten zien (Loftus, 1995). 'Wat vindt u van de toegenomen criminaliteit onder jongeren', levert andere antwoorden op dan 'Denkt u dat de criminaliteit onder jongeren is toegenomen en wat vindt u er in dat geval van?' Het risico van suggestieve vragen speelt een belangrijke rol bij het construeren van vragenlijsten. Het verschil in antwoorden op de vraag 'Hoe lang is de koning van Frankrijk' geeft geheel andere antwoorden dan 'Heeft Frankrijk een koning en zo ja hoe lang is deze?' Kinderen in de basisschool oefenen met suggestieve vragen, door middel van grapjes als: Hoe lang is een Chinees. Een suggestieve vraag die aan een kind gesteld wordt door een volwassene, wordt door het kind normaliter als een serieuze vraag met een hoog waarheidsgehalte ontvangen. Bovendien nemen jonge kinderen uitspraken vaak letterlijk, door een gebrek aan kennis. Ze zullen daarom minder gauw iets achter een suggestieve uitspraak zoeken. Ze nemen een vraag op 'face value'. *'Hoe heb je dat getekend? Met een potlood!'*

> *Nicolien leest Bas van anderhalf voor over schommelen. In het boek staat een plaatje van een schommel. 'Gaat Bas ook op de schommel zitten,' vraagt ze. Bas pakt gewillig het boek en gaat erop zitten.*

Omdat jonge kinderen meer aandacht besteden aan de hoofdlijnen van een gebeurtenis dan aan de details (Elbers en Ter Laak, 1989), zijn ze meer beïnvloedbaar wanneer het die details betreft, bijvoorbeeld de kenmerken van dingen of personen in plaats van de handeling. Suggestieve vragen die details van een gebeurtenis of kenmerken van personen betreffen, zullen daarom minder snel door het kind als suggestief herkend worden.

> *Een dag na een gevecht op school vraagt de juf aan Maria of zij ook een por heeft gekregen van Jonas. Maria, blij met de aandacht voor een duw die zij drie dagen daarvoor kreeg, antwoordt snel: 'Ja.' Daarbij gaat ze eraan voorbij dat het Dirk was die de por gaf en dat het drie dagen geleden was in plaats van één. Had de juf de vraag meer open en enkelvoudig gesteld niet alleen naar de handeling, maar ook naar wie de handeling eventueel verricht zou hebben ('Heb jij gisteren een por gekregen' én 'Van wie dan'), dan had Maria waarschijnlijk correcter geantwoord.*

Daarbij komt nog dat het bij suggestieve vragen vaak de intentie van de spreker is om de suggestiviteit van de vraag te verdoezelen, waardoor herkenning van de suggestie bewust moeilijker wordt gemaakt. Suggestiviteit kan onbewust een vraag binnensluipen als vooroordeel van de spreker, maar het is vaak ook een bewuste poging tot manipulatie van de luisteraar.

*'Je bent toch niet met hem naar bed gegaan?', kan een geschokte moeder van een pubermeisje vragen. De vraag is erg suggestief, maar is niet als zodanig bedoeld. Dezelfde moeder kan ook, erg manipulatief de volgende vraag stellen. 'Wat vond Elsa ervan dat Michel en jij samen achterbleven?'*

Suggestibiliteit van kinderen blijkt vooral te spelen in reactie op volwassenen en het gaat daarbij niet zozeer om beïnvloedbaarheid op zich of een gebrekkige geheugenfunctie, maar om de invloedssfeer van de volwassene. Het onderzoek van Ceci, Ross en Toglia (1987) maakt dit duidelijk. Zij toetsten de invloed van de leeftijd van degene die misleidende informatie geeft. Hun onderzoek wees uit dat de invloed beduidend kleiner is wanneer de informatie gegeven wordt door een zevenjarig kind dan wanneer de misleiding van een volwassene komt. Kinderen met een leeftijd vanaf mogelijk 2 jaar en zeker vanaf 3 jaar kunnen zich gebeurtenissen accuraat herinneren die voor hen belangrijk zijn mits ze op een juiste manier ondervraagd worden (geen misleidende vragen, geen vragen op een dwingende manier en geen vragen waar ze alleen ja of nee op kunnen antwoorden) (Peterson en Rideout, 1998; Peterson, 1999).

Er zijn verschillende redenen te noemen voor het betrouwbaar zijn van kinderen op de leeftijd van vijf à zes jaar. Ten eerste wordt het kind minder bepaald en beperkt door taal. Het kind beheerst de taal voldoende om zich te kunnen uitdrukken en heeft nog niet de confrontatie op school gehad waar het merkt dat het de taal in feite toch nog weinig beheerst. Ten tweede heeft het kind meer zelfvertrouwen dan een of twee jaar later, wanneer het onzeker wordt door het falen op leertaken op school en het onder de indruk raakt van alle kennis waarover de leerkracht beschikt. De groeiende onzekerheid vanaf een jaar of zeven, doet het kind aanpassen aan volwassenen. Als derde reden kan genoemd worden dat de al eerder genoemde integratie van de hersenen ervoor zorgt, dat kinderen vanaf een jaar of zeven een gebeurtenis meer in een samenhangende context kunnen plaatsen. Ze vormen van daaruit ook schema's die bevooroordeeldheid kunnen bevorderen. Daarnaast is het kind zich met een jaar of zeven à acht meer bewust van het belang van verbale communicatie voor volwassenen en begrijpt het iets meer van de kenmerken van deze communicatie en ook van de verschillende belangen die daarmee samenhangen.

*In het kader van een rechtszaak over een vermoord kind deed Varendonck, aan het begin van de twintigste eeuw, onderzoek naar de betrouwbaarheid van de uitspraken van jonge kinderen. Hij vroeg aan kinderen wat de kleur was van de baard van hun meester. Van de kinderen antwoordde 90 procent met een kleur – zwart –, terwijl hun meester geen baard had. Ze gingen mee in de suggestieve vraag van de volwassene. Zeker jonge meisjes met aanklachten over seksueel misbruik, werden als zeer onbetrouwbaar gezien. Het seksueel misbruik werd geacht uit hun fantasie te zijn voortgekomen (Elbers en Ter Laak, 1989).*

De resultaten van onderzoeken als die van Belgische psycholoog Varendonck in 1911 (Soppe en Hees-Stauthamer, 1993) hebben lange tijd de mening met betrekking tot de betrouwbaarheid van uitspraken van kinderen beïnvloed. In deze onderzoeken werden aan kinderen zeer suggestieve vragen voorgelegd en zij bleken vrij gemakkelijk op deze suggestie in te gaan en in de val te lopen.

Pas de laatste tijd is er belangstelling voor het feit dat het functioneren van kinderen in dergelijke situaties sterk afhankelijk is van het *kader* waarbinnen het gesprek plaatsvindt. Worden er geen suggestieve vragen gesteld, dan functioneren kinderen goed in verhoorsituaties en beslist niet slechter dan volwassenen; in zeker opzicht soms beter. Ook onderzoeken als dat van Lamers-Winkelman (1995) over de betrouwbaarheid van kinderen met betrekking tot seksueel misbruik, laten zien dat kinderen over het algemeen goede getuigen zijn.

Het geheugen van jonge kinderen is in de ogen van volwassenen soms spectaculair goed. Wie wel eens *Memory* met kinderen heeft gespeeld, weet hoe goed hun geheugen werkt. Als volwassene is het bijna niet doenlijk van een kind te winnen bij dergelijke geheugenspelletjes.

Het geheugen kan zowel uitgedrukt worden in het *herkennen* van een gebeurtenis of persoon wanneer deze aangeboden wordt en in het *herinneren* ervan. Hoe vaak herkennen we iemand zonder dat we meteen zijn of haar naam kunnen herinneren. Heel vaak is het ook zo dat we ons iets niet kunnen herinneren, maar het onmiddellijk herkennen als iemand anders het zegt. In het onderzoek naar geheugen worden deze twee elementen onderzocht, zowel het 'herkennen' als het 'herinneren'. Kinderen blijken niet slechter dan volwassenen te functioneren op het aspect herkenning. Zelfs is het zo dat dit afneemt met het ouder worden. Op het gebied van herinneren, functioneren jonge kinderen en oude mensen slechter dan volwassenen. Bij jonge kinderen geldt hierbij dat het herinneren moeizamer gaat wanneer het verbale element een belangrijker rol speelt. Zodra het verbale aspect minder aandacht krijgt, functioneren kinderen goed in herinneren (Perlmutter en Ricks, 1979).

Het geheugen is geen statisch gegeven. Het wordt steeds opnieuw gevormd en bijgewerkt. Dit geldt zowel voor kinderen als voor volwassenen. De herinnering aan een gebeurtenis is dus niet een statisch gegeven dat vastgelegd is in de hersenen, maar een dynamisch element dat steeds bijgewerkt wordt en nooit een exacte weergave van de gebeurtenis kan zijn. Bij herhaling van een gebeurtenis wordt bijvoorbeeld niet iedere nieuwe gebeurtenis opgeslagen. De afwijking in de nieuwe gebeurtenis ten opzichte van de eerdere wordt aan de gelijkende toegevoegd. Zo is in de herinnering iets vaker gebeurd, maar kan het slechts in een of twee situaties daadwerkelijk herinnerd worden.

Een ander interessant punt is het eerder genoemde feit dat kinderen vooral goed zijn in het weergeven van de grote lijn en minder in de reproductie van de details van gebeurtenissen (Fivush, 2002; Fivush, Kuebli en Clubb 1992). Deze verminderde aandacht voor details wordt het kind vaak aangerekend als een gebrekkig geheugen. Maar het past goed in het beeld van de hoge abstractiegraad die kinderen, zeker heel jonge kinderen, hanteren om de grote hoeveelheid informatie die op hen afkomt, te ordenen. Kinderen abstraheren een taal om te kunnen communiceren, abstraheren wie voor hen zorgt om een gehechtheidsysteem te vormen, ze abstraheren dagelijkse gebeurtenissen om te begrijpen hoe de wereld om hen heen functioneert.

Het is de vraag of de onderzoeken, ook recente, wel voldoende recht doen aan de mogelijkheden van kinderen. Naast het onderzoeken van de suggestibiliteit van kinderen is het zinnig om bijvoorbeeld te onderzoeken of kinderen de suggestie wél herkennen als zij daartoe worden uitgenodigd. Het feit dat zij beduidend minder gevoelig zijn voor suggestie wanneer zij vertellen over een stressvolle gebeurtenis waarin zij zelf betrokken zijn geweest, doet vermoeden dat zij het onderscheid tussen 'waar' en 'niet-waar' wel degelijk maken en hun beïnvloedbare gedrag vooral *sociale aanpassing* is (Peterson, 1999; Fivush, Sales, Goldberg, Bahrick en Parker, 2004). Het is ook de vraag of kinderen net zo beïnvloedbaar zijn wanneer de ondervragers andere kinderen zijn in plaats van volwassenen, omdat kinderen de uitspraken van volwassenen mogelijk minder betwisten dan die van leeftijdgenoten. Het onderzoek van Ceci en anderen (1987), waarbij kinderen als ondervragers worden onderzocht, vormt reeds een aanwijzing in die richting.

## 1.4 FANTASIE EN WERKELIJKHEID

Kinderen worden geacht geen onderscheid te kunnen maken tussen fantasie en werkelijkheid. Piaget (1954) geeft aan dat kinderen tot een jaar of zeven, acht een sterke neiging tot fantasie hebben en het onderscheid tussen fantasie en werkelijkheid niet goed kunnen maken. De in andere opzichten zo kindgerichte Maria Montessori wilde de fantasie van kinderen zo snel mogelijk uitbannen. Fantasie zat het zich eigen maken van de werkelijke wereld in de weg en beperkte, volgens haar, de cognitieve ontwikkeling (1950). Hiermee staat deze (eerste vrouwelijke) Italiaanse arts diametraal tegenover haar huidige landgenoten in Reggio Emilia die de fantasie juist als uitgangspunt nemen voor de ontwikkeling van kinderen (Keesom, 1998). Toch is het zo dat de Reggio-benadering voortborduurt op de traditie van Montessori en dat het culturele Italiaanse erfgoed in beide terug te vinden zijn. Het accent van dit erfgoed ligt op de grote, weinig aangeboorde leercapaciteit van kinderen, het respect voor hun kunnen en de noodzaak tot een bescheiden, volgende houding van de opvoeder.

In tegenstelling tot onder andere Piaget, geven huidige onderzoekers aan dat het kind wel degelijk het onderscheid kan maken tussen fantasie en werkelijkheid. Dat kunnen ze al met tweeëneenhalf jaar, wanneer ze nog nauwelijks in staat zijn om dit talig uit te drukken (Fraiberg, 1978). Kinderen weten dat heksen, kabouters en spoken niet bestaande figuren zijn. Wanneer volwassenen hen echter voorspiegelen dat deze figuren bestaan, zoals in het sinterklaasverhaal, stellen kinderen de geloofwaardigheid van volwassenen niet snel ter discussie. Dat wil niet zeggen dat ze dat intern ook niet doen. Ze kunnen zwijgen uit loyaliteit naar hun ouders. Zelfs opportuniteit kan een rol spelen, zoals de angst voor het verliezen van cadeautjes rond Sinterklaas wanneer je toegeeft niet in Sinterklaas te geloven.

Het is de vraag of kinderen inderdaad geen verschil kunnen maken tussen werkelijkheid en fantasie. Het is volslagen onaannemelijk dat een kleuter die zegt dat hij een kabouter over het gras ziet lopen, last heeft van een hallucinatie en daadwerkelijk een kabouter ziet. Hij is volledig in staat het verschil te ervaren tussen een kabouter, waarvan hij zegt dat die op het grasveld loopt en de hond die hij daar daadwerkelijk ziet lopen.

Er zijn echter wel belangrijke verschillen tussen volwassenen en kinderen te signaleren in hun omgaan met fantasie. Ten eerste is de capaciteit tot fantasie van kinderen groter dan van volwassenen (Schachtel 1959/1973). Kinderen kunnen uitgebreid voortborduren en doorfantaseren op een onderwerp dat hen in de ban houdt.

Een tweede verschil tussen kinderen en volwassenen in het omgaan met fantasie is dat de neiging van kinderen het waarheidsgehalte van een uitspraak te communiceren, niet groot is. Het is waarschijnlijk dit element dat het voor volwassenen zo moeilijk maakt om te achterhalen of een kind het verschil tussen werkelijkheid en fantasie kan maken. Doordat kinderen denken dat volwassenen alwetend zijn (zie 3.3.7), zullen zij het overbodig achten om een volwassene te laten weten dat zij overschakelen van werkelijkheid op fantasie of dat een verhaal volledig gefantaseerd is. Ze zijn dan ook erg verbaasd als de volwassene het niet vanzelfsprekend weet.

> *Wie intensief met kinderen speelt, merkt dat het kind even de draad kwijtraakt als de volwassene geheel in het spel lijkt op te gaan. Het kind twijfelt of de volwassene zich er wel bewust van is dat het een spel is. Snel brengt het kind de volwassene terug naar de werkelijkheid door te zeggen: 'Het is niet echt hoor, maar nep.'*

Harris (2000) stelt dat kinderen wel degelijk het verschil tussen fantasie en werkelijkheid kunnen maken. Ze kunnen echter, net als volwassenen scherp op fantasiefiguren reageren. De verschillen in uitkomsten tussen verschillende onderzoeken naar communicatie met kinderen zouden wel eens samen kunnen hangen met dit aspect van gebrek aan terugkoppelen van het kind naar de volwassene. Hierbij interpreteert de volwassene het verhaal van het kind als een moment waarop het kind fantasie en werkelijkheid niet onderscheidt, terwijl het kind dit wel weet maar niet aan de volwassene laat weten. Daarbij moet aangetekend worden dat door het gebrek aan kennis over de wereld en de mate van geloofwaardigheid die kinderen volwassenen toekennen, het kinderen regelmatig geleerd wordt fantasie als werkelijkheid te ontvangen. Het verhaal van de 'ooievaar' is wel een goede oplossing voor de moeite die volwassenen hebben om seksuele voorlichting te geven, maar het vertekent het beeld dat kinderen van de werkelijkheid kunnen krijgen. Praten over kabouters die je paddenstoelen binnen ziet schieten terwijl je door het bos loopt, kan kinderen de indruk geven dat volwassenen dingen zien die zijzelf niet zien. Toch hebben kinderen al snel door dat volwassenen ook dingen zeggen die gefantaseerd zijn, en kinderen om de tuin leiden. Dit kan ervoor zorgen dat kinderen volwassenen minder serieus gaan nemen. Hetzelfde geldt voor het niet begrepen worden door volwassenen. Wanneer kinderen het gevoel hebben dat de volwassene een 'domme' fout maakt door het kind niet te begrijpen, kan het kind overgaan op fantasie en met het verhaal aan de haal gaan. Het kind laat de volwassene in de val lopen, zoals onderstaand voorbeeld laat zien.

> *Mijn vaders poes is overgereden.*

*Die is overreden.*

> *Die is dood.*
> *Ik heb hem begraven.*

*Waar heb je hem begraven?*

> *In de tuin hier.*

*Oh ja. En ga je er nog weleens kijken?*

> *Hij is in de hemel.*

*Hij is in de hemel. Hoe weet je dat?*

> *Omdat ik dat van mijn vader gehoord heb.*

*Je vader zei van eh die eh die poes is nu in de hemel?*

> *Ja.*

*Ja. Wat vind je daarvan dat ie in de hemel is?*

> *Goed dan kan God hem maken*

*Kan God hem dan maken. Oh dat is fijn.*

> *Dan word ie geen poes.*

*Wat word ie dan?*

> *Dan word ie een gevaarlijke man. Gaat ie gemeen doen pak de politie, pak de politie en dan gaat ie dat doen en dan eh dan gaat de politie die man in de gevangenis stoppen*

*Oh in de hemel?*

> *Nee in de gevangenis.*

Metafysische begrippen en de wijze waarop volwassenen daar vaag over blijven, geven aanleiding bij kinderen tot eigen fantasieën en vaak schrikbeelden.

> *Nicolien was elf toen haar zusje van anderhalf jaar overleed. Het zusje lag opgebaard in een bed direct onder de kamer waar Nicolien sliep. Deze durfde niet meer te gaan slapen in haar kamer, want ze had te horen gekregen dat het zieltje van haar zusje naar de hemel zou stijgen en Nicolien was doodsbang dat zij bij het stijgen meegenomen zou worden.*

De noodzaak van het vastomlijnd vertellen van feiten in de ene situatie en fantasie in de andere is voor het jonge kind minder duidelijk. De terugkoppeling daarvan naar de volwassene is gebrekkig. Het is dan ook veeleer het aangeven dat iets fantasie is of werkelijkheid, dan de scheidslijn kunnen trekken tussen fantasie en werkelijkheid wat bij jonge kinderen het probleem vormt. Het passend gebruikmaken van de verschillende stijlen binnen diverse communicatiekaders is bij jonge kinderen minder sterk ontwikkeld dan bij volwassenen en dit kan voor verwarring zorgen.

De kunst voor volwassenen is te accepteren dat kinderen niet altijd alles fout zien, als ze het anders zien dan zijzelf zien, maar om te aanvaarden dat kinderen anders kijken.

> *Serge van drieëneenhalf wil dolgraag 'platte aardappeltjes', zo noemt hij de voorgebakken schijfjes. Zijn moeder zoekt in de winkel, maar ze zijn er niet. Ze vervolgt haar boodschappen. Naar verloop van tijd komt Serge naar haar toe en zegt dat ze er wel zijn. Ze staat al buiten de winkel en moet een beslissing nemen of ze haar kind serieus neemt of niet. Ze kiest ervoor hem serieus te nemen en dat was terecht, er was inderdaad nog een zakje 'platte aardappels'.*

In het onderzoek naar hoe kinderen hun hulpverlening ervaren, ontdekte Meerdink (1997a, b) dat kinderen een geheel eigen kijk hebben op hulp. Aan de hand van hun visie zijn door WESP (Bureau voor sociaal marktonderzoek) kinderkwaliteitscriteria ontwikkeld (Van Beek 1998a, b; Hameetman 1999; Meerdink 1997a, b).

## 1.5 VERSCHILLEN TUSSEN JONGENS EN MEISJES

Tot nu toe zijn de ontwikkelingsfasen van kinderen in het algemeen besproken. Er zijn echter ook verschillen tussen jongens en meisjes te noemen (Delfos, 2012; 2002; 2010a). Uiteraard zijn dit algemene verschillen, zoals de hierboven genoemde kenmerken ook algemene kenmerken zijn, maar ze zijn algemeen en universeel genoeg om erbij stil te staan en er rekening mee te houden. Wanneer we geen rekening houden met bestaande verschillen dreigen we seksespecifieke verwaarlozing (Delfos, 2005a) te plegen. Steeds meer vrouwen gaan de hulpverlening en het onderwijs in, waardoor de balans naar de andere kant slaat en we van 'feminisering' van hulpverlening en onderwijs kunnen spreken. De kunst is om respectvol rekening te houden met de kenmerken en kwaliteiten van beide seksen, zoals het belangrijk is rekening te houden met de kenmerken en kwaliteiten van ieder mens op zich. Anders ontstaat er zoiets als de ontmannelijking van de man (Delfos, 2001b).

Er zijn reeds verschillen te constateren op de eerste dag na de geboorte. Jongens kijken de eerste dag na hun geboorte langer naar voorwerpen, meisjes langer naar gezichten (Connellan, Baron-Cohen, Wheelwright, Ba'tki en Ahluwia, 2001). Dat betekent niet dat jongens niet geïnteresseerd zouden zijn in gezichten, noch dat meisjes niet geïnteresseerd zouden zijn in voorwerpen.

Het gaat om *voorkeursgedrag* (Delfos, 2010a). Mannen en vrouwen zijn verschillend én hetzelfde; het is hun aanleg die verschillend voorkeursgedrag doet vertonen, zeker op momenten dat het erop aankomt (Delfos, 2010a).

In het algemeen rijpen jongens langzamer dan meisjes en zij vertonen ook meer problemen in hun ontwikkeling (Delfos, 2009a). Jongens hebben in het algemeen meer neiging tot probleemoplossend gedrag en meisjes meer tot veiligheid en steunzoekend gedrag. We zien dit het sterkst optreden wanneer zich een probleem voordoet of er gevaar dreigt (Delfos, 2012; 2010a). In het algemeen zijn jongens geneigd te externaliseren (naar buiten gericht, actief, agressief gedrag) en zijn meisjes geneigd te internaliseren (naar binnen gericht, passief, verlegen, angstig gedrag) wanneer zich een probleem voordoet (Delfos, 2012). Jongens zijn als het ware lastiger voor hun omgeving, meisjes zijn lastiger voor zichzelf (Kohnstamm, 1980). Meisjes (en vrouwen) zijn ook meer talig gericht dan jongens (en mannen). Dat wil niet zeggen dat jongens of mannen hun taal niet beheersen, maar dat zij de taal minder gebruiken om hun innerlijke emoties en gedachten te onderzoeken, te verwoorden en te uiten (Delfos, 2010a). Voor gespreksvoering met kinderen betekent dit dat jongens minder dan meisjes geneigd zijn uitgebreid hun innerlijke roerselen te bespreken. Wanneer het gesprek spanning oproept, zullen kinderen de neiging hebben deze spanning weg te laten vloeien door middel van bewegen. Ze zitten dan vaak ongedurig op hun stoel te wippen. Dit geldt voor jongens meer nog dan voor meisjes. Het betekent dat een gesprek dan beter onder actieve omstandigheden gevoerd kan worden, wandelend of spelend, dan stilzittend tegenover elkaar.

Ieder kind, jongen of meisje heeft zijn of haar eigen stijl van omgaan met problemen. Wanneer we een gesprek over een moeilijk onderwerp willen voeren met een kind is het zinnig om erbij stil te staan of de stijl van het kind meer externaliserend of internaliserend is. Het betekent dat we de omstandigheden waaronder het gesprek plaatsvindt daaraan kunnen aanpassen. Voor een externaliserend, beweeglijk kind is het verstandiger om bijvoorbeeld te praten tijdens een wandeling. Dit zullen vaker jongens zijn. In dat kader is het ook verstandig om bij gespreksvoering met jongens te overwegen of een mannelijke gesprekspartner geschikt zou zijn.

## 1.6 VRAAGGERICHT WERKEN

Als gevolg van de beperktheid van de literatuur presenteren we een model van gespreksvoering met kinderen, dat weliswaar deels op de literatuur gebaseerd is, maar vooral op de ervaring die in het spreken met kinderen is opgedaan. Het model is leeftijdsgewijs opgebouwd. Clark (2005) liet reeds zien dat het bij communicatie belangrijk is rekening te houden met de leeftijd van het kind. De kennis en ervaring komt van mijzelf in het leven en werken met kinderen als mens, als diagnosticus, als therapeut, ervaringen van collega's, en de ervaringen van bureau WESP in het interviewen van kinderen. De in het boek gebruikte voorbeelden komen uit deze verschillende bronnen.

Voor hoofdstuk 4, gesprekstechnieken, is onder andere geput uit de syllabi die voor WESP zijn ontwikkeld ten behoeve van het trainen in het interviewen van kinderen (Delfos, 1998a) en jongeren (Meerdink, 1997a, b; Van Beek, 1997a, b). WESP ontwikkelde de methode van *vraaggericht werken*. Hieronder wordt verstaan het voeren van open vraaggesprekken en interviews op basis van actief luisteren door middel van doorvragen, je afvragen waarom iemand iets zegt, en rekening houden met de beleving en behoeften van de ander (Meerdink, 1999a; Van Beek 1997a, 1997b). Dit stellen zij tegenover passief observeren en luisteren en verwachten dat kinderen hun eigen diagnose stellen en zelf hulpverlenings- of leerplannen maken. Het vraaggericht werken wordt gebruikt om het aanbod op hulpvragen en behoeften van kinderen, te verbeteren. Een weerslag van deze methode beschrijft Meerdink (1999a, b) met betrekking tot de hulpverlening aan jongeren.

Het open vraaggesprek met kinderen is bedoeld om hen te vragen naar hun mening en gevoelens met betrekking tot bepaalde onderwerpen. Hoewel dit boek niet in eerste instantie gericht is op de dagelijkse gespreksvoering met kinderen, noch die in het kader van de therapeutische hulpverlening aan kinderen, is het goed om op te merken dat iemand die de gelegenheid krijgt om werkelijk zijn of haar mening en gevoelens te uiten, daardoor daadwerkelijk reeds geholpen is. Dit uiten, is het doel van een open vraaggesprek. Dit aspect is van groot belang voor de therapeutische praktijk. Denk daarbij bijvoorbeeld aan Vygotsky en zijn nadruk op het gebruik van taal als ordeningsprincipe. De belangrijkste hulp die een mens in psychische nood geboden kan worden, is vaak om orde te scheppen in de chaos die hij of zij rond een problematisch onderwerp ervaart. Hoewel hulpverleners vaak behoefte hebben meer te doen dan alleen te *luisteren*, is dat laatste vaak hun meest effectieve en vruchtbare hulpverleningsstrategie.

Een van de weinigen die zich systematisch heeft bezig gehouden met gespreksvoering met kinderen, is Thomas Gordon (1989), (zie ook Gabeler Weeda en Wieringen, 1996). Hij heeft het 'luisteren' tot kern van zijn model gemaakt. De methode van Thomas Gordon (1989) richt zich op de communicatie tussen volwassenen en kinderen. Fundamenteel voor de communicatie is volgens Gordon acceptatie, het basisprincipe van de therapeut Carl Rogers (1902-1987), waar Gordon sterke affiniteit mee heeft. In de communicatie is het belangrijk om te onderscheiden bij wie het probleem ligt, bij de volwassene of bij het kind. Op grond daarvan wordt de communicatie vormgegeven. Belangrijk in de methode is het spreken in de vorm van ik-boodschappen, dat wil zeggen zinnen formuleren vanuit de ik-vorm. Dus niet 'Jij moet daarmee ophouden', maar 'Ik wil dat je daarmee ophoudt'. Bij een ik-boodschap probeer je dichtbij je eigen gevoel te blijven en niet een ander te beschuldigen of te veroordelen.

Het model van Gordon is echter beperkt in die zin dat het zich vooral richt op de wijze waarop problemen bespreekbaar kunnen worden gemaakt en minder op de open communicatie met kinderen. Het boek heet *Effective parenting*, een opvoedboek dus. De Nederlandse vertaling heet *Luisteren naar kinderen*. Zijn methode is meer pedagogisch van aard. In de communicatie gaat het er bij Gordon om dat de boodschap van het kind wordt geïnterpreteerd, vertaald en ter bevestiging wordt teruggegeven. De bij vraaggericht werken essentiële methodiek van doorvragen binnen het referentiekader van het kind, ontbreekt bij Gordon. Zijn bijdrage is met name het 'actief luisteren' en de 'ik-boodschap'.

Hoe jong ze ook zijn, kinderen hebben gevoelens en meningen over zaken die hen bezighouden. Ze zijn echter, in het bijzonder wanneer ze jong zijn, weinig gericht op het communiceren van datgene wat hen bezighoudt. Hun egocentrisme zorgt er tot ongeveer de leeftijd van acht jaar voor, dat zij niet altijd in de gaten hebben dat volwassenen niet op de hoogte zijn van wat er in hen omgaat. Egocentrisme hangt samen met een beperkte ik-anderdifferentiatie; het verschil tussen ik en niet-ik wordt onvoldoende gemaakt. Het proces van ik-anderdifferentiatie gaat in feite een leven lang door, waarbij de belangrijkste ontwikkeling in de eerste jaren plaatsvindt.

> *Rik van anderhalf is erg gek op een televisieprogramma voor peuters. Hij kijkt geboeid naar een scène die hij heel leuk vindt en kijkt achterom om te zien of zijn ouders meegenieten. Zodra hij ziet dat ze in de kamer zijn en ook kijken, hervat hij tevreden lachend zijn bezigheid. De mate van ik-anderdifferentiatie bij Rik maakt mogelijk dat hij zich voor kan stellen dat zijn ouders niet in de kamer zijn, maar ook dat zij niet genieten.*

Bij kinderen met autisme is sprake van een beperkte en traag verlopende ik-anderdifferentiatie (Delfos, 2011a; 2013a). Kinderen met autisme vinden het gemakkelijker om zelf gedrag te volgen en te dirigeren dan om de aandacht van een ander te volgen en te richten dan kinderen zonder autisme (Tomasello, Carpenter en Hobson, 2005). Een beperkte ik-anderdifferentiatie wordt duidelijk in het volgende voorbeeld:

> *De zevenjarige Tom wordt geschminkt. Hij wordt stil van trots als hij zichzelf in de handspiegel ziet; hij ziet er zo mooi uit. Hij reikt de speltherapeute vervolgens de spiegel aan om zich te laten bewonderen. Tom heeft niet door dat de therapeut dan alleen haar eigen spiegelbeeld ziet. Maar sterker nog, omdat hij zichzelf niet kon zien tijdens het schminken, gaat hij er ook van uit dat de therapeut hem niet kon zien. Tom realiseert zich niet dat de ander alleen hoeft te kijken om hem te zien. Die ander heeft hem zelfs geschminkt en het hele proces dus meegemaakt. Het gebrek aan zich kunnen verplaatsen in een ander zorgt ervoor dat Toms inzicht beperkt blijft tot zijn eigen perspectief.*

In een gesprek liggen de prioriteiten van de gesprekspartners altijd verschillend. Kinderen hebben vaak andere prioriteiten in een gesprek dan de volwassene die met hen praat. Gezien het machtsverschil tussen volwassenen en kinderen betekent dit dat de prioriteiten van volwassenen al snel voorrang zullen krijgen boven die van kinderen (oefening 1.5, bijlage 1). Gespreksvoering met kinderen wordt een hachelijke zaak zodra we op informatie uit zijn en zodra we over moeilijke of gevoelige onderwerpen communiceren. We willen in zulke gevallen dat het kind zich vrij voelt, open is en exact zegt wat er aan de hand is. Tegelijkertijd staan de omstandigheden van gespreksvoering tussen kinderen en volwassenen dat vaak in de weg.

De vraag is niet of kinderen een mening hebben of over informatie beschikken, maar hoe we met kinderen kunnen communiceren om die mening te weten te komen, of de informatie te verkrijgen.

## 1.7 HET GESPREKSKADER

We zullen in hoofdstuk 3 zien, dat er enkele voorwaarden te noemen zijn, die een open gesprek met een kind kunnen bevorderen. Een van de ontdekkingen van de laatste jaren is dat de kwaliteit van de gespreksvoering met kinderen erg afhankelijk is van de kennis die het kind heeft over de aard van het gesprek (oefening 1.6, bijlage 1). Onder andere Elbers (1991) benadrukt dat het bieden van duidelijkheid over het kader van het gesprek van groot belang is voor de kwaliteit van de gespreksvoering met jonge kinderen. Deze zijn gewend om door volwassenen geholpen te worden in een gesprek. De volwassene neemt zelfs de verantwoordelijkheid van een gesprek al gauw op zich en bepaalt het onderwerp en het verloop van het gesprek. Zo kan de volwassene het kind makkelijk een richting uitsturen die het niet wil (Van Haaren, 1983). De gespreksvorm waarin de volwassene de aard, het onderwerp en het verloop van het gesprek bepaalt, is niet geschikt in de situatie van een open vraaggesprek, een ondervraging, een interview of een verhoor. Volwassenen gaan er al snel van uit dat het kind de regels kent die aan de communicatie ten grondslag liggen. Alleen wanneer het heel jong is, worden regels aan het kind uitgelegd en geleerd. De baby leert, min of meer impliciet, een aantal regels. Stern (1977) ontdekte bijvoorbeeld dat moeders met hun baby's communiceren op een volwassen wijze en pauzes laten tussen vragen die ze aan de baby stellen op dezelfde manier als in een gesprek met een volwassene, alsof hun baby in staat zou zijn te antwoorden. Hiermee wordt impliciet de verwachting van het geven van een antwoord duidelijk gemaakt, evenals het om beurten praten. Aan de peuter worden regels uitgelegd, zoals het 'niet voor je beurt praten', maar al snel wordt het kind geacht de regels te kennen en worden ze niet meer expliciet gemaakt dan alleen in corrigerende of bestraffende zin. De sociale codes voor gespreksvoering worden vaak eenzijdig uitgelegd aan kinderen, namelijk hoe zij zich aan volwassenen moeten aanpassen: 'Wees stil als ik praat'. Het kind leert nauwelijks dat deze regels wederzijds zijn, omdat de volwassene tijdens communicatie meestal niet in dezelfde mate rekening met het kind houdt. Subtiele regels als zelfstandig, zonder hulp van de volwassene spreken of wachten als iemand moeite heeft emoties te uiten, leert het kind pas door ervaring op te doen in communicatie. Het kind leert dit zelden als expliciete regels.

Tot zo'n jaar of acht is het voor kinderen echter beslist niet altijd duidelijk wat de *sociale codes* zijn die aan een gesprek ten grondslag liggen (Flavell, 1985). Jonge kinderen op de basisschool beginnen er reeds enig besef van te krijgen, dat een gesprek geacht wordt over één onderwerp te gaan (Dorval en Eckerman, 1984). Kinderen zullen beter presteren in een situatie als de sociale codes van het gesprek uitgelegd worden. Bijvoorbeeld als verteld wordt dat er vragen gesteld gaan worden waar de volwassene zelf het antwoord niet op weet en dat de volwassene dus ook niet gaat helpen bij het antwoord. Een aardig voorbeeld hiervan vormt het onderzoek van Capelleveen en Cazemier (1993). Daarbij bleek dat zowel basisschoolkinderen van zeven en acht jaar als MLK (Moeilijk Lerende Kinderen) van tien en elf jaar goed presteerden in het zich herinneren van kenmerken van een gebeurtenis. Zij waren weinig gevoelig voor suggestie. Dit hangt mogelijk samen met de duidelijke uitleg in dit onderzoek over het kader van het vraaggesprek. Benadrukt werd bijvoorbeeld dat de kinderen niets moesten verzinnen en dat het niet erg was wanneer ze sommige dingen vergeten waren. Onbetrouwbaarheid van jonge kinderen wanneer ze als getuigen in verhoren functioneren, is volgens Elbers (1991) voor een belangrijk deel gebaseerd op misverstanden die ontstaan omdat het kind de regels van het gesprek niet kent. In de thuissituatie zijn de communicatievormen veel gevarieerder dan in schoolsituatie. Kinderen moeten in de schoolsituatie ook vertrouwd raken met communicatieprincipes als de *toonvraag*, de *pseudo-vraag* of *displayvraag*. Dat is een vraag die door de leerkracht wordt gesteld waarop hijzelf het antwoord al weet, maar die uitsluitend gesteld wordt om de kennis van het kind te toetsen, het kind de kans te geven zijn of haar kennis te tonen. Kinderen nemen in de schoolsituatie minder initiatieven tot gesprek en stellen zich afhankelijker op dan in de thuissituatie (Elbers, 1991). Dit hangt mogelijk met de gebruikelijke communicatievorm op school samen.

De situatie van het interview (vraaggesprek, diagnostisch onderzoek) is voor jonge kinderen een vrij onbekende situatie. Kenmerkend bij deze vormen van gespreksvoering is, dat de volwassene het kind niet op het probleem voorbereidt en geen hulp of feedback geeft in tegenstelling tot gewone gesprekken. Om een vruchtbaar interview te kunnen voeren, is het dan ook belangrijk om voor kinderen de sociale regels die in het contact spelen, expliciet te maken.

Om onduidelijkheden in de communicatie te verhelderen en misverstanden te vermijden, bestaan verschillende oplossingen. Het vragen om verheldering is daarbij van groot belang. Shatz en O'Reilly (1990) noemen vier vormen van opheldering vragen: een vraag om herhaling, specifieke en niet-specifieke; een vraag om bevestiging, en een vraag om specificering. Van den Kommer en Elbers (1998) onderzochten de mate waarin jonge kinderen om verheldering vragen en concluderen dat uit het vrijwel ontbreken van verzoeken van het kind om verduidelijking, blijkt dat het kind weinig verantwoordelijkheid voor het gesprek heeft. Kinderen blijken, zeker in de schoolsituatie, liever geen antwoord te geven dan te laten merken dat ze iets niet begrijpen. In de thuissituatie vragen kinderen beduidend vaker om verheldering.

Het vragen om verheldering neemt met het ouder worden toe. Kinderen zijn echter coöperatieve gesprekspartners en geven vaak spontaan verduidelijking.

Gespreksvoering tussen kinderen en volwassenen verloopt moeizamer naarmate een volwassene ervan uitgaat dat het kind een onvolwaardige gesprekspartner is, die niet goed in staat is een gesprek te voeren zoals een volwassene dat kan, en naarmate de volwassene niet aansluit bij de mogelijkheden van gespreksvoering die kinderen hebben.

## 1.8 HET VIRTUELE MILIEU

Er is een gebied waar we het contact met kinderen kwijt zijn geraakt en waar we nauwelijks over communiceren. Een gebied waar we ze eigenlijk in de steek hebben gelaten. Dat is het virtuele milieu (tv, video, mobieltjes, de computer met internet en gaming) (Delfos, 2009; 2010b; 2013b). In de opvoeding was altijd sprake van drie milieus: het eerste milieu: het gezin; het tweede milieu: de school; het derde milieu: de wereld daarbuiten. Uit het derde milieu heeft zich een factor losgemaakt die een eigen status verdient: het vierde milieu, wat ik in de Comeniuslezing het *virtuele milieu* noem (Delfos, 2006a; 2007a; b; c, 2009b). Het virtuele milieu is een opvoedende instantie, maar een die niet als zodanig bedoeld is. Het vormt kinderen onbedoeld. Het is een fantastische omgeving, met grenzeloze mogelijkheden (Delfos, 1992). Maar zoals met alles is vrijheid pas mogelijk als deze ingekaderd en begrensd wordt. Het betekent dat volwassenen de voorwaarden moeten scheppen voor jeugdigen zodat ze zich gezond kunnen ontwikkelen. Het ontdekken van de voorwaarden die nodig zijn voor een gezonde virtuele ontwikkeling is de leeropdracht van het lectoraat aan de Hogeschool Edith Stein (Delfos, 2009b; 2013b). Internet is vooral commercieel en zo komen commerciële motieven de opvoeding binnen. Dat hebben we nog nooit gehad op de wereld, een instantie die onze kinderen opvoedt, invloed heeft. Nog een zorgelijk aspect is het enorm verslavende karakter van de computer, zoals dat ook bij de tv al het geval was. Bij de computer is het nog sterker: *Even kijken, nog een mailtje? Even verder spelen, nog een level hoger.* De elementen van beloning en straf zijn sterk en snel wisselend: de verslaving groeit gemakkelijk.

Kinderen groeien in het virtuele milieu met zijn computer en mobieltjes op. Voor hen is het geen instrument, maar een lééfwereld. Ze gaan er gemakkelijk mee om en genieten van de haast onbeperkte mogelijkheden. Het heeft fascinerende maar ook gevaarlijke kanten. Mijn eerste publicaties laten beide kanten zien. In 1992 schrijf ik hoe geweldig de computer voor kinderen is, hoe ze kunnen genieten, hoe ze leren en hoe de computer een rol kan spelen in het behandelen van hun angsten (Delfos, 1992). De andere kant is echter dat het ook een risico vormt voor het ontwikkelen van agressie (APA, 2005; Nikken, 2007) en een schadelijke invloed op de morele ontwikkeling kan hebben (Delfos, 1994a). Maar de fiets schaffen we ook niet af omdat hij gevaarlijke kanten heeft.

Volwassenen hebben kinderen overal opgevoed, behalve daar. We dragen zorg voor een goede *lichamelijke* ontwikkeling, een goede *cognitieve* ontwikkeling, een goede *sociaal-emotionele* ontwikkeling, een goede *sportieve* ontwikkeling en een goede *creatieve* ontwikkeling, maar we zijn niet of nauwelijks bezig met een gezonde *virtuele* ontwikkeling (Delfos, 2013b). We sturen kinderen niet met een fiets de snelweg op. We leren ze eerst met zijwieltjes op de stoep fietsen en zo stapje voor stapje verder. We hebben verkeersregels gemaakt en fiestpaden aangelegd zodat ze niet gevaarlijk op de snelweg terechtkomen. Maar in het virtuele milieu gaan ze onbeschermd en nauwelijks begeleid de digitale snelweg op. Maar, zoals overal, hebben ze volwassenen nodig om hun ervaringen te verwerken en in een context te plaatsen.

> *Gerben is vier jaar. Hij speelt in het Habbo-hotel. Dat is een online spel dat kinderen onderling verbonden met elkaar via internet spelen. Je kunt tegen betaling een kamer in het hotel huren en inrichten, en anderen ontmoeten. Het lijkt op een getekend playmobil, de poppetjes zijn niet levensecht, maar je kunt je eigen poppetje kiezen. Gerben komt overstuur naar zijn moeder. Geschrokken zegt hij dat hij in het Habbo-hotel bij een deur kwam waar hij door wilde en te horen kreeg dat je daar alleen door kunt als je seks met dieren wilt hebben.*

Zo'n deur bestaat niet in het Habbo-hotel, maar het is wel mogelijk kinderen te plagen door dit te zeggen tegen – te jonge – medespelers. Het Habbo-hotel is eigenlijk voor jonge kinderen, basisschoolleeftijd. Kinderen hebben er veel plezier en ze leren er gemakkelijk met de computer omgaan. De andere kant is echter dat iedereen in het Habbo-hotel een kamer kan huren en zich voor kan doen als kind. Een probleem is ook dat het geld kost en kinderen daarom in de schulden kunnen komen, bijvoorbeeld via beltegoeden. Tekenend in dit kader is dat uit onderzoek blijkt dat jeugdigen tussen 8 en 18 jaar als hun grootste zorg noemen of ze wel geld genoeg zullen hebben.

Om hun weg te vinden in het virtuele milieu hebben kinderen volwassenen nodig. Niet om hen te leren hoe het technisch moet, dan is de les eerder andersom, kinderen weten meer van internet dan volwassenen. Het gaat om het plaatsen en verwerken van hun ervaringen. Ouders vragen kinderen hoe het op school was, op sport, op het verjaarspartijtje, maar ze vragen nauwelijks iets over de ervaringen van kinderen op de computer (Delfos, 2013b). Het probleem van Gerben uit het voorbeeld is niet zozeer dat hij de ervaring opdoet dat je seks met dieren kunt hebben, maar dat hij de tijd niet krijgt om dit te plaatsen en te verwerken, omdat hij elke dag meerdere van zulke ervaringen heeft. Uit hun jeugd kennen volwassenen altijd wel een verhaal dat onbegrijpelijk was, dat ze hebben onthouden omdat het griezelig, spannend en onbegrijpelijk was. Dat ze onthouden omdat het zo'n indruk heeft gemaakt. Waar ze met anderen voorzichtig over gepraat hebben om wijzer te worden wat er aan de hand is. Maar via internet kan dat grote proporties aannemen, omdat het zo snel gaat en de volgende ervaring zich voordoet vóórdat de vorige ervaring verwerkt is.

Kinderen hebben media-educatie nodig en een opvoeding in het virtuele milieu (Delfos, 2013b). Internet is een geweldig medium, maar wel een monster van Frankenstein als we het niet beheersen. We hebben het Verdrag van de Rechten van het Kind ondertekend en geratificeerd. Dat betekent dat we ons gebonden hebben het uit te voeren. In dat verdrag geeft artikel 17 lid e aan dat kinderen het recht hebben beschermd te worden tegen schadelijke informatie. Met de Kijkwijzer proberen we dat bij de tv te doen. Op internet lijken we nog met lege handen te staan, maar daar is het meer dan ooit elders noodzakelijk dat we kinderen leeftijdsgewijs begeleiden. Hen een grens geven en beschermen op internet (Delfos, 2006a; b). In feite moeten we leeftijdsadequate veilige gebieden voor ze creëren, zoals er tv-programma's zijn voor verschillende leeftijden. Hoewel het ook daar lastig wordt om de kijktijd te beheersen. Met de site *uitzendinggemist.nl* bijvoorbeeld, is plotseling de zendtijd in tijdblokken weggevallen. De initiatieven zijn er, bijvoorbeeld de *childlock* of de *parent security*. Glenn Rexwinkel bijvoorbeeld, ontwikkelde *easybee*, een browser voor kinderen waarmee ze veilig op internet kunnen. Voorlopig kan dit alleen voor kinderen tot maximaal twaalf jaar, daarna weten kinderen al zoveel dat ze de blokkades weten te omzeilen.

Om kinderen een gezonde virtuele ontwikkeling te bieden, zullen volwassenen zich moeten buigen over computer, mobieltjes en dergelijke.

Het virtuele milieu, en zeker internet, biedt fantastische mogelijkheden, maar kan alleen gunstig benut worden als de nadelen het hoofd worden geboden. Internet werd in het begin gezien als de redder van het onderwijs, maar inmiddels zijn scholen druk bezig met de vraag hoe ze de schadelijke invloed van het continue gebruik van elektronische media op school het hoofd kunnen bieden (Subrahmanyan, 2009).

De beste les in communiceren is hierover te praten met kinderen. Ze zitten dagelijks uren in het virtuele milieu en maken daar zoveel mee (Delfos, 2013b). Praat erover met ze en leer van ze, want ze zijn ons ver vooruit. Als we ergens bescheidenheid in communicatie kunnen oefenen dan is het als we praten over het virtuele milieu.

## 1.9 DE OPBOUW VAN HET BOEK

Dit boek is in eerste instantie gericht op het voeren van open gesprekken, met kinderen met als doel hun mening, beleving en behoeften hoorbaar te maken. Daarnaast behandelt het gespreksvoering in de schoolsituatie en is het bruikbaar voor hulpverleningsgesprekken, interviewen van kinderen en verhoorsituaties. We beperken ons tot de leeftijdsfase van vier tot twaalf jaar. Ouder dan twaalf jaar spreken we over jongeren; communicatie met jongeren is beschreven in *'Ik heb ook wat te vertellen! Communiceren met pubers en adolescenten' (Delfos, 2014a).* Bij kinderen jonger dan drie, vier jaar zijn open vraaggesprekken en interviews in talige zin nauwelijks mogelijk, omdat het kind vooral bezig is de taal meester te worden. In geval van kinderen jonger dan vier jaar kunnen we beter over communicatie spreken in plaats van gespreksvoering omdat de *non-verbale communicatie* (woordeloos) een belangrijker rol speelt dan de verbale.

Na deze algemene inleiding behandelen we eerst, in hoofdstuk 2, de ontwikkeling van kinderen leeftijdsgewijs. Dit hoofdstuk is voor een belangrijk deel gebaseerd op *Ontwikkeling in Vogelvlucht. De ontwikkeling van kinderen en adolescenten* (Delfos, 2011a). Vervolgens zullen de kenmerken van gespreksvoering en interviews behandeld worden in hoofdstuk 3, waarna in hoofdstuk 4 de technieken van gespreksvoering en interviews beschreven worden. Dit hoofdstuk is voor een belangrijk deel gebaseerd op de syllabus van Van Beek (1997b) die onder andere putte uit het werk van Yarrow (1960), Rich (1968) en Emans (1990). Ten slotte beschrijven wij in hoofdstuk 5 de gespreksvoering leeftijdsgewijs met betrekking tot metacommunicatie, de vorm waarin het gesprek plaatsvindt, het verbale aspect, het non-verbale aspect, vraagtechnieken en motivatie. Het boek wordt afgesloten met een epiloog, (hoofdstuk 6). Ter aanvulling zijn er drie bijlagen toegevoegd. In bijlage I staan oefeningen beschreven die in opleidingssituaties gebruikt kunnen worden, maar ook thuis zinnig kunnen zijn. Aan het eind van ieder hoofdstuk worden aandachtpunten genoemd die de belangrijkste punten uit het hoofdstuk bevatten. In bijlage 2 zijn deze aandachtspunten bij elkaar gezet. In bijlage 3 staat in schematische vorm beschreven hoe communicatie met kinderen op verschillende leeftijden zou kunnen plaatsvinden. Het is een schematische samenvatting van de voorafgaande hoofdstukken. In bijlage 4 staat de checklist voor het afnemen van interviews met kinderen van Jennings (1982), extra informatie voor diegenen die interviews bij kinderen willen afnemen. Ook is een lijst met voorbeelden opgenomen, zodat die gemakkelijker terug te vinden zijn en een lijst met overzichten. Het namen en zakenregister is opgenomen om het zoeken binnen het boek te vereenvoudigen en de literatuurlijst ter weergave op welke literatuur het boek steunt.

## AANDACHTSPUNTEN

- Het spreken met kinderen is voor bijna iedereen een dagelijkse bezigheid
- Hoe jonger het kind, des te onhandiger volwassenen zich lijken te voelen in gesprek met kinderen.
- Een baby is erop gericht zichzelf een taal eigen te maken.
- Kinderen zijn bijzonder sensitief ingesteld op hun omgeving en begrijpen situaties lang voordat er woorden bij horen.
- Kinderen stellen repeteervragen, herhalen een vraag in de hoop het gewenste antwoord te krijgen.
- Communicatie met kinderen vraagt speelsheid en het loskomen van vaste patronen.
- Driftaanvallen en slaan nemen af vanaf ongeveer drie jaar, wanneer het kind zich talig kan uiten.
- De leerbereidheid van kinderen is enorm groot

- Het jonge kind neemt vooral waar met zijn of haar zintuigen.
- Ervaringen uit de kindertijd zullen eerder door middel van geur of tast opgeroepen kunnen worden.
- Het menselijk jong rijpt zo'n vijfentwintig jaar door na de geboorte.
- Afwijken van de norm roept angst op.
- Taal is ook een instrument om te ordenen.
- Jonge kinderen zijn weinig gevoelig voor suggestie als het om een stressvolle gebeurtenis gaat die hen is overkomen.
- De suggestibiliteit van kinderen neemt af van vier tot acht jaar en neemt weer licht toe vanaf een jaar of dertien.
- Suggestibiliteit van kinderen blijkt vooral te spelen in reactie op volwassenen.
- Kinderen blijken geen slechter geheugen te hebben dan volwassenen.
- Kinderen kunnen onderscheid maken tussen fantasie en werkelijkheid.
- Kinderen stellen de geloofwaardigheid van volwassenen niet snel ter discussie.
- Via ik-boodschappen kan gedrag en mens losgekoppeld worden.
- Kinderen zijn weinig gericht op het communiceren van datgene wat hen bezighoudt.
- Kinderen hebben niet altijd in de gaten dat volwassenen niet op de hoogte zijn van wat er in hen omgaat.
- Egocentrisme hangt samen met een beperkte ik-anderdifferentiatie.
- **De vraag is niet of kinderen een mening hebben of over informatie beschikken, maar hoe we met kinderen kunnen communiceren om die mening te weten te komen, of de informatie te verkrijgen.**
- Het bieden van gesprekskaders is van groot belang voor de kwaliteit van de gespreksvoering met jonge kinderen.
- De sociale codes voor gespreksvoering worden vaak niet of eenzijdig uitgelegd aan kinderen.
- Gespreksvoering tussen kinderen en volwassenen verloopt moeizamer naarmate een volwassene ervan uitgaat dat het kind een onvolwaardige gesprekspartner is.

# 2 DE ONTWIKKELING VAN KINDEREN VAN VIER TOT TWAALF JAAR

## *Groei en ontwikkeling*

Mensen zijn voortdurend aan het veranderen en dat geldt nog sterker voor kinderen. Het veranderingsproces bij jonge kinderen verloopt zeer snel en op volwassen leeftijd weten wij nog nauwelijks wat ons als kind beroerde en hoe we dachten. Het is echter belangrijk om enig inzicht te hebben in de ontwikkeling van kinderen, willen we openstaan om echt informatie van hen te kunnen vergaren.

De voorwaarden voor gespreksvoering met kinderen verschillen per leeftijd. Het hier beschreven model voor gespreksvoering is daarom leeftijdsgewijs opgebouwd. In het denken van kinderen bestaat bijvoorbeeld een omslag rond de zeven jaar. Vanaf die tijd worden begrippen dieper begrepen dan ooit tevoren (Piaget en Inhelder, 1978; Delfos, 2011a). Dat is ook terug te vinden in de aard van de gespreksvoering. Elbers (1991) geeft aan dat met zo'n zeven à acht jaar het kind de regels die aan een ondervraging of aan een verhoor ten grondslag liggen, min of meer begrijpt en van daaruit ook minder gevoelig is voor suggesties. Het is daarom van belang om bij het spreken met kinderen, hun leeftijd te betrekken. Effectieve communicatie betekent aansluiten bij degene waarmee men spreekt. Dus aansluiten bij diens belangstellingen, gedachtewereld, gevoelswereld en wijze van communicatie. Dit geldt voor kinderen niet minder dan voor volwassenen.

Om daadwerkelijk te kunnen communiceren met kinderen is vooral een juiste attitude nodig. Die attitude moet er een zijn van respect voor het kind en bescheidenheid vanuit de volwassene. Voor deze beide elementen van de attitude is nodig dat de volwassene ervan overtuigd is dat het kind deskundig is over zichzelf (oefening 2.1, bijlage 2). Vervolgens zijn er in ieder geval nog drie dingen nodig. Ten eerste inzicht in de ontwikkeling die kinderen tot twaalf jaar doormaken (hoofdstuk 2). Ook Boggs (1999) en Marshall (2004) benadrukken het belang van het ontwikkelingsniveau van het kind. Ten tweede is het noodzakelijk om de aard van communiceren van kinderen te kennen (hoofdstuk 3). Ten derde zijn passende gesprekstechnieken nodig (hoofdstuk 4). In gespreksvoering moet aangesloten worden bij de leeftijd van het kind. Met 'leeftijd' wordt niet alleen de kalenderleeftijd bedoeld, maar vooral de mentale leeftijd. Het begrip mentale leeftijd wordt vooral bij het psychodiagnostisch onderzoek gebruikt. Het geeft de geestelijke leeftijd van het kind aan, vergeleken met het gemiddelde kind van die kalenderleeftijd. De kalenderleeftijd doet een aantal vaardigheden en mogelijkheden verwachten waar kinderen niet altijd aan voldoen. Voor de verschillende onderwerpen zijn gemiddelde leeftijdsscores berekend. Een kind kan dus op diverse onderwerpen een score hebben die gemiddeld, boven gemiddeld of onder gemiddeld ligt. De score drukt de mentale leeftijd uit. 'Onder gemiddeld' betekent dus een mentale leeftijd die lager ligt dan de kalenderleeftijd. Een kind van tien jaar kan bijvoorbeeld een mentale leeftijd van acht, maar ook van twaalf jaar hebben.

Gespreksvoering met kinderen vergt het kennen en onderkennen van de voorwaarden tot communicatie met kinderen, behorende bij hun mentale leeftijd. Kinderen van een zelfde (kalender)leeftijd zijn niet allen even taalvaardig. Hoewel we een algemene lijn schetsen, is het belangrijk ons te realiseren dat kinderen niet alleen verschillen door hun (kalender)leeftijd, maar ook binnen een zelfde (mentale) leeftijdscategorie. Alle mensen zijn uniek, en daar zijn kinderen geen uitzondering op.

## 2.1 HET KIND ALS KLEINE VOLWASSENE

Het kind leeft in een andere gedachte- en gevoelswereld dan de volwassene. Het beschikt over andere mogelijkheden. Wanneer we volwassen worden, raken we onze mogelijkheden als kind voor een belangrijk deel kwijt. Om de een of andere – arrogante – reden denken we als volwassene meer te zijn en meer te kunnen dan kinderen. Dat terwijl de feiten ons laten zien dat we met het ouder worden, wel meer weten, maar minder kunnen én minder snel kunnen. We hebben vaak een gebrek aan respect wanneer het om kinderen gaat. De schoolse kennis van kinderen wordt vaak overschat en de intellectuele mogelijkheden onderschat (Katz, 1998). Een kind is niet een kleine, en daarmee, onvolwaardige volwassene.

Kinderen zijn in feite intelligenter dan volwassenen; wat ze missen, is vooral kennis en ervaring. Zij kunnen daardoor de wereld meer onbevangen tegemoet treden en komen dan vaak met verassende en vertederende uitspraken.

> *Céline van drie en haar tante zitten op een bank. 'Zal ik een verhaaltje voorlezen', vraagt tante. 'Kan je dat dan?', antwoordt Céline met bewondering in haar stem.*

Kinderen weten dingen zonder dat ze altijd in staat zijn om dat in woorden uit te drukken, ze beschikken over een *innerlijke wijsheid*. Een indrukwekkend voorbeeld hiervan geven Wilkins, Fleischmann en Howard (1940).

> *Een jongetje had een grote behoefte aan zout en stelde alles in het werk om zout te bemachtigen. Het kind likte het zout van crackers. Hoe de ouders het zout ook wegstopten, het kind klom, zocht en at al het zout dat het vond. Op drieënhalfjarige leeftijd werd het kind opgenomen in het ziekenhuis en kreeg*

*een standaarddieet van normale zoutconsumptie. Er werd geen gehoor gegeven aan zijn wens zout te eten.*
*Na zeven dagen stierf hij. Het post-mortem-onderzoek wees uit dat het kind een afwijking had (afwijking aan de bijnier, ziekte van Addison), waardoor het uitwendig zout tot zich moest nemen anders zou het sterven, wat ook de doodsoorzaak werd. Het had zichzelf tot aan het ziekenhuis in leven weten te houden door extra zout tot zich te nemen, tegen de zogenaamde wijsheid van de mensen om hem heen in. De innerlijke wijsheid van zijn lichaam gaf hem het noodzakelijke gedrag in* (Wilkins, Fleischmann en Howard, 1940; Gray, 1999).

Dit voorbeeld staat symbool voor de noodzaak van een attitude van respect en bescheidenheid in het communiceren met kinderen. Hun capaciteiten zijn veel groter dan talig uitgedrukt kan worden en dan wij kunnen vermoeden (oefening 2.2, bijlage 1).

*Kas van twee heeft vaak oorpijn. Er is al van alles aan gedaan; hij heeft al buisjes in beide oren. Als hij naar zijn oren grijpt, weten zijn ouders dat het opletten geblazen is. Ook nu weer. Kas kan nog niet praten, maar wel taal begrijpen. Zijn moeder vraagt of het pijn doet. Niet zo, schudt Kas zijn hoofd. Maar is het ernstig, vraagt zijn moeder. Ze benadrukt dat Kas het moet zeggen, want dat ze anders niet goed kunnen helpen. Kas knikt dat het ernstig is. Als de dokter niets ziet, vraagt ze toch om een verwijzing. En terecht, een rotsbeenontsteking kondigde zich aan.*

Kas had met zijn twee jaar al een uitgebreide ervaring met oorontstekingen en wist, zonder woorden, heel goed of er iets aan de hand was of niet. De kunst is kinderen serieus te nemen, ze juist te benaderen in communicatie en ze helpen de woorden te vinden die ze misschien zelf nog niet hebben. Vaak betekent het niet meteen naar de kern te gaan, maar aan de zijkant van het onderwerp alvast te onderzoeken. Dat gebeurt als we de naam van iemand zoeken en er niet op kunnen komen. Als iemand zegt: *Bedoel je Janssen?*, dan kan het antwoord trefzeker zijn: *Nee.* Dat betekent dat iemand de naam wel weet, maar er niet op kan komen. Soms is een onderwerp te pijnlijk of te moeilijk om rechtstreeks naar de kern te gaan. Dan is het zinnig om eerst de 'randen van de kennis' te onderzoeken, daar waar een trefzeker 'Nee' ontstaat, nadert men de kennis. Via *tegendeelvragen* (zie hoofdstuk 4), is het mogelijk om dichterbij te komen (oefening 2.3, bijlage 1).

Maar als basishouding is het belangrijk te onderkennen dat ook kinderen deskundigheid over zichzelf hebben.

*Jikkie van acht komt voor haar eerste keer naar therapie. Ze heeft problemen met haar spraak en is moeilijk te verstaan. Ze heeft op school al geruime tijd logopedie voor haar spraak, zonder succes. De therapeut heeft bovendien moeite met horen. Ze lopen samen naar de spelkamer. De therapeut zegt: 'Jij praat moeilijk en ik hoor moeilijk, dus dan moeten we allebei hard werken!*

*Waarom kan jij eigenlijk niet goed praten?' 'Omdat ik niet goed kan horen,' antwoordt Jikkie meteen. De therapeut organiseert dat Jikkie onderzocht wordt. Er wordt onmiddellijk alarm geslagen, Jikkie moet onmiddellijk geopereerd worden, want al haar holtes zitten volledig dicht. Jikkie had gelijk.*

De gezondheidszorgonderzoekers Sydnor-Greenberg en Dokken (2001) interviewden kinderen vanaf de leeftijd van 4 tot 17 jaar met zowel acute als chronische condities om informatie te krijgen over hun lichamelijke toestand en over hun visie over de communicatie van artsen en verplegers met hen over hun gezondheid. Zij vroegen aan deze kinderen aan te geven wanneer communicatie goed was gegaan en wanneer het niet goed was gegaan. Ze vroegen ze tevens naar suggesties om de communicatie te verbeteren. Hoewel de kinderen minder spraakzaam waren dan hun moeders en het niet gewend leken te zijn om naar hun mening gevraagd te worden, drukten zij zich goed uit. De onderzoekers categoriseerden de antwoorden van de kinderen in de vijf componenten context, luisteren, empowerment, advies en geruststelling. In het Engels context, listening, empowerment, advice, reassurance, kortweg naar de eerste letters 'clear' communicatie kader genoemd. De laatste twee, advies en geruststelling vonden de kinderen de minst belangrijke van de vijf die ze noemden.

**Overzicht 1:** *Clear communicatie kader*

| **Clear communicatie kader** | |
|---|---|
| Context | Dat het kind als meer dan iemand met een medische kwestie gezien wordt. |
| Luisteren | Hen te laten spreken zonder onderbroken te worden en geen commentaren te maken die afkeur of verrassing uitdrukken. |
| Empowerment | Een actieve rol voor het kind. Het kind wil dingen weten, geïnformeerd worden en betekenisvolle input in de communicatie hebben. |
| Advies | Ze wilden advies in hoe zij met hun specifieke ziekte moesten omgaan. |
| Geruststelling | Geruststelling dat ze gezond waren en dat ze goed bezig waren in het omgaan met hun symptomen en ze wilden geen valse geruststellingen ontvangen. |

Ook de capaciteit van kinderen tot het genereren van filosofische vragen is indrukwekkend groot, maar wordt nauwelijks serieus genomen of gebruikt door volwassenen (Matthews,1994).

Feuerstein (1981) baseert zijn methode van onderwijs in het 'leren denken' op deze capaciteit van kinderen tot filosoferen. Juist jonge kinderen hebben een sterke filosofische inslag.

*Niels van vier jaar maakte mee dat zijn opa overleed. Hij was verwonderd over het verdriet om hem heen. Hij begreep dat het verdriet gestoeld was op het feit dat opa verdwenen was en niet meer terug zou komen. Het riep de vraag in hem op waarom we opa niet net als een bloem in de grond konden steken om hem weer te laten groeien.*

Zeker jonge kinderen staan open en ontvankelijk in het leven en willen de wereld om zich heen begrijpen. Ze nemen deze wereld niet als vanzelfsprekend, zoals volwassenen doen. Integendeel, steeds opnieuw roept wat ze om zich heen zien, vragen in hen op. Een periode lang is het jonge kind rond vier jaar eindeloos 'waarom' aan het vragen, in een poging greep te krijgen op de wereld om zich heen.

Het bewerken van kennis en ervaring vormt een wezenlijk onderdeel van de intelligentie. Kinderen kunnen dat misschien zelfs wel veel beter dan volwassenen. Denk bijvoorbeeld hoe ze in korte tijd een taalsysteem weten te vormen uit de klanken die ze om zich heen horen. Kinderen maken hierbij gebruik van 'fast-mapping', waarbij ze de betekenis van een nieuw woord slechts na een korte ontmoeting met zijn onderliggende concept weten te verbinden (Dollaghan, 1985; Waxman, 2002, 2003; Wilkinson, Ross en Diamond, 2003).

Een ander voorbeeld is dat kinderen die vanwege problemen in de hulpverlening terecht zijn gekomen, vaak meer ervaren zijn dan de hulpverleners om hen heen. Een kind dat in verschillende leefomstandigheden is opgegroeid, heeft vaak een dieper inzicht in samenlevingsverbanden dan een interviewer die in zijn gezin van herkomst is opgegroeid en alleen via zien of horen aan de rand van andermans bestaan heeft geproefd en zich meer op kennis dan op inzicht baseert. Een kind dat opgroeit met alcoholverslaafde ouders weet beter wat een verslaving betekent dan de hulpverlener die dat niet van nabij heeft meegemaakt. De hulpverlener put zijn wijsheid vooral uit zijn opleiding en heeft het van horen zeggen. Hoe jong ze ook zijn, kinderen maken hun eigen psychologische analyses en vormen schema's over hoe ze denken dat de wereld in elkaar zit (oefening 2.4, bijlage 1).

*Morach van vijf speelt bij haar thuis met haar vriendinnetje Angélique en diens broertje Stefan. Het zijn niet al te gemakkelijke kinderen in de omgang. Na verloop van tijd worden Angélique en Stefan door hun moeder opgehaald. Deze schreeuwt en gaat geïrriteerd tegen de kinderen tekeer. Morach, die dat nog nooit heeft meegemaakt, zegt later peinzend: 'Weet je mama, ik denk dat wanneer Angélique en Stefan bij papa en jou waren geboren, dat ze heel aardige kinderen waren geweest en dat als Serge en ik bij de ouders van Angélique waren geboren we vervelende kinderen waren geweest.'*

Een jong kind leert vrij gemakkelijk de talen die het aangeboden krijgt (oefening 2.5, bijlage 1). Kinderen van allochtone ouders spreken, vaak in tegenstelling tot hun ouders, zelfs zonder accent door te leren van de autochtone leeftijdgenoten waarmee zij op school en op straat spelen. Harris (1999) gebruikte dit feit als speerpunt voor haar theorie dat leeftijdgenoten in belangrijke mate iemands persoonlijkheid bepalen (oefening 2.6, bijlage 1). Volwassenen hebben de grootste moeite om zich een nieuwe taal eigen te maken en spreken deze zelden vloeiend.

> ❋ *Bij de geboorte zijn de stembanden van de baby in staat om klanken uit alle talen te produceren. Na verloop van ongeveer een half jaar zijn alle mogelijkheden van de stembanden, die buiten de taal of talen die het kind in zijn of haar directe omgeving hoort, afgestoten* (Behnke, 1998). ❋

Baby's leren wie zij kunnen vertrouwen in de verzorging en wie niet; wie bekend is en wie een vreemde is. Binnen acht maanden heeft het kind in grote lijnen door hoe de omgeving, wat mensen betreft, in elkaar zit. Het begint zich aan sommige vertrouwde mensen te hechten. Mensen waarvan het gemerkt heeft dat zij de behoeften van de baby weten te bevredigen en nood weten te lenigen. De baby vormt een *gehechtheidssysteem* waarin vervat is hoe de mensen rond het kind reageren op diens behoeften en noden (Bowlby, 1984; Delfos, 2014b).

> ❋ *In eerste instantie vormt het kind een gehechtheidssysteem met een centrale figuur, meestal de moeder. Vervolgens wordt het netwerk uitgebouwd met andere figuren die een rol spelen in de verzorging van het kind. Hierin zit de vader, vaak grootouders en kunnen bijvoorbeeld ook crècheleidsters zitten* (IJzendoorn, Tavecchio, Goossens en Vergeer, 1988). ❋

Een zevenjarig kind leert spelenderwijs lezen en schrijven. Wanneer iemand dat als kind niet heeft geleerd, zal deze het als volwassene nooit echt vloeiend leren beheersen. *Alfabetisering* – leren lezen en schrijven – op volwassen leeftijd zal, ondanks goede intellectuele vermogens, zelden tot een echte vaardigheid ontwikkeld worden.

Wanneer we een kind aan een computer bezig zien, realiseren we ons pas dat wij als volwassenen houterige, bange, langzame wezens zijn, die met de grootste moeite een apparaat en een nieuwe – computer – taal leren beheersen (oefening 2.7, bijlage 1); terwijl een kind daar zijn of haar hand nauwelijks voor omdraait (Delfos, 2003a). Zelfs het simpele leren omgaan met de 'muis' van de computer is voor volwassenen beduidend moeilijker dan voor een kind.

De Leeuw, Hox, Kef en Van Hattum (1997) gebruikten de computer als middel om overzichtonderzoeken te doen bij kinderen met behulp van computervragenlijsten. De precisie van kinderen bij het invullen nam enorm toe en ze vonden het erg leuk om te doen. De kwaliteit van hun antwoorden was beter dan bij een schriftelijke vragenlijst.

Zo kunnen we nog talloze voorbeelden noemen die de enorme capaciteit bij kinderen duidelijk maken. De kinderjaren bestaan vooral uit het vergaren van een oneindige hoeveelheid informatie over allerlei onderwerpen. Daarover worden abstracties gemaakt en conclusies getrokken op grond waarvan gehechtheid ontstaat, een taal wordt geleerd een beeld wordt gevormd van hoe de wereld in elkaar zit en ga zo maar door. De eerste vier tot vijf jaar van een kind staan in het teken van het beheersen van een aantal belangrijke taken. Met drie jaar lijkt het kind een hoogtepunt te bereiken in *zelfvertrouwen* (oefening 2.8, bijlage 1).

> *Annick van drie zegt volop genietend tegen haar moeder: Leuk dat ik er ben, hè mam?*

Kinderen rond de drie jaar hebben het gevoel greep te hebben op zichzelf en op de wereld om zich heen. Zij kunnen zichzelf voeden, zich zelfstandig voortbewegen en door middel van taal hun wensen duidelijk maken. Kinderen beheersen allerlei belangrijke taken vrij aardig, zonder de grenzen van hun mogelijkheden te zien en worden dus ook niet als gevolg daarvan onzeker. Misschien voelen we ons gedurende ons leven nooit meer zo zelfverzekerd als toen we zo'n drie jaar oud waren. Het kind begint begrippen te doorgronden en tracht die toe te passen. In het volgende voorbeeld is het kind bezig haar besef te verwoorden dat de toekomst een relatie heeft met het heden, op dezelfde wijze waarop het ook een relatie met het verleden heeft.

> *Myrthe van drieënhalf jaar is gek op haar juffrouw Anna van de peuterspeelzaal en kan niet wachten haar weer te zien na de vakantie. Ze vraagt haar moeder dan ook: 'Hoeveel nachtjes moet ik achteruit slapen om juf Anna weer te zien?'*

Kinderen hebben een enorme veerkracht, gebaseerd op hoop dat hun situatie zal verbeteren. Daarnaast hebben kinderen een uitstekende stressmanagement. Kinderen lijken ernstige situaties vaak beter te doorstaan dan volwassenen.

> *Stijn van vijf is aan het spelen met een volwassene. Deze wil een pijnlijk onderwerp bespreken. Nee, daar wil ik nu niet over praten, zegt Stijn. De volwassene blijft echter met het onderwerp bezig. Ze zegt tegen Stijn, Als ik met je speel, moet ik er toch steeds aan denken. Stijn antwoordt: Dan moet je denken 'tafel, tafel, tafel', en dan gaat het gewoon weg.*

In de eerste vier tot vijf jaar zal het kind een verbluffend aantal *ontwikkelingstaken* leren beheersen, waarvan de belangrijkste in overzicht 2 (zie bladzijde 52) staan.

**Overzicht 2:** *Ontwikkelingstaken van het jonge kind van geboorte tot 5 jaar*

| **Ontwikkelingstaken van het kind in de periode van geboorte tot 5 jaar** | |
|---|---|
| Autonomie | Zelfstandig eten, zindelijk worden, in slaap vallen. |
| Motoriek | Vrij en zelfstandig bewegen. |
| Intellectueel | Analyseren, ordenen, conservatieprincipe, ruimte en afstand bevatten, van concreet naar abstract denken. |
| Communicatie | Talig functioneren. |
| Emoties | Hechten en aan zich hechten. |

Het kind is een buitengewoon intelligente informatieprocessor. De plastische hersenen van jonge kinderen hebben oneindig meer mogelijkheden dan die van volwassenen (Nossent, 1998). Enige bescheidenheid past ons daarom wel als volwassene tegenover het kind. In vier jaar tijd weet het kind een aantal taken te beheersen op grond waarvan het verder de wereld kan gaan ontdekken. Alice Miller (1981) houdt in haar boeken een pleidooi voor het tonen van respect voor het kind dat zo begaafd de wereld tegemoet treedt en in feite door de volwassene zo vaak geknecht wordt. Miller spreekt zelfs over het 'drama van het begaafde kind', dat haarfijn aanvoelt wat zijn of haar ouders willen en zich aan die ouders aanpast. Korczak (Berding, 1995) laat zien dat de volwassene zijn beperktheid moet inzien: *Wij weten heel veel dat kinderen niet weten, maar zij weten hoe ze denken en voelen.*

Ten behoeve van een fijnmazige afstemming van gespreksvoering op verschillende leeftijden, verdelen we de ontwikkeling van kinderen van vier tot twaalf jaar onder in vier periodes: van vier tot zes; van zes tot acht; van acht tot tien en van tien tot twaalf jaar (oefening 2.9 en 2.10, bijlage 1).

## 2.2 DE PSYCHOSOCIALE ONTWIKKELING VAN KINDEREN VAN VIER TOT ZES JAAR

Van vier tot zes jaar staan twee zaken centraal: het uitbreiden van de fysieke en sociale omgeving en het vervolmaken van taal. Kinderen gaan onderwijs volgen op school. Ontwikkeling komt niet meer vooral van binnenuit, maar wordt van buitenaf aan het kind gepresenteerd. Dit geldt zowel voor het onderwerp als voor het tempo en de manier van leren. In de eerste twee jaren op de basisschool is het leren nog tamelijk vrij. Toch verschilt het al sterk van de vrije sfeer van de recreatiesituatie. Werken op school is in deze jaren echter nog sterk 'nepspelen' zoals een kind uit het project 'Young children's views' (Renders, 1997) het zo treffend benoemde. Spelen en werken zijn niet fundamenteel onderscheiden, omdat het kind intens kan genieten van het leren beheersen van een onderwerp en tot zichzelf komt, de *normalisatie*. In deze periode oefent het kind via het spel sociale situaties. Het doen-alsof-spel, waarvan vadertje-en-moedertje spelen een bekend voorbeeld is, wordt door kinderen met verve gedaan. Ze leren er spelenderwijs sociale rollen mee (Delfos, 2004b; 2011a).

In het spel is er gedurende deze periode nog sprake van eenzijdige relaties, maar het bieden van hulp aan elkaar ontwikkelt zich. In de vroege schoolperiode speelt een kind niet meer met een ander omdat die er toevallig is, maar omdat dit kind hem of haar beter kent dan anderen en weet wat het kind wel en niet leuk vindt (Selman, 1981). Bowlby (1984) spreekt van de mogelijkheid tot *partnerschapgedrag* vanaf vier jaar. Waar het kind op het emotionele vlak eerst vooral op instrumentele basis functioneert, begint het op deze leeftijd emotioneel wederzijdse intimiteit te ontwikkelen (Delfos, 1994b).

Kinderen gaan vanaf vier jaar intensief om met veel kinderen en volwassenen en hun taalvaardigheid moet gelijke tred houden met deze uitbreiding van hun sociale omgeving. Ook beginnen kinderen te beseffen hoe hun gezin van herkomst eruitziet, vergeleken met andere gezinnen. Zij zijn geïnteresseerd in familieverbanden en in hun eigen biologische afstamming. Rond vijf jaar is het daarom belangrijk dat kinderen hun afstamming te weten komen, ook als dit een pijnlijk onderwerp zou zijn. In tegenstelling tot wat vaak gezegd wordt, zijn ze niet te jong om belangrijke feiten te weten te komen. Het is zelfs bevorderlijk om moeilijke en pijnlijke onderwerpen, wanneer mogelijk, voor de leeftijd van zeven jaar te vertellen aan kinderen (zie verder 2.3).

Rond de vijf jaar zijn kinderen actief bezig hun afstamming proberen te begrijpen. Ze trachten familieverhoudingen te bevatten. Ze beschikken over een breed, creatief scala aan mogelijkheden die nog niet beknot zijn door kennis, waardoor verrassende verbanden gelegd kunnen worden.

> ✳ *Vincent van vier logeert bij zijn oma die nog in het huis woont waar zijn moeder opgroeide. Ze zitten aan tafel en oma vertelt over zijn moeder. 'Annelies zat ook aan deze tafel toen ze zo oud was als jij.' De mond van Vincent valt in stomme verbazing open. 'Heette mama Vincent toen ze klein was?', vraagt hij in opperste verbazing.* ✳

De motorische ontwikkeling van kinderen maakt een belangrijke sprong door tussen vier en zes jaar. Kinderen spelen graag buiten en zijn volop met hun lichamelijke mogelijkheden bezig, van klimmen tot fietsen. Ze beginnen de *sociale codes* te leren, bijvoorbeeld het verschil tussen *'echt vechten'* en *'speelvechten'.*

> ✳ *Thierry van vijf reageert zijn agressie over de pijn die hij bij Judo oploopt op Serge af. 'Thierry, je moet Serge niet in de greep nemen, hij weet niet hoe hij zich moet verdedigen, want hij zit niet op Judo en jij wel, zo doe je hem pijn. Judo is*

*een verdedigingssport, niet om pijn te doen.' 'Dat is niet waar,' antwoordt Thierry verontwaardigd, 'ik heb altijd heel veel pijn bij Judo.'* ⚹

Kinderen die vanuit hun aanleg moeite hebben met sociaal contact zijn vaak kinderen met een houterige motoriek. Ernstige problemen in sociaal contact gaan vaak samen met een niet-vloeiende motoriek (Hadders-Algra, 1997). Dit geldt met name voor kinderen met autismespectrumstoornissen (Delfos, 2011b; 2013a). Ze lopen hierdoor een achterstand op in het vormen van gelijkwaardige sociale contacten. Bovendien wordt het mee kunnen doen met motorische activiteiten steeds belangrijker vanaf een jaar of vier. Dit geldt voor jongens, omdat zij sterk gericht zijn op het samen fysieke activiteiten doen, nog meer dan voor meisjes. Kinderen die moeite hebben met sociale interactie en die motorisch onhandig zijn, zullen daarom een achterstand oplopen in contact maken en door andere kinderen buiten gesloten kunnen worden.

⚹ *Kinderen die met stoornissen uit het autismespectrum kampen zoals de stoornis van Asperger, hebben moeite met het inschatten van sociale interactie. Zij zullen vooral vanaf deze leeftijd moeite hebben in de omgang met leeftijdgenoten. Vooral om het contact met leeftijdgenoten te behouden.* ⚹

Aan de ouders en verzorgers wordt vanaf vier jaar een nieuwe, belangrijke volwassene toegevoegd: de leerkracht van school. De kennis waarover de leerkracht beschikt, zorgt ervoor dat de eigen ouders enigszins op de achtergrond raken bij het kind. Hoe vaak horen ouders van hun kinderen in deze tijd niet als tegenwerping op hun eigen wijsheid: *'Maar de meester zegt,...'*

De taalontwikkeling is volop in gang. Kinderen kunnen de meeste woorden uitspreken en grammaticaal volwaardige zinnen maken. Dit wil absoluut niet zeggen dat ze de betekenis kennen van de woorden die ze uitspreken. Ook niet dat ze in staat zijn om alles wat ze willen weten of wat er in hen omgaat juist te formuleren.

Het *egocentrische denken* van het kind, waardoor het zichzelf als centrum van de wereld ziet en er weinig idee van heeft wat er in een ander omgaat, neemt vanaf deze periode sterk af. Verdwijnen zal het nooit, want ook volwassenen zijn beslist niet vrij van egocentrisch denken. Vooral ook door het deelnemen aan de leefwereld van leeftijdgenoten leert het kind zich te verplaatsen in een ander. Sullivan (1953) stelt dat het kind door middel van vriendschappen *empathie* leert, het zich verplaatsen in een ander. Het kind leert, door de vriendschap de wereld van een ander kennen.

⚹ *Empathie wordt vaak verward met gevoelig zijn. Iemand die niet empathisch is, wordt vaak ten onrechte beschouwd als een gevoelloos iemand. Wispe (1986) en Gruen en Mendelsohn (1986) maken in dit verband onderscheid tussen de begrippen empathie en sympathie. Empathie betekent dat men zich kan verplaatsen in een ander en zich de gevoelens van die ander voor kan stellen. Dit hoeft niet te betekenen dat men die gevoelens zelf heeft en meevoelt of wil verlichten (sympathie). Empathie is het best merkbaar wanneer het gaat om het bij een ander aanvoelen van gevoelens die men zelf niet kent. Niet goed aan kunnen voelen van wat er in een ander omgaat, betekent niet dat men zelf geen gevoelens heeft. Het betekent slechts dat het scala aan gevoelens beperkt blijft tot die welke men zelf kent en ervaart.*

Het *animistische denken,* waarbij alles van leven bezield is, en het *magische denken* waarbij het kind de wereld beschouwt als geregeerd door magische krachten (Fraiberg, 1978) is gedurende deze levensfase nog van kracht.

*Een aardig voorbeeld van animistisch denken vertoont de zesjarige Sanne. Zij heeft nieuwe schoenen gekregen, maar is er nog niet aan gewend. De schoenen moeten nog aan mij wennen, zegt ze na enige tijd.*

Door een beperkt begrip, onvolledige kennis van de taal en een gebrekkig abstract talig denken, zal het kind uitspraken vaak te letterlijk nemen.

*Tjitske van zes raakt overstuur wanneer ze geacht wordt haar mooiste blouse aan te doen voor de begrafenis van haar opa. Ze verzet zich heftig: 'Dan wordt mijn liefste blouse vies!' Ze neemt het woord 'begrafenis' letterlijk. Ze wil namelijk niet dat haar lievelingsblouse vies wordt doordat ze in de grond gaat graven.*

Jonge kinderen komen vaak tot verrassende metaforen wanneer ze iets proberen duidelijk te maken. Het risico voor de volwassene op dat moment is dat ze het kind te letterlijk nemen.

*Theo van drieënhalf jaar logeert bij zijn oma. Opa is al langere tijd overleden en oma vertelt dat ze opa mist. Theo reageert: 'Dan neem je toch een nieuwe opa, maar pas op dat je die dan niet ook breekt.'*

Het geheugen van het kind tussen vier en zes jaar werkt beter op het aspect 'ruimte' dan op het aspect 'tijd'. Het kind weet een gebeurtenis makkelijker ruimtelijk dan in tijd te situeren (Nurcombe, 1986).

*'Waar was jij toen je hoorde dat mama ziek was?', wordt makkelijker beantwoord dan 'Wanneer hoorde jij dat mama ziek was?'*

Als echter het verbale aspect niet te veel benadrukt wordt, functioneren kinderen van deze leeftijd op het herkennen van iets, gemiddeld net zo goed als volwassenen. Jonge kinderen zijn beter in staat om een herinnering te reproduceren door middel van voorwerpen, bijvoorbeeld door poppen dan door middel van woorden. Ze noemen weinig details tijdens *vrije reproductie,* dat wil zeggen vrij vertellen zonder sturing door volwassenen, en moeten door vragen gestimuleerd worden meer details uit een herinnering te benoemen (Perlmutter en anderen, 1976, 1979).

Voor zijn of haar morele ontwikkeling is het kind gedurende deze periode erg afhankelijk van de volwassene. Het morele handelen is nog sterk lustgestuurd en richt zich voornamelijk op beloning en straf (Kohlberg, 1969). Het kind is daarom gevoelig voor voorbeeldgedrag en zal moreel wenselijk gedrag vooral vertonen wanneer het daarvoor beloond wordt. Moreel niet gewenst gedrag zal achterwege gelaten worden als de pakkans groot is en het kind straf verwacht.

Ter illustratie enkele vaardigheden uit de periode van vier tot zes jaar:

- Een vijfjarige slaapt 12 tot 14 uur per dag; hinkt op een voet, tekent een poppetje met hoofd, armen en benen; kleedt zich aan zonder hulp, kan zelf knopen dichtdoen; kent vier kleuren; is trots op zijn of haar prestaties; telt tot tien en kan acht seconden op een been staan.
- Een zesjarige begint tanden te wisselen; kan redelijk gericht een bal gooien; kent kleuren; tekent bij een poppetje hals en kleren; weet het verschil tussen middag en avond en vindt spelregels belangrijk.

## 2.3 DE PSYCHOSOCIALE ONTWIKKELING VAN KINDEREN VAN ZES TOT ACHT JAAR

Van zes tot acht jaar is een periode van een grote sprong voorwaarts in de cognitieve ontwikkeling (Piaget en Inhelder, 1978). Rond de leeftijd van zeven jaar, ontstaat een belangrijke omwenteling. De leeftijd van zeven jaar kan daarom gezien worden als een *scharnierleeftijd* (Delfos, 2011a). Het leven van een kind voor en na gemiddeld zeven jaar is fundamenteel verschillend. Door middel van het lezen en schrijven treedt het kind de wereld van de volwassenen binnen. De ontwikkeling van het denken maakt abstracties mogelijk die het inzicht in het leven en in de wereld drastisch wijzigen.

Een sterke toename van de integratie van de hersenen zorgt ervoor dat het kind tot omvangrijker inzicht in staat is. Fulker e.a. (1993) signaleren dat de grote sprong voorwaarts in het denken van het kind rond deze leeftijd, gemarkeerd wordt door het opkomen van een nieuwe component in het genenpatroon. Volgens Piaget en Inhelder (1978) krijgt het kind in deze periode een dieper inzicht in begrippen.

> *In de periode rond zeven jaar gaat het kind de aard van dromen beter begrijpen. Aanvankelijk ervaart het jonge kind dromen als echte gebeurtenissen. Langzamerhand begrijpt het dat dromen niet reëel zijn en uiteindelijk lokaliseert het ze als gebeurtenissen in zichzelf tijdens de slaap. Zo kan Marijn van zeven zich op een gegeven moment midden tijdens een activiteit afvragen: Droom ik nu of niet?*

De intellectuele ontwikkeling maakt een verdieping in de begripsvorming mogelijk. Een voorbeeld zien we bij het besef van de betekenis van de dood. Vanaf ongeveer zeven jaar zal het kind gaan beseffen dat de dood geen tijdelijke afwezigheid is maar een definitief afscheid. Het besef dat het kind van de dood heeft, evolueert. Tot zeven jaar ervaart het kind de dood als een lange afwezigheid die omkeerbaar is (een reis of slapen), rond zeven jaar gaat het kind de onomkeerbaarheid van dit proces begrijpen (Keirse, 2005; Delfos, 2005b; Speece en Brent, 1984; Steiner, 1965; Nagy, 1948). Vanaf ongeveer vijf jaar zijn kinderen actief bezig met het onderwerp dood. Vaak zijn mensen bang om met jonge kinderen over de dood te praten wanneer een dierbaar iemand is overleden. Ze zijn bang dat het jonge kind het niet zal begrijpen en er problemen mee zal hebben, zeker wanneer de dood op een traumatische wijze heeft plaatsgevonden. Zo speelt de vraag of jonge kinderen mee moeten naar begrafenissen. Het is echter juist goed om kinderen heel jong de waarheid te vertellen. Omdat kinderen rond zeven jaar de onomkeerbaarheid van de dood beseffen, kunnen zij het overlijden van een dierbare voor hun zevende jaar, als het ware in twee stappen verwerken. Eerst als een soort lange afwezigheid. Na de leeftijd van zeven jaar, wanneer zij de onomkeërbaarheid van het proces begrijpen, kan een tweede stap in de verwerking plaatsvinden, namelijk dat die persoon ook niet meer terugkomt. Jonge kinderen verwerken moeilijke boodschappen vaak makkelijker omdat ze het in verschillende stappen kunnen verwerken.

> *De zesjarige Halima was getuige van de moord op haar moeder. Ze mocht mee naar de crematie en was zich bewust van het feit dat haar moeder overleden was. Driekwart jaar later kwam zij terug op het begrafenisritueel en vroeg uitvoerig over de crematie. Het onherroepelijke van de dood drong pas op dat moment tot haar door en ze schoot vol: 'Dus mijn moeder komt niet meer terug.'*

Door de toenemende integratie van de hersenen werken de verschillende hersengebieden meer samen. Het kortetermijngeheugen is min of meer volgroeid en het langetermijngeheugen gaat toenemen. Het kind is vooral met de grote lijn van een gebeurtenis bezig, minder met details (Elbers en Ter Laak, 1989; Fivush, 2002; Fivush, Kuebli en Clubb 1992). Kinderen zijn in deze periode erg gevoelig voor suggestieve vragen die door volwassenen worden gesteld wanneer deze de details van een gebeurtenis betreffen en minder wanneer het om de grote lijn gaat. Kinderen zijn minder gevoelig voor suggestieve vragen wanneer het om stressvolle gebeurtenissen gaat die ze zelf ondergaan hebben. (Elbers en Ter Laak, 1989; Peterson, 1999; Fivush, Sales, Goldberg, Bahrick en Parker, 2004).

De herinneringen aan de periode voor zeven jaar raken voor een belangrijk deel verloren, ook omdat ze in andere categorieën opgeborgen zijn in het geheugen, zoals onder een 'geur' in plaats van onder een talig etiket als 'speelgoed' (Schachtel, 1959/1973).

De leeftijd van zes tot acht jaar is de periode van de *alfabetisering*. Kinderen leren spelenderwijs lezen en schrijven. Voor kinderen van analfabete ouders (wat bijvoorbeeld vaak het geval is bij veel Marokkaanse ouders) betekent dit, dat ouders geconfronteerd worden met een kind dat spelenderwijs iets leert dat henzelf, zelfs met de grootste moeite, niet goed lukt. Het kan hun zelfvertrouwen ernstig aantasten (Delfos, 1998b).

> ⊠ *Allochtone ouders, en zeker analfabete allochtone ouders, zijn sterk afhankelijk van hun kinderen. Deze moeten vaak als tolk fungeren. Hetzelfde geldt voor kinderen van dove ouders. Ze moeten vaak tolken tussen hun ouders en volwassenen om hen heen. Op deze wijze worden kinderen bij zaken betrokken waar ze nauwelijks besef van hebben of horen te hebben. Op school betekent dit dat het kind soms negatieve berichten over zichzelf moet vertalen voor zijn of haar ouders. Vaak maken kinderen daar een aangepaste vertaling van.* ⊠

Kinderen ontwikkelen rond zes à zeven jaar schaamtegevoel. Verlegenheid is al veel jonger aanwezig. Zij krijgen een duidelijker besef van wat anderen van hen vinden en zijn gevoelig voor waardering en afkeuring (Erikson, 1950). De morele ontwikkeling is nog steeds afhankelijk van beloning en straf, maar wordt nu meer gestuurd door een innerlijk besef van goed en kwaad (Kohlberg, 1969).

Ter illustratie enkele vaardigheden uit de periode van zes tot acht jaar:
- Een zevenjarige weet het verschil tussen links en rechts; wordt voorzichtiger; heeft vriendjes en vriendinnetjes buitenshuis; kan boodschappen onthouden; tekent hoofd, lichaam en ledematen; en is nog op moeder gericht.
- Een achtjarige heeft kennis van geldwaarden; kan vijf cijfers nazeggen; weet de datum en kent de maanden van het jaar; kan samengestelde opdrachten uitvoeren en heeft minachting voor de andere sekse.

## 2.4 DE PSYCHOSOCIALE ONTWIKKELING VAN KINDEREN VAN ACHT TOT TIEN JAAR

Van acht tot tien jaar staan het dieper doorgronden van concepten centraal en het kennismaken met nieuwe dimensies. Het besef dat kinderen van de wereld hebben, breidt enorm uit. Ze ervaren dat de wereld groter is dan zij tot dan toe beseften. Ook hun directe omgeving breidt uit, in de zin dat zij zich makkelijker zelfstandig kunnen verplaatsen. Zij gaan bijvoorbeeld met de fiets op stap en het zelfstandig gaan logeren komt nu vaker voor.

Het lezen wordt nu geacht in zijn beginselen onder de knie te zijn en de basis voor rekenen is gelegd. De schoolcarrière wordt erg belangrijk. Kinderen gaan de verschillen zien tussen henzelf en anderen. Ze vergelijken zichzelf en hun prestaties met leeftijdgenoten. In feite is de schoolperiode de enige situatie waarin een directe vergelijking met grote aantallen leeftijdgenoten mogelijk is. Deze onderlinge vergelijking wordt duidelijker naarmate de schoolcarrière vordert en prestaties op dat gebied zich gaan aftekenen. Ook voor ouders wordt zichtbaarder wat de capaciteiten van hun kind zijn ten opzichte van andere kinderen. Als gevolg van de onderlinge concurrentie met leeftijdgenoten en de verwachtingen van volwassenen kunnen *faalangst* en *minderwaardigheidsgevoelens* zich ontwikkelen (Erikson, 1950). Het kind is gevoeliger voor afkeuring, dan in de perioden hiervoor.

Er bestaat tussen spanning en prestatie een samenhang. Hoe hoger de spanning, des te groter de prestatie, tot een bepaald punt. Daarna neemt de prestatie met het toenemen van de spanning af. Spanning kan veroorzaakt worden door de moeilijkheidsgraad van een onderwerp, door verwachtingen van anderen of zichzelf of door de mate van gevaar die met het onderwerp samenhangt. Een zekere spanning kan leiden tot een verbetering van de prestatie; er kan positieve faalangst spelen. Bij een te grote spanning wordt de prestatie gedrukt. In dit gebied ligt de negatieve faalangst.

In de schoolsituatie wordt een appèl gedaan op het *langetermijngeheugen* dat in deze periode toeneemt. Het kind leert strategieën toepassen om beter te onthouden en is meer gericht op het onthouden en op het reproduceren van feiten.

Wanneer hun langetermijngeheugen ontwikkelt, gaan kinderen strategieën gebruiken om dingen te kunnen onthouden. 'Ezelsbruggetjes' zijn erg geliefd en worden creatief vormgegeven tot en met in muzikale vorm.

Het kind doet in een vrij korte periode een kolossale hoeveelheid kennis op. Gedetailleerde kennis die reproduceerbaar is, begint belangrijk te worden.

In ondervragingen worden in de vrije reproductie meer details gegeven, maar deze zijn vaker fout en verzonnen dan in de voorgaande periodes. Het kind is daarentegen minder gevoelig voor suggestieve vragen omdat het de codes van de verschillende gespreksvormen begint te begrijpen (Elbers en Ter Laak, 1989).

Omdat het kind gevoeliger is voor faalangst en minderwaardigheidsgevoelens kan het kind details bij een gebeurtenis gaan verzinnen. Dit gebeurt vanuit de behoefte om tegemoet te komen aan de verwachting van volwassenen om een gedetailleerde beschrijving van een gebeurtenis te krijgen.

Het kind leert afstand te nemen van de letterlijke betekenis van woorden en uitspraken en experimenteert met verbanden en symboliek. In de vele mopjes die in deze periode ontstaan ('Het is groen en het vliegt') en van generatie op generatie doorgegeven worden, wordt de ontluikende capaciteit tot het leggen van verbanden tussen onderwerpen die op het eerste gezicht niet met elkaar te maken hebben, duidelijk. Het kind vindt het heerlijk om zijn of haar nieuw verworven vaardigheden te tonen. Door middel van grapjes probeert het anderen – vooral volwassenen – in de val te laten lopen.

> ✳ *Dave van acht vertelt een mop. 'Er was eens een man en die had 100 pingpongballetjes gewonnen en hij deed ze allemaal in de achterbak van zijn auto. Toen er een auto achterop de zijne reed, schoot de bak open en vielen alle balletjes eruit. De man gaat ze zoeken en vindt uiteindelijk 99 balletjes terug.' Ondertussen ziet de toehoorder dat Dave erg zijn best doet om deze ingewikkelde mop goed te vertellen. Hij doorspekt het verhaal met 'Hoe ging het ook alweer verder, oh ja, toen kreeg hij een ongeluk.' Op het moment dat de 99 balletjes teruggevonden zijn, geeft Dave het op. Hij weet niet meer hoe de mop afloopt, wat de clou is en heeft ook geen zin meer om daarover na te denken. Vervolgens start hij een nieuwe mop over twee mensen die tegenover elkaar aan een tafeltje zitten in een café. De een zit te roken, terwijl dat verboden is, en de ander wijst hem daarop. Als de roker niet reageert, wordt de ander steeds kwader en dreigt de sigaret uit zijn mond te rukken en weg te gooien. Omdat er nog steeds geen reactie komt, wordt de dreiging uitgevoerd. De sigaret wordt uit de mond van de roker gerukt en het raam uitgegooid. Vervolgens rent een hondje er achteraan en Dave zegt: 'Wat heeft het hondje in zijn bek als hij terugkomt?' 'Een sigaret,' zegt de toehoorder braaf. 'Nee,' zegt Dave triomfantelijk, 'het pingpongballetje!'* ✳

Gedurende deze leeftijdsfase krijgen vriendschappen meer het karakter van coöperatie. Er bestaat meer bewustzijn van wederzijdsheid in relaties. In deze periode proberen kinderen zich meer aan te passen aan de wensen van een vriend(in). Continuïteit in vriendschap is nog beperkt en vriendschappen kunnen nog makkelijk verbroken worden door een ruzie. Ze worden echter ook makkelijk weer hersteld (Selman, 1981).

> ✳ *Elma van negen heeft een conflict met een volwassene. "Het is niet makkelijk, ruzies met volwassenen, die doen er zo lang over en blijven lang boos. Kinderen doen gewoon weer zo van 'zullen we weer vrienden worden,' en dan is alles weer goed."* ✳

Kinderen zijn in deze periode erg gevoelig voor modes op het gebied van activiteiten. Fijnmotorische bezigheden, zoals knikkeren of jojoën worden uitgebreid op het speelplein tot en met in de klas beoefend. Het kind is erg bedrijvig (Erikson 1950), heeft veel energie en kan zich op veel dingen tegelijk richten. De belangstelling voor volwassenen is inmiddels sterk gedaald en zal nog meer dalen totdat, tijdens de puberteit, voor iedereen zichtbaar wordt dat het kind zich voornamelijk iets aantrekt van leeftijdgenoten en nauwelijks van volwassenen. Harris (1999) is zelfs van mening dat de invloed van de opvoeding erg minimaal is en dat kinderen zich vooral door leeftijdgenoten laten 'opvoeden.'

Het leren omgaan met leeftijdgenoten wordt erg belangrijk. De mogelijkheid van een constante vergelijking met leeftijdgenoten levert informatie op over de eigen mogelijkheden. Verschillen worden duidelijk, ook sekseverschillen beginnen belangrijk te worden. Het maken van grappen, vooral discriminerende mopjes, neemt toe. Bij een nieuwe gebeurtenis – bijvoorbeeld een ramp of een politieke problematiek –, is het ongelooflijk hoe snel er grapjes over ontstaan. Het oog voor verschillen onderling kan een voedingsbodem gaan vormen voor het *pesten*, dat vooral vanaf deze periode een rol speelt en dan voornamelijk bij jongens (Van der Meer, 1993). Het is de periode van discriminatie, maar ook die van de beginnende idealen en van belangstelling voor sport.

De morele ontwikkeling wordt minder afhankelijk van straf en beloning. Het kind onderzoekt wat de maatschappij van hem of haar verwacht en leert begrijpen wat wel en wat niet gewaardeerd wordt. Het gaat zich steeds meer richten op de verwachtingen van de maatschappij zoals hij of zij die ervaart. De klemtoon begint te liggen op het gehoorzamen van wetten en van de autoriteit (Kohlberg, 1969).

Ter illustratie enkele vaardigheden uit de periode van acht tot tien jaar.

- Een negenjarige slaapt 10 tot 12 uur; kan kleine geldbedragen berekenen; houdt vaak van lezen; is beschermend naar een jonger broertje of zusje; heeft hechte vriendschappen en kan zelf oversteken.
- Een tienjarige kan een absurde uitspraak bekritiseren; heeft een oordeel over moeilijke problemen en vertoont de eerste tekenen van belangstelling voor de andere sekse.

## 2.5 DE PSYCHOSOCIALE ONTWIKKELING VAN KINDEREN VAN TIEN TOT TWAALF JAAR

De periode van tien tot twaalf jaar is minder scherp te omlijnen. Deze periode wordt begrensd door de prepuberteit, die start met de *groeispurt*. Deze vindt bij meisjes gemiddeld met elf jaar plaats en bij jongens gemiddeld met dertien jaar. Heeft er een groeispurt plaatsgevonden, dan past het kind psychologisch in feite niet meer in deze ontwikkelingsfase die met tien tot twaalf jaar bedoeld wordt.

Een van de belangrijkste onderwerpen van de periode van tien tot twaalf jaar is het vormen van een *sociale identiteit*. Het kind vormt zich aan de hand van het gedrag van volwassenen en vooral leeftijdgenoten naar hem of haar toe, een beeld van de betekenis die het voor anderen heeft. Deze sociale identiteit is de voorloper van het vormen van een *psychologische identiteit*, die gedurende de puberteit een belangrijke rol speelt. Bij een sociale identiteit staat het onderzoeken van de mening van de omgeving centraal. Bij de psychologische identiteit staat het onderzoeken van de eigen mening over zichzelf in het middelpunt.

Kinderen zijn gedurende deze periode druk met het sluiten van vriendschappen en het uitdelen van gunsten.

*Wesley van negen zegt: 'Mohammed is mijn beste vriend.' Verbaasd antwoordt zijn moeder: 'Maar Danny was toch jouw beste vriend?' 'Nee,' antwoordt Wesley niet uit het veld geslagen: 'Danny is mijn aller- aller- allerbeste vriend.'*

Vanaf acht jaar zijn kinderen sterk gericht op de omgang met leeftijdgenoten en vanaf tien jaar wordt dit een kernactiviteit. Het maken van vriend(inn)en is gedurende de periode van acht tot twaalf jaar van wezenlijk belang. Kinderen zijn op deze leeftijd erg gevoelig voor het gedrag van hun leeftijdgenoten en voor hun beoordeling. Het is daarom belangrijk voor ze om zich op de een of andere manier te onderscheiden en zo een positieve beoordeling te bewerkstelligen.

In deze periode worden persoonlijke belangstellingen ontwikkeld. Deze zijn tegelijkertijd onpersoonlijk, voor zover ze een rol spelen in de behoefte van het kind tot het zich aansluiten bij anderen. Het kind ervaart een spanningsveld tussen de behoefte zich te onderscheiden en de behoefte zich te conformeren. Een proces dat voortduurt tot in de puberteit. Het kind wil in de groep geaccepteerd worden en dus voldoen aan de groepsnormen. Tegelijk wil het kind zich aantrekkelijk maken voor de groep door zich te profileren en zelf iets te ondernemen. Deze activiteiten vormen de (pogingen tot een) getuigenis van de eigen identiteit. Een voorbeeld is de grote belangstelling voor *verzamelen* tijdens deze periode. Piaget (1954) gaf aan, dat het kind in deze periode leert om objecten te classificeren en ze in een reeks volgens een dimensie te ordenen. In dit opzicht voldoet het verzamelen aan een behoefte van het kind. In het verzamelen drukken kinderen hun persoonlijke belangstelling uit, maar tegelijk kunnen ze zich door de verzameling aansluiten bij andere kinderen. Heel gebruikelijk gedurende deze periode is het ruilen met andere kinderen van onderdelen van een verzameling om deze wederzijds te completeren.

*Het ruilen van verzamelobjecten is een geliefde bezigheid van het kind uit de bovenbouw van de basisschool. De reclame-industrie werkt daarop in door bij producten steeds verzamelobjecten voor kinderen te leveren, van voetbalplaatjes tot puzzelstukjes.*

De vorming van de sociale identiteit gedurende de periode van tien tot twaalf jaar is van groot belang voor het goed doorlopen van de puberteit waarin een psychologische identiteit gevormd moet worden. Een positieve sociale identiteit, *'mijn ouders en vrienden mogen mij',* is een beschermende bodem voor het zelfonderzoek dat de psychologische identiteit vormt. Kinderen met een positieve identiteit lopen minder risico's zich aan te sluiten bij risicogroepen die simpele groepsregels hebben over taal, uiterlijk, drinken en drugs.

Tussen tien en twaalf jaar is er een duidelijk beeld van verschillen tussen mensen in het algemeen en jongens en meisjes in het bijzonder (Delfos, 2010a). Dit gaat een belangrijke rol spelen. Jongens spelen dan het liefst met jongens en meisjes met meisjes, als de keuze mogelijk is. Dit proces is in de jaren hiervoor al sterk aanwezig, maar spitst zich tijdens het einde van de basisschool toe. Het is dan ook de periode van een groeiende belangstelling voor seksualiteit. Seksuele voorlichting wordt normaliter vooral door leeftijdgenoten gegeven en ontstaat vooral in deze periode (Ravesloot, 1997; Delfos, 2003b). Kinderen in de bovenbouw maken steeds dubbelzinnige opmerkingen en zien dubbelzinnigheid in allerlei onderwerpen. Er wordt uitgebreid over gegniffeld. Volwassenen hebben vaak moeite om iets dubbelzinnigs te zien in een opmerking die voor het kind ondubbelzinnig dubbelzinnig is. In seksuele voorlichting zijn de media een belangrijke rol gaan spelen, hoewel dat vaker 'seksuele oplichting' dan voorlichting is (Delfos, 2003b). Kinderen in deze periode hebben sterke behoefte aan kennis over de technische én de emotionele kant van seksualiteit (Delfos, 1998-2003).

In de basisschoolperiode is de cognitieve ontwikkeling belangrijk, de intellectuele mogelijkheden nemen vooral tijdens de bovenbouw van de basisschool enorm toe. In deze periode wordt de basis gelegd voor verder succes op school en in de maatschappij. Het kind ontdekt de omvang van de wereld en staat nu geheel open voor een vak als wereldoriëntatie.

> *Een treffend voorbeeld van het intellectuele besef onderdeel uit te maken van een kosmisch geheel, vormt de wijze waarop veel kinderen in de bovenbouw van de basisschool zich als afzender op een brief zetten. De brief zelf stelt vaak minder voor (Hoe gaat het met jou, met mij gaat het goed) dan het omvangrijke adres:*
> *Ivan Hendrik Jansen, Bloesemstraat 12, Middelharnis, Zuid-Holland, Nederland, Europa, De Wereld, De Melkweg, Het Heelal.*

Het langetermijngeheugen is vergaand ontwikkeld en kinderen hebben een duidelijk zicht op hoe het geheugen werkt. Ze vormen een *metageheugen*, kennis over hoe het geheugen werkt. Ze maken nu uitgebreid gebruik van strategieën om dingen te kunnen onthouden en in de schoolsituatie wordt daar inmiddels appèl op gedaan door vakken als geschiedenis en aardrijkskunde. In experimenten over de werking van het geheugen presteren kinderen vanaf tien jaar op hetzelfde niveau als volwassenen (Cole en Loftus, 1987).

Volwassenen raken op de achtergrond; er is weinig motivatie om met ze om te gaan. Ze moeten van goede huize komen om de belangstelling van het kind te kunnen wekken.

Kinderen vormen gedurende deze periode idolen en zijn extra gevoelig voor hun voorbeeldgedrag. Idolen vormen zich naar aanleiding van hobby's, bijvoorbeeld muziek of sport. Deze idolen beïnvloeden het gedrag van kinderen zowel uiterlijk – van kapsel tot schoenen – als innerlijk – van politieke ideeën tot morele waarden.

De ontwikkeling van intimiteit gedurende deze periode kan gekenmerkt worden als een *paradoxale intimiteit* (Delfos, 1994b). Het kind wil niet meer de tederheid van de voorafgaande fasen en beschikt nog niet over de mogelijkheden van de volwassene. Op het speelplein van de basisschool zie je de paradoxale intimiteit volop in werking. Kinderen van de bovenbouw gaan vaak niet op een zachte, intieme wijze met elkaar om, maar vechten en duwen of steken hun tong uit naar elkaar. Aanraken is erg ambivalent. De troost zoals een jong kind die krijgt, is niet meer echt gewenst en een partnerrelatie ligt nog buiten bereik. Het is dan ook niet verwonderlijk dat, onder invloed van de informatie over seksualiteit die door middel van de media op kinderen afgestuurd wordt, zij meer nog dan vroeger zoeken naar gedrag dat vergelijkbaar is met volwassenen intimiteit (Delfos, 2003b). Ze zijn bezig uit te zoeken wie 'op' wie is en maken steeds een 'verkering' 'uit' en 'aan'. Meestal laten ze dat door hun vrienden en vriendinnen regelen, omdat ze zelf nog te onthand zijn in relatievorming. Ook gebruiken ze fervent het meer afstandelijke MSN of SMS.

Onafhankelijkheid, zeker ook lichamelijk, wordt erg belangrijk. De wijze waarop de mens zijn vriendschappen als niet-seksuele intimiteit vormgeeft, wordt in deze fase in belangrijke mate bepaald. Gelijkwaardigheid in een relatie gaat geëxploreerd worden.

Het basisschoolkind wordt zich steeds meer bewust van zijn of haar plaats ten opzichte van anderen. Het groeiende inzicht zorgt ervoor, dat het kind leert relativeren.

> *Het is de vraag of binnen een westerse cultuur als de Nederlandse het relativeren werkelijk in het cultuurgoed verweven zit. Het Nederlands kent bijvoorbeeld geen spreekwoord of gezegde om 'relativeren' uit te drukken. De Aziatische, veel filosofischer ingestelde culturen, kennen dat wel. Het Vietnamees kent bijvoorbeeld het spreekwoord: De kikker in de put ziet de wereld als een kommetje.*

Op moreel gebied gaat het kind in deze periode regels meer toetsen aan eigen wensen. Het kind begint de betrekkelijkheid van regels in te zien en hanteert deze niet meer klakkeloos op grond van beloning, straf of eigen genot, zoals in het preconventionele stadium dat Piaget (1954) en Kohlberg (1969) aangeven. Het kind krijgt inzicht in hoe anderen hem of haar ervaren. In de morele ontwikkeling oriënteert het zich meer dan voorheen op een 'goed kind' te willen zijn in de ogen van anderen.

Ter illustratie enkele vaardigheden uit de periode van tien tot twaalf jaar:

- Een elfjarige slaapt 8 tot 10 uur; is sterk op seksegenoten gericht; heeft een zekere zelfkennis en is sociaal voelend. MSN-en begint.
- Een twaalfjarige is meer naar binnen gericht; met de problemen van dien (dwars, lusteloos, labiel, negatief). Het kind is beter in staat suggesties het hoofd te bieden. Het twaalfjarige meisje begint belangstelling voor jongens te krijgen.

## AANDACHTSPUNTEN

- In het denken van kinderen bestaat een omslag rond het zevende jaar, de scharnierleeftijd.
- Effectieve communicatie betekent aansluiten bij degene waarmee men spreekt.
- De juiste attitude in gespreksvoering is er een van respect voor het kind en bescheidenheid vanuit de volwassene.
- In gespreksvoering moet aangesloten worden bij de mentale leeftijd van het kind.
- Alle mensen zijn uniek, en daar zijn kinderen geen uitzondering op.
- Het kind heeft een andere gedachte- en gevoelswereld.
- Kinderen zijn in intelligenter dan volwassenen; volwassenen hebben meer kennis en ervaring.
- Kinderen beschikken over een innerlijke wijsheid.
- Kinderen kunnen diep filosoferen.
- Kinderen staan ontvankelijk in het leven en willen de wereld om zich heen begrijpen. Ze nemen deze wereld niet als vaststaand, zoals volwassenen doen. Ze willen hem ontdekken.
- Kinderen die vanwege problemen in de hulpverlening terecht zijn gekomen, zijn vaak meer ervaren dan de hulpverleners om hen heen.
- Kinderen kunnen soepeler met computers omgaan dan volwassenen.
- Rond de drie jaar is de mens het meest zelfverzekerd.
- Kinderen hebben een enorme veerkracht, gebaseerd op hoop dat hun situatie zal verbeteren.
- Van vier tot zes jaar staan het uitbreiden van de fysieke en sociale omgeving en het vervolmaken van taal centraal.
- Met het doen-alsof-spel leren kinderen spelenderwijs sociale rollen.
- Kinderen kunnen dingen letterlijk nemen door een gebrek aan kennis.
- Het kind tussen vier en zes jaar weet een gebeurtenis makkelijker ruimtelijk dan in tijd te situeren.
- Vanaf zeven jaar begrijpt het kind de onomkeerbaarheid van de dood.
- Als gevolg van de onderlinge concurrentie met leeftijdgenoten en de verwachtingen van volwassenen kunnen *faalangst* en *minderwaardigheidsgevoelens* zich ontwikkelen.
- Vriendschappen ontwikkelen zich in de basisschoolperiode van egocentrisch naar wederzijds.
- De morele ontwikkeling verloopt van gevoelig voor straf en beloning naar een goed kind willen zijn.
- Einde basisschool staat de vorming van de sociale identiteit centraal.
- De sociale identiteit is de voorloper van het vormen van een psychologische identiteit.
- Vanaf acht jaar zijn kinderen sterk gericht op de omgang met leeftijdgenoten en vanaf tien jaar wordt dit een kernactiviteit.
- Verzamelen en ruilen is belangrijk aan het einde van basisschool.

- De sociale identiteit vormt het vangnet voor de psychologische identiteit.
- Aan het einde van de basisschool staan de verschillen tussen jongens en meisjes volop in de aandacht.
- Seksuele voorlichting wordt normaliter vooral door leeftijdgenoten gegeven aan het einde van de basisschool, en aan het begin van de middelbare school.
- Basisschoolkinderen hebben behoefte aan kennis over de technische én de emotionele kant van seksualiteit.
- Er zijn reeds verschillen tussen jongens en meisjes te constateren op de eerste dag na de geboorte. Jongens kijken de eerste dag na hun geboorte langer naar voorwerpen, meisjes langer naar gezichten.
- Mannen en vrouwen zijn verschillend én hetzelfde, maar hebben voorkeursgedrag.
- In het algemeen rijpen jongens langzamer dan meisjes en zij vertonen ook meer problemen in hun ontwikkeling.
- Wanneer een gesprek spanning oproept, zullen kinderen de neiging hebben deze spanning weg te laten vloeien door middel van bewegen.
- Het is zinnig om erbij stil te staan of de stijl van het kind meer externaliserend of internaliserend is.

# 3 DE GESPREKSVOERING
## *Respect en bescheidenheid*

Een van de dingen die het meest opvallen in de communicatie tussen kinderen en volwassenen is, dat het niet eenvoudig is om een gesprek met een kind te voeren rond een specifiek onderwerp. Dit geldt des te meer wanneer dit een moeilijk of pijnlijk onderwerp betreft of wanneer wij iets willen bereiken met het gesprek. Bruner (1980) liet in zijn onderzoek, waarin hij zo'n 10.000 lessen op de basisschool observeerde, zelfs zien dat slechts 20 procent van de contacten tussen leerkracht en kind echte gesprekken waren. De meeste contacten betroffen kwesties van de routine op school.

Wie verslagen van interviews van kinderen door volwassenen bekijkt, kan zien dat het grootste aantal verbale uitingen door de volwassene wordt gepleegd. Kinderen gebruiken weinig woorden en zeggen niet veel, komen zelfs zelden op dreef in het vertellen, terwijl hen dat in andere situaties goed afgaat (oefening 3.1, bijlage 1). Hoe jonger het kind, des te groter het probleem. Wat zijn de onderliggende redenen hiervoor? Wat zijn belangrijke kenmerken van gespreksvoering in het algemeen en zijn er kenmerken die specifiek zijn voor de communicatie met kinderen?

### 3.1 INVULLEN

Gespreksvoering betekent een tweerichtingsverkeer. Wanneer er een duidelijk verschil in macht bestaat tussen twee mensen die een gesprek voeren, is het moeilijk om niet tot eenrichtingverkeer te vervallen. Hierdoor kan een gesprek '*gesloten*' worden, dat wil zeggen het scala aan onderwerpen en uitingen is beperkt.

Tussen kinderen en volwassenen bestaat een belangrijk machtsverschil en de belangen van volwassenen en kinderen in een gesprek zijn vaak niet gelijk. Het vergt daarom speciale aandacht om de gespreksvoering '*open*' te houden, dat wil zeggen dat het scala aan onderwerpen en uitingen min of meer onbeperkt is.

Een open gespreksvoering is voor volwassenen vaak moeilijker, omdat de sociale code min of meer vereist dat een gesprek normaliter over één onderwerp gaat en niet over een onbeperkt aantal onderwerpen. Kinderen rond een jaar of veertien beginnen deze code te begrijpen, daarvoor 'springen' ze meer 'van de hak op de tak'. (Dorval en Eckerman, 1984).

Riihelä (1996) signaleert dat het aantal vragen dat kinderen in een leersituatie stellen, toeneemt naarmate de volwassenen het leren meer als een dynamisch proces zien en de leersituatie meer als een samenwerking dan als een eenrichtingverkeer waarin sprake is van kennisoverdracht door de volwassene aan het kind.

Omdat de belevingswereld van kinderen anders is dan die van volwassenen, wordt er in de gespreksvoering met jonge kinderen een groot appèl gedaan op het *empathisch vermogen* van volwassenen. Empathisch, zo zagen we, betekent niet per se meevoelen of meegaan met iemands gevoelens, maar in staat zijn gevoelens bij een ander aan te voelen, ook als je die zelf niet kent of hebt. Een empathisch vermogen wordt pas duidelijk wanneer mensen sterk van elkaar verschillen.

Mensen vallen gemakkelijk in de valkuil van *invullen* van andermans gevoelens, hoe warm en goedbedoeld ook. Dit gebeurt vooral bij kinderen en bij mensen die weinig verbaal zijn. Invullen is echter iets geheel anders dan *aanvoelen*. Korczak (Berding, 1995), een Pools arts en pedagoog, die in 1942 in Treblinka de dood vond met de honderd kinderen uit zijn kinderhuis, benadrukt hoe belangrijk het is om respect te hebben voor de eigenheid van kinderen en om als volwassene een voortdurende houding van verwondering in te nemen in plaats van uit te gaan van een – onterechte – alwetendheid over wat er in een kind omgaat.

Wanneer we volwassen worden, zijn we voor een belangrijk deel kwijt wat het betekent om kind te zijn en begrijpen we vaak niet zoveel van wat er in een kind omgaat. Bij gebrek aan beter, gaan we vervolgens invullen. Omdat we dat niet altijd goed doen, is het resultaat vaak dat het kind zich niet begrepen voelt. Dan neemt de motivatie voor het gesprek met de volwassene af. Gezien het feit dat het kind minder geneigd is zijn of haar gevoelens hierover te communiceren, krijgen we als volwassene niet vaak te horen dat onze invulling onjuist is. In dat geval gaan we volledig voorbij aan wat het kind ons wilde vertellen. Invullen kan op verschillende manieren, verbaal en non-verbaal (oefening 3.2, bijlage 1). Om dit te verduidelijken, nemen we een voorbeeld waarin een onderwerp van meer naar minder ingevuld wordt en van meer naar minder expliciet. Het gaat om een volwassene die vermoedt dat een kind te weinig geslapen heeft.

1. Je hebt te weinig geslapen.
2. Je ziet er niet vrolijk uit, een beetje moe, je hebt zeker weer niet kunnen slapen.
3. Ik vind je gezicht er niet zo vrolijk uitzien, je hebt zeker weer niet kunnen slapen.
4. Ik vind je gezicht er niet zo vrolijk uitzien, een beetje moe. Klopt dat?
5. Ik hoop dat ik me vergis, maar is er iets met je?
6. (Non-verbaal:) Een belangstellende, vragende en uitnodigende blik.

De eerste zin is een constatering waar weinig tegen in te brengen lijkt. De uitspraak is '*gesloten*'. Er zit geen uitnodiging tot communicatie in, tenzij op het non-verbale vlak, namelijk wanneer de toon vragend is en het gezicht dit eveneens uitdrukt. In de tweede zin worden redenen geformuleerd die tot een conclusie leiden. Dit geeft degene tegen wie gesproken wordt de gelegenheid om deze conclusie te bevechten.

In het tweede gedeelte van de zin zit een twijfel besloten in het woord 'zeker', waardoor de luisteraar uitgenodigd wordt om op de uitspraak in te gaan. Het verschil met de derde zin is dat in deze zin overgegaan wordt op het formuleren vanuit de ik-persoon, waarmee de uitspraak genuanceerd wordt en de luisteraar eerder een eigen mening tegenover die van de spreker kan zetten. In deze oplopende opsomming is de derde zin dus een *ik-boodschap* (Gordon, 1989). Door via de ik-persoon te spreken, voorkomt men generaliserend bezig te zijn, alsof de spreker de waarheid in pacht zou hebben en zijn of haar uitspraken een algemene geldigheid zouden hebben en niet betwist zouden kunnen worden. Het praten vanuit de 'ik'-persoon maakt duidelijk dat het om een persoonlijke mening gaat en dat andere meningen mogelijk zijn. Hiermee wordt uitwisseling gestimuleerd en vindt het gesprek op een meer gelijkwaardige basis plaats. De uitnodiging om te reageren, neemt met de volgende zinnen toe, ook al zijn zin 5 en 6 '*gesloten*' vragen, dat wil zeggen vragen met een beperkt aantal mogelijkheden tot antwoord; vragen die kort, met één woord, beantwoord kunnen worden, bijvoorbeeld 'ja' of 'nee'.

Zeker als het absoluut geformuleerd wordt, kan invullen verdere gespreksvoering afkappen. Invullen kan ook bevorderend werken voor het gesprek, wanneer het kind zich erdoor gesteund en begrepen voelt. Het kind ervaart dan dat er aandacht voor hem of haar is en dat er over hem of haar wordt nagedacht. Voorwaarde is echter dat de spreker zeker moet zijn van datgene wat ingevuld wordt.

*Je denkt waarschijnlijk aan je eigen broertje nu ik over Leon begin. Ik weet wel dat je aan hem denkt, ook al praat je er niet zo vaak over. Ik weet ook niet altijd of ik erover moet beginnen, maar ik denk ook vaak aan hem.*

Hetzelfde probleem zit in *suggestieve vragen* besloten. Suggestieve vragen geven reeds een invulling zonder dat de toetsing van de uitspraak ter discussie staat (oefening 3.3, bijlage 1). Kinderen zijn gevoelig voor suggestie van volwassenen. We zagen reeds dat sociale aanpassing en het niet ter discussie stellen van de volwassene hierbij een rol speelt. Voor volwassenen zelf geldt ook dat ze gevoeliger zijn voor suggestie wanneer deze afkomstig is van een autoriteit. Men moet dus voorzichtig omgaan met suggestieve vragen bij kinderen. De Wit, Van der Veer en Slot (1997) geven aan dat suggestie kan helpen in de gespreksvoering op voorwaarde dat deze zeer nauw aansluit bij wat er in het kind omgaat. Waar het om gaat bij *open gespreksvoering* is om aan te sluiten bij het kind en niet het eigen denken aan het kind op te leggen. Hoewel de meeste mensen niet bewust bezig zijn om hun eigen denken op te leggen aan een kind, gebeurt het onbewust toch vaak.

Invullen wordt door volwassenen vaak gebruikt om het tempo van een gesprek te verhogen. Wanneer kinderen moeite hebben om hun gedachten en gevoelens onder woorden te brengen, hebben volwassenen in het algemeen weinig geduld. Ze vullen in om het proces van gespreksvoering te versnellen. Wat er dan gebeurt, is dat het kind een richting in kan worden gestuurd die het niet bedoelt. Wanneer kinderen nog moeite hebben met het onder woorden brengen van eigen gedachten, zullen ze ook moeite hebben om de gedachte die de volwassene namens hem of haar onder woorden brengt, op zijn juistheid te toetsen. Bovendien zal de kritische houding die nodig is om een uitspraak van een volwassene op zijn juistheid te toetsen, in de weg gestaan worden door de behoefte van jonge kinderen om zich aan te passen aan de volwassene. Het gesprek is vervolgens al in een andere fase geraakt wanneer het kind door begint te krijgen dat wat ingevuld werd, niet zijn of haar eigen gedachten en gevoelens zijn. Daarnaast speelt een rol dat het kind door de tempoversnelling indirect de boodschap krijgt dat het aan een eis van snelheid moet voldoen. De tijd van de volwassene is blijkbaar kostbaarder dan die van het kind. De bijdrage van het kind in het gesprek is dus niet onvoorwaardelijk.

Als de volwassene, bijvoorbeeld door in te vullen, het eigen denken oplegt aan een kind, kan het kind zijn of haar verhaal niet kwijt. Het kind kan gedemotiveerd raken voor het gesprek en de volwassene krijgt niet de noodzakelijke informatie.

Het is daarom belangrijk om er bij stil te staan hoe je aansluit bij een kind, hoe je een kind motiveert tot communicatie en tot het geven van informatie, en hoe je omstandigheden creëert waarbinnen gespreksvoering met een kind optimaal kan zijn.

## 3.2 KWALITEIT VAN EEN GESPREK

Wat een 'goed, open gesprek' is, wordt onder andere bepaald door een aantal basale kenmerken. Deze gelden overigens voor communicatie in het algemeen.

1. Een 'goed' gesprek betekent, dat de gesprekspartners zich prettig voelen en dat de wederzijdse doelen enigermate zijn bereikt of dat er overeenstemming is over het niet bereiken van het doel. Dus dat niet alleen de volwassene bereikt heeft wat hij of zij wil. Het betekent dat de gesprekspartners elkaar respecteren, los van de inhoud van het gesprek (oefening 3.4, bijlage 1).
2. Een 'open' gesprek betekent, dat het kind zijn of haar eigen mening en gevoelens kan vertellen zonder geleid of misleid te worden door de volwassene (oefening 3.5, bijlage 1). Dus geen volwassene die eenzijdig de richting van het gesprek bepaalt. Hoewel een kind de misleiding misschien niet op een bewust niveau doorheeft en niet kan verwoorden, heeft het wel zijn effect op onbewust niveau en wordt de gespreksvoering er negatief door beïnvloed.
3. Een 'goed' interview betekent dat het kind informatie geeft en niet dat informatie aan hem of haar onttrokken wordt.
4. Een 'goed' hulpverleningsgesprek betekent dat het kind zich gehoord voelt en hulp heeft gekregen die bij hem of haar aansluit. Dus niet dat het kind hulp heeft gekregen die hij of zij niet wil of niet begrijpt (oefening 3.6, bijlage 1).

Een 'goed' gesprek behelst warmte, respect en belangstelling. Zeker in de hulpverlening is het van het grootste belang dat de hulpvrager veel aan de hulpverlener vertelt. Vele onderzoekers, – bijvoorbeeld Pope en Siegman reeds in 1972 – geven aan dat hoe warmer de hulpverlener, des te meer de hulpvrager vertelt. Hierbij spelen non-verbale aspecten, zoals bemoedigend knikken, een belangrijke rol.

Keer op keer merk je in de hulpverlening dat een respectvol gesprek als 'goed' wordt ervaren en dat de partners zich er prettig bij voelen terwijl er toch uiterst onprettige dingen besproken kunnen zijn. Het onprettige zit niet in het onderwerp maar in de wijze waarop de gesprekspartners elkaar behandelen.

In de rogeriaanse therapie, een sterk cliëntgerichte therapie die gebaseerd is op de therapiepraktijk en theorie van Carl Rogers (1951), staan de begrippen *warmte, respect* en *acceptatie* centraal. Gordon (1989) die enorm door Rogers beïnvloed is, spreekt over *actief luisteren.* De belangrijkste gedragsregels voor 'aanmoedigend luisteren' zijn: het verhaal niet onderbreken; aanmoedigende woorden en gebaren gebruiken om het verhaal gaande te houden; de ander aankijken onder het praten; zelf pas iets zeggen als de ander uitgesproken is (oefening 3.7, bijlage 1). Daarbij is *echtheid* een centraal gegeven. Hoewel begrip een onderdeel is van warmte, kan dat er alleen zijn wanneer het gebaseerd is op echtheid.

Het verband tussen warmte en het geven van informatie geldt niet alleen voor de hulpverlening, maar ook voor gespreksvoering in het algemeen.

> ✻ *Jesse van tien zegt: Ik heb een hekel aan hulpverleners die zeggen dat ze alles begrijpen. Ik heb liever dat ze zeggen: ik begrijp je niet, dan dat ze zo begrijpelijk zijn.* ✻

Respect hangt samen met een positief gebruik van macht. De afstand in macht tussen mensen (bijvoorbeeld volwassene-kind of geschoold-ongeschoold) is voor verschillende culturen onderzocht en blijkt in Nederland beduidend kleiner te zijn dan voor de allochtone culturen die hier wonen. In Nederland is er meer gelijkwaardigheid dan in vele andere culturen gebruikelijk is. Nederland staat in de machtsafstandsindex (MAI) een maat om de machtsafstand tussen mensen in culturen te meten, op de veertigste plaats en Turkije bijvoorbeeld op de negentiende plaats (Hofstede, 1991). Dit geldt in het bijzonder voor de afstand tussen ouders en leerkracht. De leerkracht wordt bijvoorbeeld in Arabische culturen gezien als een wijs persoon die veel persoonlijke kennis heeft en niet tegengesproken mag worden. Door de kleinere machtsafstand is respect in Nederland minder vanzelfsprekend geworden, meer iets dat je moet 'verdienen'. In andere niet-westerse culturen is respect het uitgangspunt en kan men het respect verliezen door gedrag.

Een eerste vereiste voor een 'goed' gesprek is om de sfeer tijdens het gesprek aangenaam te houden door de spanning tot een minimum te beperken. Zoals we verderop zullen zien, is *spelen* met jonge kinderen een goede mogelijkheid om een prettige sfeer te garanderen. Daarnaast is *humor* een krachtig middel om spanning te doorbreken. Het maken van grapjes kan een ongemakkelijke situatie oplossen.

Wezenlijk voor alle communicatie is de *non-verbale communicatie.* Emoties kunnen door non-verbale activiteiten beter uitgedrukt worden dan door verbale. Zonder dat men zich daarvan bewust is, stuurt de non-verbale stroom in belangrijke mate een gesprek (zie 4.4 over lichaamstaal). Voor jonge kinderen, die minder verbaal zijn ingesteld en het uitdrukken van gedachten en gevoelens nog niet zo sterk beheersen, is het belangrijk om zich non-verbaal uit te kunnen drukken, niet alleen in lichaamstaal, maar bijvoorbeeld ook door middel van voorwerpen of tekeningen. MacDonald (2009) onderzocht de functie van tekeningen voor de verwerking van ervaringen. Zij keek daarbij vooral naar de overgang van groep 2 naar groep 3 en de ervaringen van kinderen op de eerste dag op school. Tekenen bleek een belangrijke bijdrage te kunnen betekenen in de communicatie.

Voor kinderen is het communiceren via voorwerpen of tekeningen heel normaal. Ze drukken er zich vaak beter mee uit dan via woorden. Voor volwassenen ligt dat anders, ze voelen zich daar juist vaak ongemakkelijk bij (oefening 3.8, bijlage 1).

*Hoe leg je een kind van vijf uit dat hij ADHD heeft (Delfos, 2002) ADHD, Attention Deficit Hyperactivity Disorder, betekent – wanneer het de combinatievorm betreft – dat het kind onder andere hyperactief is, erg druk. Hoewel het kind daar zelf meestal niet zoveel last van heeft en zich vol energie op de dingen van het leven stort, loopt het vast in hoe de omgeving op hem reageert. Het kind krijgt voortdurend te horen 'Pas op'; 'Wacht even'; 'Zit stil.' Omdat zijn drukte hemzelf niet zo sterk in de weg zit, is hij niet vanuit zichzelf geneigd om deze drukte in te dammen. Bovendien is het zo dat als hij dat doet, er juist een innerlijke onrust ontstaat tot en met angst. Die beweeglijkheid is nodig om de 'snelle stoffen' die in het lichaam worden geproduceerd in de vorm van onder andere hormonen, 'op te gebruiken.' Gebeurt dit niet, dan worden deze stoffen omgezet in stoffen waardoor het kind zich onprettig voelt. Toch zou het enorm nuttig zijn als het kind leert wat de effecten van zijn gedrag zijn en hoe anderen op hem reageren. Hij zou dan zelf een motivatie kunnen ontwikkelen om 'effectief te dimmen.' Het kind kan dan kiezen in welke situatie het vruchtbaar is om even gas terug te nemen. In de omgang met leeftijdgenootjes bijvoorbeeld. Om een kind, ook heel jong, uit te leggen wat ADHD is, kan je als therapeut zeggen: 'Je hebt ADHD, Attention Deficit Hyperactivity Disorder, dat kun je niet eten, maar dat betekent dat je teveel snelle stoffen maakt.' Volwassenen hebben de neiging om moeilijke woorden voor het kind achter te houden en niet in de uitleg te gebruiken omdat kinderen ze toch niet zouden begrijpen. Van het wel gebruiken, is het voordeel dat het kind het begrip kent en niet meer schrikt als hij het iemand hoort gebruiken. Het kind heeft niet alleen te horen gekregen wat het heeft, maar ook hoe het genoemd wordt. Vervolgens kan de uitleg dienen om het kind meer greep te geven op zijn leven. Door de hyperactiviteit dendert een kind het spel van anderen binnen, die vervolgens gaan vermijden met hem te spelen. Als het kind uitleg krijgt dat niet hijzelf wordt afgewezen, maar zijn gedrag van het spel van anderen binnenstormen, kan hij 'selectief leren dimmen.' Dat wil zeggen in belangrijke situaties proberen zijn hyperactiviteit te onderdrukken. Iets wat een kind met ADHD wel bij korte perioden kan, maar niet structureel. Dezelfde uitleg kan ook in non-verbale zin door knuffels of poppen te gebruiken die het gedrag uitdrukken waar het om gaat. De ene knuffel is het kind, de andere zijn bijvoorbeeld aan het spelen. De ADHD-knuffel dendert het spel van de andere knuffels binnen die luid gaan protesteren. Vooral voor het voor het jonge of intellectueel laag functionerende kind is dit veel duidelijker dan een uitsluitend verbale uitleg. Het is vaak meer de volwassene die zich ongemakkelijk voelt in de non-verbale communicatie.*

Klimkeit en collega's (2006) laten het belang zien van communiceren met kinderen over zichzelf. Ze toonden aan dat kinderen met ADHD, waarvan gedacht wordt dat zij laag zijn in zelfbewustzijn, wel degelijk zinvolle informatie kunnen geven over hun gevoelens en gedrag.

Bij doven is niet-verbale informatie het fundament van de communicatie. De expressie van emoties in de gezichtsuitdrukking is er een integraal onderdeel van. Wat in gesproken woorden en toonhoogten niet uitgedrukt kan worden, kan door middel van gezichtsuitdrukkingen duidelijk worden. Dit vormt een onderdeel van de grammatica van de gebarentaal (Koenen, 1998). Dit is niet hetzelfde als non-verbale communicatie, omdat het niet-verbale geen rechtstreekse weergave is van de gevoelswereld, maar het bestaat uit vastgestelde gezichtsuitdrukkingen die bij bepaalde gebaren horen. Door de noodzaak op gezichtsuitdrukkingen te letten als onderdeel van de taal is er meer gerichtheid op het aflezen van gezichtsuitdrukkingen in het algemeen. Doven zullen door deze gerichtheid mogelijk meer vaardig zijn in het 'aflezen' van non-verbale uitingen.

De erkenning van de Nederlandse Gebaren Taal (NGT) wordt voorbereid, onder andere door het bevorderen van de uniformiteit van deze taal en de overgang naar tweetalig onderwijs. Doven ervaren de gebarentaal als moedertaal en ervaren zichzelf als een culturele minderheid. Dat dit terecht is, kunnen we afleiden uit het feit dat zij een – weliswaar niet-verbale – taal hebben die, zoals iedere taal, zijn eigen invloed heeft op de wijze waarop de wereld ervaren wordt. De westerse talen oefenen hun culturele invloed bijvoorbeeld uit door het uitgebreide gebruik van het woord 'ik' dat in niet-westerse culturen zelfs als woord vaak ontbreekt. De taal is daarmee het voertuig van de ego-gerichte cultuur in tegenstelling tot de familiegerichte cultuur. Zo zal de aandacht voor niet-verbale expressie de cultuur van doven in belangrijke mate beïnvloeden.

## 3.3 COMMUNICATIEVOORWAARDEN

Om tot een goed interview of een goed gesprek in het algemeen te komen, zijn enkele communicatievoorwaarden te formuleren. De hieronder genoemde voorwaarden zijn echter niet alleen van toepassing voor gespreksvoering met jonge kinderen, maar ook voor communicatie met oudere kinderen en met volwassenen.

### 3.3.1 *Ga op dezelfde (oog)hoogte zitten als het kind*

Een belangrijk, in het oog springend verschil tussen kinderen en volwassenen is lengte. Lengte is een biologisch gegeven dat invloed uitoefent op contact. Als het er op aan komt, wordt degene die het langst is als de sterkste ervaren en als de meest machtige. Een verschil in hoogte heeft invloed op de communicatie. Iemand die groter is, hoger zit of staat, zal eerder een leidende rol nemen in het gesprek (oefening 3.9, bijlage 1). Hij of zij zal eerder de spreker zijn en eerder de verantwoordelijkheid voor het gesprek nemen. Iemand die kleiner is, zal vaker de luisteraar zijn en zich eerder afhankelijk opstellen in een gesprek. Vertalen we dit naar een gesprek tussen volwassenen en kinderen, dan betekent dit dat het lengteverschil al invloed heeft op de wijze waarop een gesprek gevoerd zal worden. Kinderen worden door hun lengte reeds in een ondergeschikte positie geplaatst.

Wanneer we willen dat een kind naar ons luistert, kunnen we beter blijven staan. Willen we uitwisselen dan zullen we ons op gelijke hoogte moeten begeven, door bijvoorbeeld te hurken. Willen we dat een kind iets aan ons vertelt en verantwoordelijkheid voor het gesprek ervaart, dan zullen we ons, in lichaamshouding en attitude, bescheiden en lager moeten opstellen dan het kind. In een interview, een open vraaggesprek en een hulpverleningsgesprek is gelijkwaardigheid belangrijk. Op gelijke (oog)hoogte zitten, stimuleert een gelijkwaardige uitwisseling.

### 3.3.2 *Kijk naar een kind terwijl je spreekt*

Zeker bij jonge kinderen is non-verbale communicatie belangrijk. Kijk daarom naar een kind, om te zien wat er in het kind omgaat. Non-verbale signalen zijn vaak betrouwbaarder dan verbale. We zijn echter geneigd om ons gedrag af te stemmen op de verbale informatie (oefening 3.10, bijlage 1). We zien dat bijvoorbeeld wanneer een spreker twijfelt of hij begrepen wordt. Hij of zij zal al snel vragen aan de luisteraar of deze het begrepen heeft. Wanneer de luisteraar 'ja' zegt, terwijl non-verbaal uitgedrukt wordt dat het 'nee' is, dan gaat de spreker veelal door alsof het begrepen is, terwijl hij zeker is dat dit niet het geval is. Integendeel zelfs, de vraag wordt juist gesteld wanneer de spreker denkt dat hij of zij niet begrepen wordt. Bij kinderen speelt hierbij nog dat een antwoord als 'ja' ervoor zorgt dat de spreker doorgaat en opschiet, wat het kind vaak wil om van het gesprek af te zijn. Dit laatste hangt veelal samen met de kortere spanningsboog van kinderen bij gesprekken met volwassenen of een gebrek aan motivatie voor het gesprek. Dit is zeker het geval wanneer de volwassene het gesprek geïnitieerd heeft vanwege onderwerpen die hij of zij wil bespreken zonder dat het kind hier veel inspraak in wordt gegeven.

In veel allochtone culturen, met name de Aziatische culturen, is het onbeleefd om 'nee' te antwoorden als je iemand niet begrepen hebt en zal dit antwoord daarom niet snel gegeven worden.

Non-verbale signalen zijn belangrijk om de *motivatie* voor een gesprek te signaleren. Kenmerken van een *goede motivatie* zijn: luisterende houding, lichaamshouding meer rechtop, vrolijk alerte blik en houding, het lichaam is naar de spreker gericht, geïnteresseerde blik, gretigheid om te spreken. Kenmerken van een *tanende motiva-*

*tie:* rusteloze houding, het hoofd is van de spreker afgewend, weinig alerte blik en houding, gekromde lichaamshouding, wachtende houding, weinig neiging tot spreken. Bij *liegen* zijn als kenmerken te noemen: meer oogknipperen, pupilverwijding, verhoging, luider worden van de stem, sneller spreken en meer aarzelingen bij spreken (Ekman, 1992). Kinderen die *fantaseren* vertonen de volgende kenmerken: minder contact met luisteraar, meer in zichzelf gekeerde houding, meer voor zichzelf uit praten, minder in dialoog. Bij *angst* zijn de signalen: rusteloze houding en bij sterke angst een wat bevroren houding, van de spreker afgewend maar steeds een snelle blik naar gesprekspartner ter controle, gekromde lichaamshouding, zweetafscheiding, moeite met spreken in de zin van gaan hakkelen en vermijden van spreken.

Behalve de onder 'liegen' genoemde non-verbale uitingen is de genoemde opsomming niet op wetenschappelijk onderzoek gebaseerd, maar op ervaring. Met betrekking tot liegen is wetenschappelijk onderzoek gedaan. In geval van *liegen* blijken bepaalde non-verbale signalen erg betrouwbaar te zijn, terwijl deze doorgaans toch niet veel gebruikt worden. Minder betrouwbare, maar daarentegen veelgebruikte, non-verbale uitingen bij liegen zijn: minder aankijken; minder lachen; veel veranderingen van houding; langzamer spreken en meer tijd nemen om een vraag te beantwoorden (Soppe en Hees-Stauthamer, 1993). Bij kinderen moet liegen echter niet verward worden met *fantaseren* of met meegaan met de volwassenen.

### 3.3.3 *Alterneer het wel en niet maken van oogcontact met een kind terwijl je spreekt*

Door middel van oogcontact wordt onderling contact gemaakt. Het aflezen van non-verbale communicatie gebeurt voor een belangrijk deel in het 'lezen' van de ogen. Dichters noemen de ogen al sinds jaar en dag de 'spiegel van de ziel'. Het elkaar aankijken wordt – overigens vaak onterecht – geïnterpreteerd als een teken van eerlijkheid.

Het maken van *oogcontact* is belangrijk, maar niet altijd wenselijk. In veel allochtone culturen, zeker in de Arabische zoals de Marokkaanse, is het juist een blijk van gebrek aan respect van een kind om de volwassene in de ogen te kijken. Oogcontact wordt in die situatie niet gewaardeerd. In westerse culturen wordt oogcontact daarentegen wel gewaardeerd en wordt het niet aankijken vaak geïnterpreteerd als een teken van angst, ontwijken of een gebrek aan belangstelling (oefening 3.11, bijlage 1).

Je kunt een kind wel dwingen tot oogcontact – bijvoorbeeld door zijn of haar naam te noemen, omdat bijna iedereen daarop reageert – maar dat is niet op basis van contact. Beter is om in te schatten waarom er geen oogcontact plaatsvindt. Het gemis aan oogcontact kan duiden op negatieve tekens als angst of een gebrek aan motivatie. Het kan echter ook wijzen op positieve tekens, zoals een manier om de concentratie op een aspect van het gesprek te verhogen door bijvoorbeeld na te denken. Met name autistische kinderen worden door de hoeveelheid informatie die vanuit oogcontact komt, verstoord in hun concentratie. Hun gebrek aan oogcontact, nodig voor concentreren op het contact, wordt vaak onterecht uitgelegd als gevoelloosheid en vermijden van contact (Delfos, 2011b). Heb je te maken met allochtone culturen, dan moet voorzichtig omgesprongen worden met het vragen van oogcontact.

Mensen 'lezen' elkaars ogen. Over hoe dat precies in zijn werk gaat, is nog weinig bekend. Met behulp van een *eye-catcher*, een apparaat dat de oogbewegingen volgt, is het mogelijk om te volgen waar iemand naar kijkt. Zo wordt onderzoek gedaan naar de verschillen in het 'lezen' van gezichten bij autistische en niet-autistische mensen (Van der Geest, 2001). Maar wat ze lezen en hoe ze dat interpreteren, daar is nog weinig over bekend. We zien heel veel in iemands ogen, zonder dat we weten wat we eigenlijk zien.

Er bestaat een verschil tussen de twee gezichtshelften. De ene helft is meer expressief, meer emotievol dan de andere. Bij sommige mensen is het verschil zo groot dat in het ene oog duidelijk emotie af te lezen valt en het andere leeg lijkt te zijn. Het rechteroog is vaak vol emotie; het linker 'leeg', soms andersom. Tijdens contact wordt het ene oog – meestal het rechteroog 'gelezen', het andere oog, meestal het linkeroog wordt gebruikt om – snel – te vergelijken wat het verschil is met het rechteroog. Wanneer mensen tijdens het spreken elkaar aankijken, kijken ze meestal vooral in elkaars rechteroog. Dat is dan het vaste punt. Vanwege de 'leegte' die ervaren wordt in het linkeroog is het moeilijker om een gesprek vol te houden terwijl men in elkaars linkeroog kijkt. Er ontstaat al snel de behoefte weg te kijken om de relatieve 'leegte' te ontvluchten (oefening 3.12, bijlage 1).

Het kunnen 'lezen' van ogen kan gebruikt worden om vertrouwen te stimuleren. *Echtheid*, een belangrijk element in een vruchtbare uitwisseling, wordt ervaren doordat er overeenstemming is tussen de verbale en non-verbale communicatie. Om het vertrouwen van een kind te winnen, kan het behulpzaam zijn het kind uit te nodigen naar je ogen te kijken zodat het kan zien dat je meent wat je zegt.

> *Kijk maar naar me, dan kan je zien dat ik meen wat ik zeg.*
>
> *Misschien kan je niet geloven wat ik zeg, maar als je naar me kijkt, kan je zien dat ik meen wat ik zeg.*

Uiteraard is de toon waarop de zinnen gezegd worden, belangrijk evenals de non-verbale expressie; deze kunnen de verbale uitingen teniet doen. In de eerste zin verandert de sfeer door het woordje 'dan': de gebiedende wijs verdwijnt. Zonder 'dan' is de uitspraak meer een opdracht, met het woord 'maar' in de tweede zin ontstaat een uitnodiging.

In sommige situaties is het voor het kind prettiger om te spreken zonder dat de volwassene naar het kind kijkt. Dit is vaak het geval bij moeilijke onderwerpen, waarbij het kind nog zoekt naar formuleringen. Wanneer de gesprekspartners naast elkaar zitten of staan, kan het kind vaak langer achter elkaar zijn of haar verhaal vertellen, dan wanneer het tegenover de volwassene zit. Bekende situaties zijn autorijden of samen afwassen. Maar ook andere activiteiten zijn daarvoor geschikt. Het gaat dan om activiteiten waarin de volwassene een duidelijke taak heeft en het kind een taak die niet zijn of haar volle concentratie vergt, maar meer geautomatiseerd is. Het creëren van een dergelijke situatie binnen een gesprek kan bevorderlijk werken. Kinderen en volwassenen gaan in een dergelijke situatie meer associatief hun eigen verhaal vertellen. De concentratie is sterker naar binnen gericht en wordt niet onderbroken door verbale of non-verbale activiteit van de ander. Het 'hardop denken' wordt in dergelijke situaties gestimuleerd. Wanneer iemand denkt, keert hij of zij zich meer naar binnen en wendt daartoe de ogen af. Vaak betekent dit dat er schuin naar boven gekeken wordt. Regelmatig oogcontact is belangrijk voor het vertellen van een verhaal, maar een positief contact zonder oogcontact kan het hardop denken bevorderen.

> *Over kinderen met een autistische stoornis wordt vaak gezegd dat ze oogcontact vermijden. Dit is niet het geval (Frith, 1989). Wat ze vaak doen, is in zichzelf gekeerd zijn om na te denken over de sociale eisen die in het contact gesteld worden.*
> *Erik, een vijfjarig schoolkind met een contactstoornis keek grote gedeelten van een gesprek schuin naar boven. De juf dacht te maken te hebben met het vermijden van oogcontact, maar vroeg het kind waarom het naar boven keek. Adequater dan welke deskundige ook, verwoordde het kind haarfijn wat zijn activiteit was: 'Dan lees ik in mijn hoofd.' Kinderen met contactstoornissen begrijpen sociale interactie nauwelijks en moeten het hebben van het 'uitdenken' ervan. Terecht zegt dit kind dan ook dat hij de informatie 'leest' waarover hij in zijn hersenen beschikt.*

### *3.3.4 Stel het kind op zijn of haar gemak*

Wanneer het in dit boek over gespreksvoering gaat, dan bedoelen we in het algemeen 'serieuze' gesprekken. Dat betekent niet dat ze niet vrolijk of luchtig gevoerd zouden kunnen worden, maar wel dat er één of meer belangrijke onderwerpen besproken worden. Een serieus gesprek op initiatief van de volwassene betekent voor het kind vaak slecht nieuws, bijvoorbeeld op het matje geroepen worden of een pijnlijk bericht te horen krijgen. Kinderen zijn daarom vaak niet op hun gemak in een dergelijke situatie. Hebben we te maken met interviews dan zal de volwassene vaak een onbekende of minder bekende voor het kind zijn.

Het is belangrijk om het kind op zijn of haar gemak te stellen. Een eerste vereiste daarvoor is om het doel van het gesprek duidelijk te maken, zodat het kind weet waar het aan toe is (oefening 3.13, bijlage 1). Vervolgens zijn er verschillende mogelijkheden om het kind op zijn of haar gemak te stellen, afhankelijk van onder andere de leeftijd en de belangstelling van het kind. Dit kan door samen te gaan spelen; te tekenen; te praten over school; over hobby's te praten; over recente

aangename ervaringen te spreken zoals een schoolreisje of een verjaardag (Soppe en Hees-Stauthamer, 1993). Het is zinnig om deze activiteit te benoemen:
Zullen we even wat samen doen om even aan elkaar te wennen?
Ik wil even wat met je bespreken, zullen we dat doen terwijl we samen tekenen?

> ✳ *Volwassenen hebben vaak het gevoel dat ze hun 'ei' kwijt moeten. De activiteit met het kind is daarom al snel van ondergeschikt belang. Voor kinderen betekent dit dat de volwassene eerst meedoet met waar het kind mee bezig is en dan plotseling met het onderwerp komt. Wanneer de volwassene de context van zijn of haar deelname aan de activiteit duidelijk maakt, weet het kind waar het aan toe is.* ✳

Warmte, respect en echtheid van de volwassene, elementen die we reeds noemden als belangrijk voor een vruchtbare gespreksvoering, helpen het kind om te ontspannen en zijn waarschijnlijk doorslaggevende elementen om een kind op zijn of haar gemak te stellen.

Boggs (1999) en Marshall (2004) benadrukken het belang van een rustige, niet gehaaste, zorgzame en zachte manier van omgang met het kind (oefening 3.14, bijlage 1).

> ✳ *Joost is nog geen drie als zijn zusje geboren wordt, Sterre. Hij vindt het leuk, maar ook moeilijk. Plotseling heeft iedereen het over ADHD, terwijl ze vroeger gewoon gezegd zouden hebben: Hij heeft er wel weet van dat hij een zusje heeft. Wat het betekent wordt duidelijk in het volgende gesprek:*
> Joost, wat ben je toch een lief jongetje.
> Ik ben niet lief.
> Jawel, ik weet wel dat je soms heel vervelend kan dóen, maar dan ben je toch een heel lief jongetje dat vervelend doet.
> Sterre is altijd lief, zegt Joost somber.
> *In een klap maakt Joost duidelijk dat hij zich hopeloos voelt falen naast dat altijd maar lieve zusje.* ✳

Ook *metacommunicatie*, dat wil zeggen communicatie over de communicatie, is een uitstekend middel om angst voor een gesprek weg te nemen en om contact te maken. Denk je dat een kind bang is, benoem dat dan om je met het kind te verbinden en om het kind over een drempel te helpen (oefening 3.15, bijlage 1). Hieronder volgen enkele voorbeelden van interview tot hulpverleningssituatie.

> *Het is wel gek hè om met iemand te praten die je eigenlijk niet kent.*

> *Je kent mij niet, maar ik jou ook niet. Misschien ben je wel een beetje verlegen, net als ik.*

*Misschien vind jij het moeilijk om over de ruzie met je vader te praten, dat is ook niet leuk.*

De meest effectieve manier om kinderen (maar ook volwassenen) op hun gemak te stellen, is zich veilig te laten voelen. Een echt gesprek kan men pas voeren als men zich veilig voelt en daarvoor is nodig dat men zich gewaardeerd voelt. Het betekent niet dat al ons gedrag goedgekeurd moet worden, maar wel dat we basaal als mens erkend worden. *Je veilig voelen is je gewaardeerd voelen.* Mensen weten dat je in principe niet aanvalt wat je waardeert. Waardering ervaren ligt voor jongens en meisjes verschillend. Er zijn sekseverschillen te onderkennen in zich gewaardeerd voelen. Bij jongens zal dit eerder een waardering zijn voor iets dat ze publiek neerzetten, van spierkracht bij vechten, een trucje in de halfpipe tot het beklimmen van een berg. Meisjes zoeken hun waardering er eerder in om als persoon gewaardeerd te worden, aardig gevonden te worden. Ze doen dat door aardig te doen, of soms zoeken ze hun bescherming in de slachtofferrol (Delfos, 2010a).

### 3.3.5 *Luister naar wat een kind zegt*

Een volwassene die een gesprek wil voeren met een kind heeft zijn of haar eigen onderwerp op de agenda staan. Wil er daadwerkelijk sprake zijn van een gesprek, dan zal de volwassene ook aandacht moeten hebben voor het verhaal van het kind.

Een kind heeft een eigen verhaal. Door het machtsverschil tussen kinderen en volwassenen loopt het kind het gevaar dat dit eigen verhaal ondergesneeuwd raakt. Wanneer het initiatief van de volwassene uitgaat, is dit risico nog groter. Voor het voeren van een goed gesprek is een gezamenlijke gespreksgrond nodig of op zijn minst overeenstemming over de prioriteiten in het gesprek. Is dat niet het geval, dan zullen de gesprekspartners niet daadwerkelijk aan het gesprek deelnemen, maar wachten tot ze de kans krijgen hun eigen doel te bereiken. Dat wil zeggen hun eigen onderwerp te berde te brengen of zich aan het gesprek onttrekken. Volwassenen ervaren een gesprek met een kind vaak als een 'krakkemikkige' vorm van een gesprek met een volwassene. Ten onrechte. Een gesprek met een kind heeft zijn eigen kenmerken en zijn eigen mogelijkheden. Deze worden vaak teniet gedaan doordat een volwassene graag zijn of haar 'ei' kwijt wil. Voor kinderen betekent dit vaak dat zij het gesprek als 'moeilijk doen' ervaren omdat het met enige spanning gepaard gaat. De volwassene vindt het verhaal van het kind vaak onbeduidend in relatie tot de 'eigen' agenda en daarom wordt het kind vaak geconfronteerd met de opmerking 'wacht even'. In haar onderzoek hoe kinderen hun eigen welbevinden beleven, laat Johanna Kiili (1999) zien dat kinderen ervaren dat volwassenen slechts voor een deel in hun beleving geïnteresseerd zijn. Volwassenen zijn geïnteresseerd in school, huiswerk, pesten en gezondheid, maar luisteren nauwelijks naar onderwerpen die voor het kind erg belangrijk zijn als fantasie, vriendschap, spelletjes, tekenen, televisie en spelen.

*Als je als kind de bedtijd wil rekken, dan is het onverstandig om over je mooie Yu-Gi-Oh-plaatje te beginnen. Je krijgt als kind dan al snel het antwoord: 'Leuk, laat me het morgen maar zien, nu moet je gaan slapen.' Veel effectiever, en kinderen leren dat snel is om met een probleem te komen, buikpijn of dorst bijvoorbeeld.* ⊠

Sommige kinderen in het onderzoek van Kiili gaven aan dat ze daarom niet veel aan volwassenen vertelden.

⊠ *Aline is op bezoek bij de neef van haar vriendin. Deze heeft sinds kort een relatie met Dibaja die een dochter heeft, Claire, van tien jaar. Claire zit in de woonkamer en doet daar de handstand op een zitbank. Haar moeder vraagt haar op te houden. Claire wil duidelijk aandacht van het bezoek. Aline vraagt of zij de handstand wel elders kan doen in huis. Claire reageert enthousiast: 'Op mijn hoogslaper, wil je het zien?' Aline vertrekt met Claire naar haar kamer en klimt de trap op van de hoogslaper. Het bed ligt bezaaid met knuffels. 'Wat een hoop knuffels heb jij, zeg! Hebben ze namen? Vertel er eens iets over? Claire zegt: 'Eigenlijk ben ik een beetje te oud om zoveel met knuffels te spelen, maar ik vind dat ik er wel iets bijzonders mee doe.' Ze vertelt honderduit en ondertussen wordt duidelijk dat de knuffels een rol spelen in haar verwerking van de scheiding van haar ouders, van de dood van haar oom en het wonen met de nieuwe vriend van haar moeder. Claire is ontzettend blij met de aandacht die deze haar onbekende vrouw haar geeft. Verbaasd en opgewonden zegt ze: 'Het is heel bijzonder dat je naar me luistert, grote mensen vinden het nooit interessant wat kinderen te vertellen hebben, ze gaan altijd bij elkaar zitten praten en vragen nooit eens waar het kind mee bezig is!'* ⊠

De motivatie van gesprekspartners voor het gesprek is dus niet altijd goed op elkaar afgestemd. Er moet daarom eerst aandacht besteed worden aan die afstemming. Gebeurt dit niet, dan zal het kind vaak via *passief verzet* 'afhaken' (oefening 3.16, bijlage 1).

Dit passief verzet kan verschillende vormen aannemen:

- het kind doet alsof het je niet hoort, het bekende 'oostindisch doof';
- het kind concentreert zich niet op het gesprek maar op een andere activiteit;
- het kind neemt een wachtende houding aan;
- het kind neemt niet actief deel aan het gesprek;
- het kind antwoordt kort en mat;
- het kind kijkt weg;
- het kind loopt weg.

Deze gedragingen zijn niet uitsluitend een aanwijzing voor een gebrek aan motivatie voor het gesprek. Ze komen ook in andere situaties voor, bijvoorbeeld wanneer het onderwerp te pijnlijk is voor het kind of wanneer de aandacht te lang gespannen is geweest. Jonge kinderen zullen dan echter eerder actief pogingen ondernemen om het gesprek te beëindigen door weg te lopen, zich op een activiteit te richten of op een geheel ander onderwerp over te gaan.

De spanningsboog van een jong kind voor een gesprek is korter dan die van de volwassene. Zeker wanneer het onderwerp vooral van belang is voor de volwassene en minder voor het kind. Overigens geldt het omgekeerde ook, dat de spanningsboog van de volwassene korter is wanneer het een onderwerp betreft van het kind en niet van hem- of haarzelf.

Het kind kan ook uit het gesprek weglopen omdat het gesprek wat hem of haar betreft 'lang genoeg' heeft geduurd. Dat betekent niet dat het kind niet of niet meer in het onderwerp geïnteresseerd is, maar dat zijn of haar aandacht niet langer gericht kan zijn.

Motivatie is belangrijk. Wanneer deze afneemt, is het meestal voldoende om aandacht aan de motivatie te besteden om het kind weer bij het gesprek te betrekken. Dat betekent niet tegen het kind zeggen *Let op, ik ben aan het praten*! Dat is eenrichtingverkeer en niet motiverend voor de inhoud van het gesprek. Oprechte, ondersteunende opmerkingen zijn bijzonder motiverend voor een gesprek, maar ook – en vooral – voor het contact waarop het verloop van het gesprek gebaseerd is.

*Ik heb er écht wat aan dat je dit zo aan me vertelt.*

*Ik begrijp nu veel beter wat het betekent om ...., omdat jij me ..... verteld hebt.*

*Jij bent niet alleen heel aardig, je kunt mij ook goed duidelijk maken wat het betekent om ...*

Gemeende, ondersteunende opmerkingen kunnen ook heel kort zijn, zoals 'hmm hmm', 'juist' of 'ja, ja'. Dergelijke opmerkingen stimuleren de voortgang van het gesprek en doen het soort uitlatingen dat door de opmerking bevestigd wordt, toenemen (oefening 3.17, bijlage 1). Wil je bijvoorbeeld graag dat een kind de eigen gevoelens benoemt, dan is het zinnig om ondersteunende opmerkingen te maken of non-verbale uitingen te doen nadat het kind een gevoel geuit heeft.

*Nou begrijp ik wat je bedoelt, nou je vertelt hoe verdrietig je was!*

*Of non-verbaal bijvoorbeeld: even met de rug van je hand over de zijkant van de bovenarm van het kind strijken. Hiermee druk je nabijheid tegelijk uit met een respectvolle afstand.*

Wanneer de motivatie van het kind tanende is, kan het noodzakelijk zijn om het doel van het gesprek opnieuw te benoemen.

*Ik wilde graag weten ..., en daar weet ik nu heel veel over, dank je wel, maar ik zou er nog meer over willen weten. Wordt dat niet teveel voor jou?*

*Ik weet niet of jij er al genoeg van hebt om zo te praten, maar ik ben er erg blij mee. Ik heb er écht wat aan. Jij zei ...., en weet je dat ik dat helemaal niet wist? Als ik niet met je gepraat had, zou ik dat niet geweten hebben.*

*Ik ben blij met dit gesprek, maar vind jij het eigenlijk wel prettig?'*

Volwassenen moeten zich een aantal dingen realiseren. Wanneer een volwassene toe is aan een gesprek, wil dat nog niet zeggen dat het kind dat ook is. Wanneer een volwassene een bepaald onderwerp dringend wil bespreken, wil dat niet zeggen dat het kind daar op dát moment ook behoefte aan heeft.

Een van de manieren om de motivatie van een kind te verhogen, is naar het verhaal van het kind zelf te luisteren. Bovendien zit er in alle communicatie informatie over iemands gemoedstoestand. Op hoeveel manieren, van depressief tot juichend, kan iemand niet zeggen: 'De zon schijnt.' De zon blijft dezelfde, maar hoe hij ervaren wordt, verschilt van persoon tot persoon en van stemming tot stemming binnen dezelfde persoon.

Kinderen zijn verder, zeker in de midden- en bovenbouw van de basisschool, goed te motiveren voor een gesprek wanneer hen duidelijk wordt dat ze hiermee andere kinderen kunnen helpen, omdat leeftijdgenoten een belangrijke rol spelen.

Het is belangrijk om het kind zijn of haar eigen verhaal te laten vertellen, ook als dit niet op het gespreksonderwerp slaat of lijkt te slaan.

*Jorge wordt geïnterviewd over het reilen en zeilen bij hem thuis. Extra belangstelling is er voor zijn ruzies met zijn broertje en zusje. Hij heeft er al het een en ander over verteld en gaat, voor de interviewer vrij plotseling, over op een uitje dat ze hebben gehad: 'Ik ben bij de dolfijnen geweest.' De interviewer kapt dit initiatief af en zegt: 'Leuk, dolfijnen, ze zijn lief, maar we waren bezig over de ruzies met je broertje. Vertel daar eens meer over?' Wat de interviewer zich niet realiseert, is dat Jorge dat nu juist ook wilde. Hij had namelijk ruzie gehad met zijn broertje bij de dolfijnen en zijn moeder had zijn broertje voorgetrokken en daar was hij nog steeds boos om. Een jong kind kondigt dat niet aan door te zeggen: 'Ik zal je eens een voorbeeld van een ruzie geven. We waren bij de dolfijnen en toen...' Het was verstandiger geweest van de interviewer om Jorge te laten doorgaan met zijn verhaal.*

Let vooral op non-verbale signalen. Die tonen of het kind iets wil zeggen. Stimuleer het vertellen. Voor jonge kinderen op de basisschool is het bovendien niet altijd duidelijk dat een gesprek geacht wordt over één onderwerp te gaan. Zij snijden makkelijk meerdere onderwerpen aan of veranderen van onderwerp. Meestal veranderen ze niet zozeer van onderwerp, maar gaan ze associatief door op het onderwerp op een manier die voor de volwassene niet duidelijk is. In het volgende voorbeeld, loopt het gesprek over de dagen erna door, zonder dat de volwassene het in de gaten heeft. Kinderen doen dit vaak, ook omdat de volwassene aangeeft dat een gesprek afgelopen is, terwijl het onderwerp voor het kind nog niet afgerond is.

> *'Meester, heeft mama een ei in haar buik?'*
> *'Nee,* ze heeft geen ei in haar buik, het baby'tje zit niet in een ei.'
> *'Oh.'*
> *'Dacht* je dat dan?'
> *'Ja,* een baby'tje is net als een vogeltje en die krijgen een eitje.'
> *'Baby'tjes* zitten niet in een ei, maar in een zakje, waar ze in kunnen zwemmen.'
> Vervolgens gaat het gesprek over op schijnbaar een heel ander onderwerp.
> *'Mama* is van de fiets gevallen.'
> Het gesprek gaat verder over fietsen en vallen en pleisters.
> Drie dagen later.
> *'Juf,* mama zegt dat het baby'tje uit een eitje is gekomen.'
> *'Ja,* daar heeft mama gelijk in. Maar dat eitje heeft niet een harde schil zoals bij kippen en het eitje wordt een zakje met water om de baby heen en dan noemen we het geen ei, maar een vruchtzak. Dat beschermt het baby'tje.'
> *'Oh, ik was zo bang dat het ei zou breken, maar dat kan dan niet.'*

### *3.3.6 Laat met behulp van voorbeelden zien dat wat het kind zegt, effect heeft*

Het proces van gespreksvoering is voor jonge kinderen nog niet zo duidelijk. Zij hebben daarom informatie nodig over het verloop van het gesprek en wat hun bijdrage daarin is. Hoe jonger kinderen zijn, des te minder hebben ze in de gaten wat het effect op anderen is van wat ze zeggen en wat ze doen. Ze gaan er als vanzelf vanuit dat het effect datgene is wat zij zelf bedenken. Vaak bedenken ze geen effect, want ze staan eenvoudigweg niet stil bij de gevolgen van hun gedrag (oefening 3.18, bijlage 1). Het is daarom belangrijk kinderen te laten weten wat het effect is van wat ze zeggen.

> *Als je me niet gezegd had dat je graag met blokken speelt, had ik dat niet geweten. Nu zorg ik dat je daar vaker mee kunt spelen.*

> *Kijk, ik weet niet wat het is om in een kinderhuis te wonen. Nu jij zegt dat ..., nou begrijp ik het beter. Ik was daar zelf nooit op gekomen.*

Een mens wil graag uniek zijn, een speciale plaats hebben. Wanneer dit verwoord wordt, merkt het kind wat zijn of haar bijdrage is en op welke wijze die van belang is voor de ander.

> *Er zijn al veel kinderen die mij verteld hebben hoe het is om in een kinderhuis te wonen, maar jij leert me weer heel nieuwe dingen. Het is ook voor iedereen anders.*

*Nu heb ik zo vaak met kinderen .... gespeeld, maar nog nooit heeft iemand ...... Dat is leuk!*

### 3.3.7 *Vertel het kind dat het je moet zeggen wat het vindt of wil, omdat je het niet weet als het kind het je niet vertelt*

Kinderen hebben vaak de indruk dat volwassenen almachtig en alwetend zijn. Ze denken dat deze alles weten wat het kind denkt, wil en voelt. Vaak bevorderen volwassenen dat kinderen dit denken door – volledig onterecht – te zeggen dat het kind niets hoeft te zeggen, dat die volwassene wel weet wat het kind denkt. Soms kunnen volwassenen dat boos uiten: *Nee, zeg maar niks, ik weet precies wat je denkt!* of *'Het staat op je voorhoofd geschreven.'*

Kinderen voelen vanuit het vooroordeel over de almachtige volwassene nauwelijks de noodzaak om te communiceren wat zij willen. Voor een goede uitwisseling is het nodig dat het kind hoort dat de volwassene niet alles weet en de dingen juist graag van het kind wil horen.

Dus niet

*Hoe is het om in deze klas te zitten?*

maar

*Ik weet niet hoe het is om in deze klas te zitten, vertel me er eens iets over?*

Doordat jonge kinderen uitgaan van de alwetendheid van volwassenen kunnen ze ook bang zijn iets doms of verkeerds te zeggen (Maccoby en Maccoby, 1954).

Jonge kinderen kunnen zich vanuit hun egocentrisme nog onvoldoende voorstellen wat er in een ander omgaat. Een kind denkt al snel dat mensen die ze goed kennen op de hoogte zijn van wat het kind zelf weet. Een grappig voorbeeld daarvan is wanneer kinderen midden in hun innerlijke monoloog hardop beginnen te praten.

*En toen zei de meester dat Bert het boek mocht gaan halen! Dat is gemeen!*

Wie is Bert? Welk boek? Wanneer? Waar? Ze zijn zich er niet van bewust, dat de volwassene het voorafgaande niet heeft gehoord en niet weet waar het over gaat. Het is daarom noodzakelijk uit te leggen dat je wel belangstelling voor een onderwerp hebt, maar het nog niet voldoende kan volgen.

*Dat gaat te snel voor mij! Wie is Bert en wat is er gebeurd? Vertel nog eens?*

### 3.3.8 *Probeer spelen en praten te combineren*

Zeker jonge kinderen beschikken over veel meer energie dan volwassenen. Ook zijn ze beter in staat dan volwassenen om meerdere activiteiten te combineren. Ze zijn vaak zo energiek dat het soms onaangenaam voor hen kan zijn om te lang achter elkaar stil te moeten zitten voor een gesprek. Zeker wanneer hun motivatie voor het gesprek laag is of het gesprek met spanning gepaard gaat. Wanneer hun motivatie hoog is, kunnen ze echter een hoge concentratie hebben.

Wanneer er 'snelle' stoffen door het lichaam stromen en men niets doet dan stilzitten, dan zal na verloop van tijd het niet 'omzetten' van deze 'snelle' stoffen ervoor zorgen dat er gevoelens van spanning tot en met angst ontstaan (Delfos, 2012; 2004b). Het 'omzetten' van stoffen kan door een actieve deelname aan het gesprek, zowel verbaal als denkend, maar ook door fysiek bewegen. Kinderen gaan niet voor niets wiebelen op hun stoel, volwassenen gaan niet voor niets friemelen aan een paperclip. Niet bewegen zal voor jonge kinderen vaak betekenen dat een gesprek als steeds meer spanningsvol wordt ervaren, terwijl dat inhoudelijk niet zou hoeven. Voor hyperactieve kinderen geldt dit in nog sterkere mate. Het langdurig of zonder uitleg of reden stil moeten zitten bij een gesprek zal daarom vaak bij jonge kinderen de motivatie voor het gesprek doen afnemen. Dit geldt voor jongens nog sterker dan voor meisjes.

Spelen heeft bovendien het voordeel dat de prettige sfeer ontstaat waar spelen door gekenmerkt wordt. Het gevoel dat spelen oproept, gaat niet samen met spanning. Zeker in situaties waarin moeilijke gesprekken moeten plaatsvinden, is dat een belangrijk voordeel.

Een jong kind zal vaak beter in een gesprek functioneren als het spelen en praten kan combineren. Zeker tot een jaar of acht is dit het geval omdat leren tot die leeftijd ervaren wordt als een spel (Delfos, 2004b. Kinderen genieten van het leren net zo goed als van het spel. Tot een jaar of acht is leven een 'éducation permanente' en leren kinderen spelend en spelen kinderen lerend. Vygotsky (1996) geeft aan dat het spel de manier bij uitstek is waarop kinderen potenties waarover ze beschikken, omzetten in vaardigheden die ze zelfstandig kunnen uitvoeren. Borgers, de Leeuw en Hox (1999) geven aan dat tot een jaar of acht een interview met een kind als een spel gepresenteerd zou moeten worden. In die periode zien kinderen praten en spelen niet als verschillende activiteiten, maar zij combineren beide.

*In het kinderhuis wordt vaak over kinderen vergaderd. De 'vergadering' is voor jonge kinderen een magisch woord. Ze willen dan ook dolgraag eens vergaderen en weten dat dit praten is terwijl je met zijn allen op stoelen zit. Sabrina van zes wilde dat ook eens meemaken en nodigde haar hulpverleners uit tot een vergadering. Vol verwachting zat zij op de stoel te wachten op wat er zou gebeuren.*

Volwassenen kunnen vaak moeilijk activiteiten combineren. Dit geldt voor mannen gemiddeld sterker dan voor vrouwen. Het maakt ook verschil uit of de activiteit een eigen initiatief is, of dat je meedoet met de activiteit van een ander. Een volwassene die een gesprek wil voeren met een kind en mee gaat doen met een activiteit waar een kind reeds mee bezig is, loopt het risico dat wanneer het kind reeds in het spel opging, het zich nauwelijks concentreert op het gesprek met de volwassene.

Een zelfde onderwerp wordt anders besproken wanneer dat tijdens een activiteit gebeurt of tijdens stilzitten. Door deze situaties zelf uit te proberen, wordt het verschil duidelijk (oefening 3.19, bijlage 1).

Om een gesprek met een jong kind goed te kunnen voeren, is het dus zinnig om dit te combineren met een activiteit. Zeker tot zo'n tien jaar zal het kind dat waarderen. Tot ongeveer acht jaar zal dat een activiteit zijn die minder fysiek is. Vanaf acht jaar zullen kinderen, zeker kinderen die van buiten spelen houden, vaak een fysiek inspannende activiteit willen doen als fietsen of ballen.

Op verschillende leeftijden zijn er voorkeuren voor bepaalde activiteiten, deze zijn ook onderhevig aan seizoenen en modes. Er is een 'knikkerseizoen' en vaak komen activiteiten van vroeger terug zoals jojoën.

Voor volwassenen is het vaak moeilijk om spelen en praten te combineren. Als het niet lukt, is het verstandig om dat te signaleren en hulp te vragen aan het kind. Deze interventie in metacommunicatie bevordert het gevoel van gemeenschappelijk bezig zijn in een gesprek.

> *Jij kunt spelen en praten tegelijk, maar ik kan dat niet zo goed. Even stoppen. Ik wil even goed begrijpen waar we het over hebben. Klopt het wat ik nu denk dat jij....*

Je kunt gerust met een kind delen dat je de draad kwijtraakt van het gesprek, bijvoorbeeld omdat je twee dingen tegelijk aan het doen bent.

> *We zitten heel gezellig te spelen, maar ik raak de draad kwijt van wat ik aan je wilde vragen. Ik kan dat niet zo goed twee dingen tegelijk, jij wel. Even kijken, waar waren we ook alweer?*

Wanneer je het gevoel hebt dat de activiteit het kind meer in beslag neemt dan het antwoord op een vraag, signaleer dat dan.

> *Volgens mij zijn we nu zo druk bezig met ..., dat je vergeet dat ik graag wil weten.....*
> *We zitten leuk te spelen, maar ik wil ook erg graag antwoord op mijn vraag en ik weet dat jij dat ook wilt geven. Even stoppen, vertel eerst even...*

Hoewel het voor kinderen, zeker jonge kinderen, gunstig is om spelen en spreken te combineren, kan het ook een nadelige invloed hebben. Wanneer de activiteit de hoogste prioriteit heeft, kan de mate waarin het kind zich op het gesprek concentreert, afnemen. Het kan zich zelfs afsluiten en zich geheel op de activiteit concentreren. Op zich komt alles binnen en wordt geselecteerd op belang, maar niet alles dringt op bewust niveau door in dergelijke situaties. Neem bijvoorbeeld een kind dat in een hoek van de kamer zit te spelen terwijl volwassenen in dezelfde ruimte een intensief gesprek voeren. Het kind lijkt niet te luisteren en niet te horen, toch kijkt het op wanneer het zijn of haar naam hoort (oefening 3.20, bijlage 1). De hersenen registreren alles, maar filteren datgene wat van belang is. Het spreekwoord: 'kleine potjes hebben grote oren', is daarop gebaseerd.

> ✳ *In de amygdala van de hersenen komt alle informatie van buiten binnen. Niet alles wordt echter doorgestuurd. Er wordt een plaatje gemaakt en conclu-*

*sies worden getrokken, op grond waarvan verder gehandeld wordt in de zin van doorsturen naar andere delen van de hersenen. Een voorbeeld daarvan is wat er gebeurt wanneer je ergens staat waar een volgetypt A4-tje ligt waar je eigen naam op staat. Je ziet je naam in een flits staan. Wil je vervolgens terugvinden waar het staat, dan kost dat grote moeite en moet je vaak het hele blad lezen om het terug te vinden. Blijkbaar zagen de hersenen het hele blad in een snelle flits en selecteerden het woord dat de eigen naam vormt om doorgestuurd te worden. Het diagonaal lezen en snel lezen is deels op dit soort eigenschappen van de hersenen gebaseerd.*

Wanneer het spreken niet de hoofdactiviteit is, maar het spelen, wordt de kans groter dat de selectie weinig doorlaat en het kind op bewust niveau 'doof' lijkt. Het is dus zaak om de activiteit niet zo belangrijk te laten zijn of zo interessant dat andere dingen daarvan verliezen. Wanneer dat wel het geval is, moet het praten gedoseerd worden en verschoven naar momenten dat het belang van de activiteit afneemt.

### 3.3.9 Signaleer dat je het gesprek afbreekt en later zal voortzetten wanneer je merkt dat het kind afhaakt

Een kind kan een gesprek om verschillende redenen afbreken. De volwassene interpreteert het vaak als een gebrek aan belangstelling, maar voor het kind is het veelal een noodzaak omdat het emotioneel genoeg heeft. Denk aan de communicatie tussen een baby en diens moeder. Wanneer de baby en de moeder elkaar aankijken, gaat de hartslag van het kind omhoog (Field, 1979). Het is voor de baby nodig om de ogen af te wenden om weer even tot rust te kunnen komen. Dan kan de hartslag weer even dalen. Een moeder die oogcontact afdwingt, maakt haar baby dus onrustig. De moeder kan zich, geheel onterecht, afgewezen voelen door de baby, terwijl deze alleen tot zichzelf moet komen.

Voor jonge kinderen geldt ook dat de spanningsboog 'op' kan zijn en dat het kind het gesprek even moet onderbreken of afbreken, zonder dat dit betekent dat het kind gebrek aan belangstelling voor het gesprek heeft. Benoem dit.

*Zo, dat was een heel gesprek... Zullen we even wat gaan doen?*

*Vind je dat we genoeg gepraat hebben? Oké, dan houden we er nu mee op. Gaan we later wel een keertje door, want ik wil nog wel veel meer weten van...*

### 3.3.10 Wanneer je een moeilijk gesprek hebt gehad, zorg dan dat het kind daarna tot zichzelf kan komen

Wanneer een gesprek moeilijk is voor een volwassene, is het dat in principe ook voor het kind. Het heeft, net zo goed als de volwassene, tijd nodig om weer tot zichzelf te komen. Dat betekent dat je het kind in de gelegenheid moet stellen stoom af te blazen (oefening 3.21, bijlage 1). Voor kinderen betekent dit spelen, liefst fysiek inspannen. Zo raken ze ook de adrenaline kwijt die tijdens het moeilijke gesprek aangemaakt is.

Zorg daarom dat een moeilijk gesprek niet plaatsvindt in een situatie waarin het kind daarna niet tot zichzelf kan komen. Bijvoorbeeld niet vlak voor het eten of het slapen gaan. Het kind moet na een moeilijk gesprek bijvoorbeeld kunnen rennen of schommelen. Zo kan een vraaggesprek op school bijvoorbeeld voor de middagpauze of gymnastiekles gepland worden.

Het is belangrijk om een inschatting te maken of het kind alleen moet zijn om tot zichzelf te komen, of dat het contact nodig heeft. In het eerste geval speelt vaak opluchting en de behoefte het te vergeten. In het tweede geval speelt vaak de behoefte aan contact en troost. Het kind heeft het dan nodig om te voelen dat er nog steeds om hem of haar gegeven wordt. Troost kan zowel verbaal als non-verbaal. Op non-verbale wijze door middel van aanraking troost geven, heeft het grote voordeel dat er door de aanraking een proces op gang gebracht wordt van de productie van endorfinen, de lichaamseigen pijnstillers die een gevoel van welbehagen veroorzaken.

Wat bijna altijd positief werkt, is om even samen op te lopen. Tijdens een wandelingetje is de overgang naar koetjes en kalfjes makkelijk als afsluiting van een gesprek. Daarnaast kan een kind op meer ongedwongen wijze dingen kwijt die hij of zij nog niet verteld heeft.

Om samen te vatten, zijn de communicatievoorwaarden in een overzicht gezet.

**Overzicht 3:** *Communicatievoorwaarden voor gespreksvoering met jonge kinderen*

| Communicatievoorwaarden voor gespreksvoering met jonge kinderen | |
|---|---|
| 1 | Ga op dezelfde (oog)hoogte zitten als het kind. |
| 2 | Kijk naar een kind terwijl je spreekt. |
| 3 | Alterneer het wel en niet maken van oogcontact met een kind terwijl je spreekt. |
| 4 | Stel het kind op zijn of haar gemak. |
| 5 | Luister naar wat een kind zegt. |
| 6 | Laat met behulp van voorbeelden zien dat wat het kind zegt, effect heeft. |
| 7 | Vertel het kind dat het moet vertellen wat het vindt of wil, omdat je het niet weet als het kind het je niet zegt. |
| 8 | Probeer spelen en praten te combineren. |
| 9 | Signaleer dat je het gesprek afbreekt en later zal voortzetten wanneer je merkt dat het kind afhaakt. |
| 10 | Wanneer je een moeilijk gesprek hebt gehad, zorg dan dat het kind daarna tot zichzelf kan komen. |

## 3.4 METACOMMUNICATIE

We hebben hiervoor al een paar keer gebruik gemaakt van *metacommunicatie* (communiceren over de communicatie). Dit is onvermijdelijk, omdat metacommunicatie een fundamenteel onderdeel vormt van een goede gespreksvoering.

Zoals gezegd, zijn voor jonge kinderen de regels van een gesprek nog niet altijd duidelijk. Ze begrijpen niet altijd wat volwassenen zeggen, wat zij bedoelen of waar zij op uit zijn. De taalvaardigheid van jonge kinderen is op praktisch gebied vaak groter dan op sociaal en emotioneel gebied. Het is daarom belangrijk om via metacommunicatie het kind duidelijk te maken wat er speelt. Voor metacommunicatie zijn een aantal basale regels te formuleren (in overzicht 4 staan ze bij elkaar).

### 3.4.1 *Maak het doel van het gesprek duidelijk*

Het is belangrijk om het doel van een gesprek duidelijk te maken. Ook tussendoor, als de vragensteller vindt dat een onderwerp voldoende is uitgediept en hij of zij een nieuw onderwerp aansnijdt, is het van belang dit te benoemen.

Degene die een gesprek aangaat, heeft daar een bedoeling mee. Daarmee heeft hij of zij een voorsprong op de ander. Wil je gelijkwaardigheid dan zal je die voorsprong teniet moeten doen door het doel te verwoorden. Voor een goed gesprek is *gelijkwaardigheid*, en niet noodzakelijkerwijs *gelijkheid*, noodzakelijk.

Het niet kennen van het doel van een gesprek kan een kind onzeker maken en angst oproepen. De verwachting van een kind bij een 'serieus' gesprek met volwassenen is vaak dat er een onaangenaam onderwerp besproken gaat worden. Dit kan spanning oproepen die zelfs tot angst kan leiden.

Het is belangrijk dat een kind weet wat er van hem of haar verwacht wordt, bijvoorbeeld dat er geen 'goede' of 'foute' antwoorden zijn, maar dat de volwassene oprecht de eigen mening van het kind wil weten.

> *Wat ik graag van je wil horen, is jouw mening. Alles wat je zegt is oké, als het maar is zoals jij het vindt.*

Kennis over de situatie geeft het kind er macht over en dat is in een gesprek een beter uitgangspunt dan machteloosheid. Het stimuleert gelijkwaardigheid.

> *Kijk, dit is een interview, dat is net zoiets als journalisten doen, een vraaggesprek om er achter te komen wat iemand van iets vindt. Nou, dat wil ik ook graag. Ik weet hoe ik vragen moet stellen, maar jij weet wat je van deze school vindt en dat wil ik juist weten.*

Benut de ervaringsdeskundigheid van het kind. Maak duidelijk dat alleen kinderen zelf het beste kunnen oordelen over hun situatie. Vertel dat het bovendien lang geleden was dat je zelf een kind was en dat je al een hoop vergeten bent.

### 3.4.2 *Laat een kind weten wat je intenties zijn*

Naast het algemene doel van het gesprek zijn er ook subdoelen, persoonlijke intenties en emotionele intenties (oefening 3.22, bijlage 1). Mensen hebben verschillende doelen bij een gesprek. Algemene doelen zoals het verkrijgen van informatie en persoonsgebonden doelen zoals de behoefte om als interviewer gewaardeerd te worden. Het bewust zijn van deze verschillende doelen met hun verschillende belangen kan het proces van gespreksvoering bevorderen. Wanneer een gesprek niet naar wens verloopt of wanneer het stroef verloopt, kan het zinnig zijn om na te gaan wat de eigen bedoeling is (geweest) en wat de bedoeling van de ander met het gesprek is (geweest). Wij gaan er in de communicatie meestal vanuit dat onze (goede) bedoelingen duidelijk zijn voor de ander, terwijl dat beslist niet altijd het geval is. Daarentegen gaan we wat makkelijker uit van minder goede bedoelingen bij onze gesprekspartner, terwijl ook dat beslist niet altijd het geval is. Het verwoorden van onze (goede) bedoelingen zal de motivatie voor het gesprek verhogen en zal de spanning bij een moeilijk gesprek verlagen.

> *Het lijkt alsof je schrikt van deze vraag? Sorry, het is niet mijn bedoeling om je te laten schrikken.*

> *Ik wil graag weten wat jij van de juf vindt, om beter te begrijpen hoe het is om bij de juf in de klas te zitten. Ik wil dat heus niet doorvertellen aan je juf. Dat is geheim, ik wil alleen beter begrijpen hoe het voor jou is. Maar als je dat vervelend vindt, doen we het niet.*

> *Maak ik je soms verdrietig met deze vraag? Ik wil je niet verdrietig maken, maar ik wil graag .... begrijpen. Als je het vervelend vindt, dan hoef je heus niet te antwoorden, maar ik vind het wel fijn als je het wel kunt.*

Het is hierbij fundamenteel om de bedoeling duidelijk te hebben. Grofweg zou je kunnen stellen dat er onduidelijkheid bestaat over de wederzijdse bedoelingen wanneer een gesprek – welk gesprek dan ook – niet goed verloopt en er wrijving ontstaat. Aan een gesprek dat slecht loopt, ligt vaak ten grondslag dat de één bij de ander vervelende bedoelingen vermoedt. Een 'gouden regel' bij een gesprek dat niet goed loopt, of het nu met kinderen is of met volwassenen, is dan ook terug te gaan naar de bedoelingen die de gesprekspartners hebben. Dit is het meest belangrijke element van metacommunicatie. Het is tevens een belangrijk reparatiemiddel als een gesprek niet goed en stroef verloopt (oefening 3.23, bijlage 1).

### 3.4.3 *Laat een kind weten dat je feedback nodig hebt*

Kinderen zijn minder geneigd feedback te geven aan volwassenen. Dit wordt vooral door twee factoren veroorzaakt. Ten eerste kennen ze de regels die aan gespreksvoering ten grondslag liggen nog onvoldoende, om de noodzaak van feedback te begrijpen. Ten tweede zien ze de volwassene als almachtig en staan ze er niet bij stil dat hij of zij feedback nodig zou kunnen hebben. Zeker wanneer je wilt uitwisselen, informatie wilt of hulp wilt bieden, is het belangrijk om de almacht van de volwassene te relativeren. Een volwassene kan een gesprek niet goed voeren zonder feedback te krijgen. Feedback kan zowel verbaal als non-verbaal zijn. De meest belangrijke bron voor feedback is het oogcontact waardoor zichtbaar wordt of het kind luistert en geïnteresseerd is.

Het is voor kinderen vaak verrassend en soms ook lachwekkend om te horen dat een volwassene een signaal nodig heeft van een kind dat het luistert, omdat hij of zij anders niet zeker weet of het kind het gehoord heeft. Alsof het kind tijdelijk doof is. De verschillen in concentratie en de gevolgen daarvan zijn voor het kind nog niet duidelijk.

*Je vindt het misschien vreemd, maar ik weet niet zeker of je me gehoord hebt als je niet antwoordt. Stom hè, maar dan denk ik: misschien was ze wel even een soort doof en heeft ze niet gehoord wat ik gezegd heb.*

*Ja, het is misschien wel raar, maar wil je even naar me kijken of knikken of zoiets om me te laten weten dat je me gehoord hebt? Ik heb dat nodig om te weten dat je me gehoord hebt.*

Wanneer het kind het eens is met een uitspraak of een vraag vanzelfsprekend vindt, zal het vaak minder geneigd zijn feedback te geven. Het gezegde 'Wie zwijgt, stemt toe', gaat in dit geval vaak op voor jonge kinderen. Het is echter goed om dat even te controleren, omdat zwijgen ook andere betekenissen kan hebben.

### *3.4.4 Laat een kind weten dat het mag zwijgen*

Mensen vind het vaak moeilijk als er een stilte valt in een gesprek, als de gesprekspartner zwijgt. Mensen hebben de neiging om een stilte in te vullen met de eigen 'monsters'. Van stiltes in gesprekken, zeker als het spannende gesprekken zijn, worden mensen vaak onzeker. Terwijl zwijgen vele betekenissen heeft, en stiltes zelfs noodzakelijk zijn om het besprokene te kunnen verwerken.

Stiltes, ook zeer korte stiltes, kunnen aanmoedigend zijn (Lang en Van der Molen, 1998), omdat een kind de gelegenheid krijgt om het besprokene tot zich door te laten dringen en een reactie te laten opkomen en er woorden voor te vinden. Sprekend over de hulpverleningspraktijk onderscheiden Hackney en Cormier (1979) stiltes die door de hulpverlener veroorzaakt worden en stiltes die de cliënt laat vallen. Een korte stilte kan uitnodigend zijn, een lange stilte kan het gesprek doen vastlopen (Lang en Van der Molen, 1998).

Zwijgen is een stilte die geïnterpreteerd moet worden. Zwijgen is, naast het verwerken van wat er gezegd is, moeite met het onderwerp zelf hebben of niet meer weten wat te zeggen, voor kinderen ook een manier om de volwassene te laten weten dat ze niet op een vraag in willen gaan. Hiervoor kan het kind verschillende redenen hebben. Het is voor de volwassene belangrijk om te weten wat de aard is van het zwijgen.

*Je antwoordt niet, maar misschien weet je niet goed wat je moet zeggen of wil je eigenlijk niet antwoorden. Ik wil best even wachten, maar als je niet wilt antwoorden, mag dat ook, dan gaan we gewoon met een andere vraag verder. Ik probeer het eerst nog een keer: Vertel eens....*

*Ik weet niet of je er niet over wilt praten, of dat je het niet kan. Als je het niet wilt, dan mag dat best, maar dan is het handiger om tegen me te zeggen: ik wil er liever niet over praten.*

*Ik merk dat je even stil bent, kun je eens vertellen hoe dat komt, volgens jou?*

Het is belangrijk het kind te laten voelen dat het vrij is om ergens niet over te praten en dat het in dat geval de volwassene niet teleurstelt, of in ieder geval dat de volwassene het accepteert.

*Mijn indruk is dat je niet wilt antwoorden. Dat vind ik heel jammer, want ik vind het een heel belangrijke vraag, maar jij hebt er jouw redenen voor waarom je liever niet antwoordt en dat is oké.*

Vaak is het zwijgen van het kind een soort 'hou je adem in en stik niet'. Het kind voelt dat de volwassene misschien hulp te bieden heeft, maar weet het niet zeker en durft zich nog niet te verbinden. Het wil de magie niet verbreken door te praten, maar wacht af of de volwassene met een verlossend woord komt of met een oplossing voor het probleem waar het kind mee kampt. Een onzekere volwassene zal de neiging hebben om zwijgen te interpreteren als een weigering om te praten. Het zwijgen van het kind kan ook een stilvallen zijn dat ontstaat doordat er iets gezegd wordt wat het kind raakt. Iemand die weinig empathisch is, zal de magie van het gespreksmoment niet aanvoelen en het moment en het woord missen dat het kind als een sleutel ervaart.

Om open te staan voor de verschillende vormen van zwijgen van het kind, is het zinnig om te proberen meer bewust te worden van het eigen zwijgen tijdens gesprekken en de verschillende vormen ervan en redenen ervoor. Er bestaat een groot verschil tussen zwijgen uit verzet tegen een gesprek en zwijgen vanuit spanning of belangstelling (oefening 3.24, bijlage 1).

### *3.4.5 Probeer te benoemen wat je voelt en volg wat je voelt*

Zeker wanneer je te maken hebt met een moeilijk gespreksonderwerp of met een spanningsvolle situatie, gaan je gedachten, ook als volwassene, makkelijk met je op de loop wanneer je onzeker bent. Toch zit onder die onzekerheid vaak een intuïtie waardoor je wel aanvoelt wat er aan de hand is, maar er nauwelijks op durft te vertrouwen. Je kunt uiteraard fouten maken door op je intuïtie af te gaan, maar met het tegenovergestelde, namelijk door niet te luisteren naar je intuïtie, loop je meer risico fouten te maken. Door het tegenovergestelde te doen van wat je aanvoelt of na te laten te doen of te zeggen wat je aanvoelt, loop je vaker het risico fouten te maken dan wanneer je je gevoel volgt.

*Soms is iemand verdrietig en voel je de behoefte om een arm om hem of haar heen te leggen. Je denkt er niet over na, maar doet het gewoon. Maar soms is iemand verdrietig en twijfel je of je wel of niet een arm om hem of haar heen moet leggen. Die twijfel wordt ergens door opgeroepen, het meest verstandige is dan om die twijfel serieus te nemen en niets te doen. Soms voel je de behoefte een arm om iemand heen te doen, maar je voelt tegelijk dat die ander dat aan de ene kant wel zou willen, maar er aan de andere kant geen raad mee weet. Dat kan je oplossen door te zeggen: 'In gedachten heb ik even een arm om je heen gedaan.' Verbaal heb je dan de steun gegeven die non-verbaal blijkbaar tegenstrijdig aan je gevraagd werd.*

### *3.4.6 Nodig het kind uit zijn of haar mening over het gesprek te geven*

Kinderen hebben net zo goed als volwassenen een mening over een gesprek. Deze mening is waardevol en kan de volwassene inzicht geven in hoe het kind het gesprek beleeft. Op grond daarvan kan het gesprek eventueel bijgestuurd worden in een meer vruchtbare richting of kan er voorkomen worden dat het gesprek doodloopt zonder echt tot belangrijke uitspraken te zijn gekomen. Het is voor de vrager echter belangrijk een werkelijk open vraag te stellen aan het kind over diens mening over het gesprek. Daarvoor is nodig dat de vrager ieder antwoord aankan, zowel een positieve mening als een negatieve. Ben je als volwassene erg afhankelijk van bevestiging, dan zal het kind al snel onzekerheid bespeuren in de wijze waarop de vraag gesteld wordt en loopt de vrager het risico sociaal wenselijke antwoorden te krijgen (oefening 25 en 3.26, bijlage 1). Om dat te voorkomen, is het zinnig om een aantal sociaal niet wenselijke voorbeelden te noemen (oefening 3.27, bijlage 1).

> (In een gesprek over stelen). *Alle kinderen nemen wel eens iets weg, dus het zou niet vreemd zijn als jij dat ook had gedaan.*

> (In een gesprek over angst voor school). *De juffrouw is wel aardig, maar natuurlijk niet altijd.*

Het is tevens belangrijk open te staan voor de consequenties van de gevraagde mening. Soms kan het voor een kind erg moeilijk zijn een bepaalde mening te uiten. Dit is bijvoorbeeld het geval wanneer het kind door de mening in een loyaliteitsconflict terecht komt. Het is niet altijd mogelijk een kind dat in loyaliteitsconflict vastzit te helpen of het te voorkomen. Een kind in loyaliteitsconflict brengen, is echter schadelijk voor het kind. Het kan betekenen dat het beter is het gesprek te beëindigen. Het is verstandig in een belangrijk gesprek met een kind, je bewust te blijven van de verschillende loyaliteiten waar het kind in verbonden is (oefening 3.28 en 3.29, bijlage 1).

### *3.4.7 Maak metacommunicatie een vast onderdeel van de communicatie*

Metacommunicatie is een fundamenteel onderdeel van een goede en vruchtbare communicatie. Het zou daarom een standaard onderdeel van gespreksvoering moeten zijn (oefening 3.30, bijlage 1). Vaak hebben mensen moed nodig om te zeggen wat ze van een gesprek vinden, maar meestal blijkt het enorm op te luchten en ruimte te scheppen om hun mening te uiten. Natuurlijk kan je de fout ingaan, maar in principe blijft een krachtig element overeind staan: de bedoeling was goed. Met behulp van metacommunicatie over de bedoelingen kan een dergelijke fout weer rechtgetrokken worden. De ander staat daar in principe altijd voor open. Zeker kinderen hebben een enorme capaciteit tot positief contact. Kinderen blijven anderen kansen geven (oefening 3.31, bijlage 1). Ze zullen bijvoorbeeld contact met hun ouders blijven zoeken, ook als die hen verwaarlozen of zelfs mishandelen (Boszormenyi-Nagy en Spark, 1973; Dekker en Biemans, 1994). Metacommunicatie maakt het mogelijk om de gespreksgrond gezamenlijk te houden en misverstanden te voorkomen (oefening 3.32 en 3.33, bijlage 1).

Ter afsluiting staan de voorwaarden van metacommunicatie in een overzicht.

**Overzicht 4:** *Voorwaarden van metacommunicatie*

| **Voorwaarden van metacommunicatie** | |
|---|---|
| 1 | Maak het doel van het gesprek duidelijk. |
| 2 | Laat een kind weten wat je intenties zijn. |
| 3 | Laat een kind weten dat je feedback nodig hebt. |
| 4 | Laat een kind weten dat het mag zwijgen. |
| 5 | Probeer te benoemen wat je voelt en volg wat je voelt. |
| 6 | Nodig het kind uit zijn of haar mening over het gesprek te geven. |
| 7 | Maak metacommunicatie een vast onderdeel van je communicatie. |

## 3.5 DE DESKUNDIGHEID VAN DE GESPREKSPARTNERS

Mensen zijn op allerlei manieren met elkaar in gesprek, op georganiseerde en op ongeorganiseerde wijze. Ze praten, kwebbelen, discussiëren, voeren hulpverleningsgesprekken, intakegesprekken, adviesgesprekken, kringgesprekken, groepsgesprekken. Het interview of het open vraaggesprek is een bijzondere vorm van het voeren van een gesprek. Het centrale doel van een interview is *het verkrijgen van informatie.* Dus niet het uitwisselen, het geven van adviezen, aanwijzingen of het verlenen van hulp. Het hulpverleningsgesprek en het interview lijken fundamenteel verschillende gesprekken, maar toch zijn er belangrijke overeenkomsten. Je kunt zelfs stellen dat een goed hulpverleningsgesprek de kenmerken van een interview in zich moet bergen.

Het verschil lijkt te zijn dat de volwassene bij het interview vooral op het verkrijgen van informatie van het kind uit is en bij hulpverlening vooral op het geven van informatie aan het kind. In het interview wordt de bevraagde als de deskundige gezien en bij de hulpverlening de hulpverlener. Nu is dat laatste juist een valkuil. De hulpverlener die ervan uitgaat dat hij of zij zelf de deskundige is, en niet de cliënt, zal zelden effectieve hulp kunnen bieden. Uiteindelijk is de hulpverlener namelijk geheel afhankelijk van de informatie van de cliënt. Als hij of zij de cliënt ziet als een ongelijkwaardige partner, zal de informatie nauwelijks naar waarde geschat kunnen worden. Hoe meer respect de hulpverlener voor de deskundigheid van de cliënt heeft, des te beter zal hij of zij informatie krijgen. Des te beter ook zal de hulpverlener een instrument kunnen zijn in een verbetering van de situatie van de cliënt. De hulpverlener is deskundig op een algemeen niveau, de cliënt op een specifiek niveau.

*Els, een vijfjarig meisje dat in een kinderhuis woonde, werd heel boos en sloeg onbedaarlijk met haar schoen tegen een ijzeren balustrade: boem, boem, boem. De groepsleidsters waren al veel vaker geconfronteerd met deze boze uitbarstingen en waren het moe om steeds opnieuw vruchteloos te proberen haar gedrag bij te sturen. Uiteindelijk werd de tactiek om haar maar te laten uitrazen, want opmerkingen als 'Hou daar eens mee op!' werkten niet. Wat wel meteen hielp, was bij het slaande kind neerhurken en zeggen: Wat moet jij verdrietig zijn als jij zo boos doet! Onmiddellijk sprongen de tranen in haar ogen en stopte ze vanzelf met slaan. Het kind als gelijkwaardig zien en als deskundig op haar eigen gebied, betekent dat je het kind uitlegt wat het gedrag voor gevolgen heeft en waarom je er wat aan wilt doen: 'Als jij zoveel lawaai maakt, dan wil iedereen alleen maar dat je ophoudt en weten ze dat alleen maar te zeggen, terwijl jij eigenlijk verdrietig bent en troost wilt. Kan je niet wat anders verzinnen dan slaan, om te laten merken dat er wat aan de hand is? 'Nee', zei dit kind, 'zo doe ik altijd en zo doet mama thuis ook.' 'Tja', antwoordde de volwassene, 'dat is erg moeilijk. Ik weet niets beters te verzinnen dan dat je iets anders zou moeten doen, waardoor niet iedereen vervelend tegen je gaat doen en jij toch je rotgevoel kwijt kan en ze je kunnen troosten. Misschien vind je het wel zeurderig van me, maar ik wil toch graag dat er iets anders gebeurt dan slaan op het hek. Ik weet niet hoe we je anders kunnen helpen. Denk eens diep na, weet je misschien toch iets wat anders zou helpen in plaats van slaan?' En dit vijfjarige meisje, dat beslist geen hoogvlieger is, komt met een oplossing die een volwassene beslist niet had kunnen verzinnen. Het is een hulpantwoord dat totaal op haarzelf is toegesneden: 'House'! Meteen was duidelijk dat housemuziek op een constructieve manier de woedende hartslag van 'boem, boem, boem' kon overnemen. De afspraak werd dat zij voortaan naar haar housemuziek rent wanneer ze boos is, om het eerste rotgevoel kwijt te raken. Ze paste dit met verve toe.*

Het gelegenheid bieden aan de cliënt om zijn of haar verhaal te vertellen, vormt een eerste hulp die verleend wordt. Het meelevend en belangstellend luisteren, geeft een tweede wezenlijke hulpinterventie, namelijk: *'Jij bent de moeite waard om naar te luisteren'* en *'Jouw verhaal is de moeite waard om naar te luisteren'.* Het is niet voor niets dat interviewsituaties door mensen vaak als prettig ervaren worden (oefening 3.34, bijlage 1). Het is geen eenrichtingverkeer, de bevraagde 'krijgt' door het luisteren iets van de interviewer. Je kan jezelf als interviewer en als hulpverlener al een stuk zekerder voelen, door je te realiseren dat je de ander al iets geeft alleen al door informatie te willen krijgen en door te luisteren. Veel hulpverleners zijn sterk oplossingsgericht, terwijl de sleutel van de oplossing vaak in de ordening door de cliënt zelf ligt en door het feit dat hij of zij het verhaal kwijt kan. Voor mannelijke hulpverleners geldt vaak nog sterker dan voor vrouwen dat zij oplossingsgericht zijn.

In veel situaties is er een voortdurende wisseling van onderlinge deskundigheid. Een leerkracht die een kind iets wil leren, is bij uitstek de deskundige die weet wat er geleerd moet worden en hoe en waarom. Het kind is daarin de ondeskundige. Daarentegen heeft het kind deskundigheid over of het op dat moment optimaal in staat is de stof te ontvangen en wat wel en niet werkt. Die deskundigheid is beperkt, omdat het kind de leerstof niet kan overzien. Toch is het zinnig om naar de deskundigheid van het kind te vragen omdat het de leersituatie zal optimaliseren. In het *adaptief onderwijs* is daar veel meer ruimte voor dan in het klassieke klassikale onderwijs. In haar onderzoek over hoe kinderen hun school ervaren, geeft Johanna Kiili (1999) aan dat kinderen de school vaak als niet zo prettig ervaren en dat zij vooral meer te zeggen willen hebben over het leerplan. Daarnaast zouden ze willen dat de school meer onderwerpen behandelt die hen interesseren.

Wanneer kinderen met problemen kampen in de thuissituatie, is hun deskundigheid op dat gebied groter dan die van de leerkracht. Flexibiliteit in het ervaren van jezelf als deskundige is daarom belangrijk. Ook binnen een gesprek wissel je van deskundige naar niet-deskundige. Hoe meer je daarvoor openstaat, des te vruchtbaarder zal een gesprek zijn.

## 3.6 DE VERSCHILLENDE BELANGEN VAN GESPREKSPARTNERS

In ieder gesprek hebben alle partners belangen. Deze belangen zijn vaak niet hetzelfde. In een interviewsituatie met een kind zal de interviewer graag veel en juiste informatie willen krijgen van een kind. Maar de interviewer wil ook als interviewer gewaardeerd worden, een 'goed' interviewer zijn, en wil ook als mens gewaardeerd worden. Een kind dat geïnterviewd wordt, zal in principe willen voldoen aan de verwachting van de interviewer. Het wil een 'goede bevraagde' zijn, maar het wil ook als kind gewaardeerd worden. Dit laatste element zorgt ervoor dat een kind, maar een volwassene net zo goed, de neiging heeft in een dergelijke situatie *sociaal wenselijke antwoorden* te geven, dat wil zeggen dat het kind die antwoorden geeft waarvan het denkt dat de interviewer ze wil horen. De 'bevraagde' past zich aan de 'vrager' aan. Hetzelfde geldt voor de hulpverleningssituatie: de cliënt past zich aan de hulpverlener aan. Dit effect is indertijd onderzocht voor de wetenschappelijke onderzoekssituatie.

*In de psychologie is een tijdlang een tak van onderzoek intensief gewijd geweest aan het 'proefleidereffect'. De resultaten van het onderzoek naar dit effect toonden aan dat proefpersonen in een psychologisch experiment zich gedroegen naar het idee dat zij hadden van het doel van het onderzoek en de verwachting van de proefleider. De resultaten van psychologische experimenten bleken minder zuiver te zijn dan eerst gedacht werd: het proefleidereffect speelde een belangrijke rol in de totstandkoming van de onderzoeksresultaten. (Rosenthal, 1976). Op grond hiervan werd de strategie van wetenschappelijk onderzoek aangepast. Er wordt nu gewerkt met 'blind' en 'double blind' onderzoeksopzetten, waarbij de bedoelingen en verwachtingen aan proefleider en proefpersonen niet bekend zijn.* ⊠

Het effect van aanpassen zien we op verschillende terreinen. Een volwassene bijvoorbeeld die zelf moeite heeft met seksualiteit (en bestaan er mensen die dat niet hebben?!) zal al gauw merken dat een ander niet écht open of eerlijk tegen hem of haar kan zijn over dat onderwerp, omdat die ander voelt dat het onderwerp die volwassene in verlegenheid brengt. Een hulpverlener die graag wil dat het kind altijd eerlijk is en nooit eens uit de bocht vliegt, zal al gauw een kind tegenover zich vinden dat liegt om de hulpverlener plezier te doen. Sociaal wenselijke antwoorden zijn niet te voorkomen, wel kan je laten merken dat je open staat voor een eerlijk antwoord en niet meteen veroordeelt.

Wanneer een onderwerp gevoelig ligt, is de kans op sociaal wenselijke antwoorden groter. Dit geldt des te meer wanneer het onderwerpen betreft waar het kind door volwassenen op wordt aangesproken. Het kind zal dan eerder vervallen tot korte antwoorden en de volwassene zal, mogelijk als reactie hierop, meer gesloten vragen stellen, waardoor de situatie verslechtert.

*Ja en wat vind je van pijn?*
    *Niet leuk.*
*Nee. En eh als je dan zo boos bent he, hoe houdt dat dan op?*
    *Ga ik terug slaan gewoon.*
*Ga je terug slaan?*
    *Ja.*
*Ja, en dan houdt het op?*
    *Ja.*
*Ja. En ben je dan ook nog boos?*
    *Nee.*
*Nee, dan ben je niet meer boos?*
    *Nee.*
*En die ander is die dan nog boos?*
    *Ja eh nee.*
*Die ander is dan niet meer boos?*
    *Nee.*
*Nee. En eh zeggen jullie nog iets, als je niet meer boos bent?*
    *........... Nee.*
*Dan zeggen jullie niets meer. Ga je dan daarna nog eh nog met elkaar spelen?*
    *Ja eh nee.*
*Als je op iemand boos bent geweest, dan ga je niet met hem spelen?*
    *Nee.*

*Nee. Waarom niet?*
*Dan ben ik gewoon boos.*
*Dan ben je boos?*
*Ja.*
*En dan kan je niet met iemand* spelen?
*Nee.*

Om te voorkomen dat je in een dergelijke situatie terechtkomt, is het zinnig om het kind te laten weten dat het op het onderwerp niet veroordeeld wordt. Bijvoorbeeld dat boos zijn iedereen wel overkomt, de volwassene ook, en dat de mening van het kind écht welkom is. Het kan erg behulpzaam zijn om iets van jezelf te laten weten in zo'n geval.

*Ik geloof dat je het niet zo leuk vindt om erover te praten hoe je doet als je boos bent. Ik ben ook wel eens boos en dan schaam ik me soms wel eens daarna hoe ik gedaan heb. Misschien heb jij dat ook wel.*

Het soort vragen beïnvloedt sociaal wenselijke antwoorden. Vooral jonge kinderen zijn makkelijk te beïnvloeden door gesloten en suggestieve vragen door volwassenen. Bijvoorbeeld: 'Vind je het hier saai of gezellig?' (gesloten) of 'Jij hebt het wel naar je zin bij je pleegouders, hè?' (suggestief). Vragen moeten zo open en neutraal mogelijk gesteld worden, zodat de kinderen daaruit niet de mening of de verwachting van de ander kunnen afleiden. Dus liever: 'Vertel eens iets over het wonen hier.'

De kans op sociaal wenselijke antwoorden wordt kleiner als de vragen zodanig worden geformuleerd, dat

- het kind merkt dat ieder antwoord welkom is.
- het antwoord geen rechtstreekse veroordeling hoeft in te houden van direct betrokkenen. Bijvoorbeeld: '*Welke juf of meester op de hele school is het beste?'*
- het niet meer direct over het kind zelf gaat. Bijvoorbeeld: *'Hoe vinden je broer en zus het om niet meer bij je moeder te wonen?'* Op het antwoord kan dan de vraag volgen: *'En jij?'*
- een ontkenning niet voor de hand ligt. Bijvoorbeeld: *'Wat doe jij als je boos bent?'* is beter dan *'Ben jij wel eens boos?'*
- de vragen niet gesloten zijn.

Daarnaast is het goed om het kind te ondersteunen in uitlatingen die minder makkelijk zijn.

*Nou, dat vind ik dapper van je dat je zegt dat je ouders gemeen zijn, want je vindt het natuurlijk ook moeilijk om te zeggen, het zijn ook je ouders.*

*Dat je dat zegt, van dat pikken, dat vind ik goed van je! Pikken is wel niet goed, dat vind je zelf ook, maar ik begrijp nu beter wat er aan de hand is, nu je dit verteld hebt.*

*Misschien ben je bang dat ik alleen maar aardige verhaaltjes wil horen over deze klas, omdat ik zei dat het zo'n leuke klas leek, maar je mag alles zeggen wat je echt vindt. Ik wil vooral écht weten wat je vindt.*

Hoe nieuwer de situatie is, des te meer behoefte hebben kinderen aan informatie over hun functioneren. Het is nuttig je bewust te zijn van deze aspecten en ze onder woorden te brengen. Een interviewsituatie is een nieuwe situatie voor het kind; zo ook het aansnijden van een moeilijk onderwerp. Kinderen staan vaker voor nieuwe situaties dan volwassenen. Zij hebben dus vaker behoefte aan informatie over hun functioneren. Ervaring met een situatie doet de onzekerheid in het algemeen afnemen. Dat komt door twee aspecten: je weet beter wat er van je gevonden wordt in een dergelijke situatie en je weet beter wat er van je verwacht wordt.

In eerste instantie hebben mensen, groot en klein, de behoefte positief beoordeeld te worden. Het is dan ook zinnig om zulke elementen te benoemen. Soms lijkt het alsof er weinig positiefs te zeggen valt, maar hoe moeizaam iets ook gaat, hoe moeilijk iemand ook is, er is altijd wel wat positiefs te ontdekken, dat verwoord kan worden.

*Nou, wat schieten wij lekker op; jij kunt heel goed vertellen wat je van iets vindt.*

*Ik leer door jou niet alleen veel van over hoe kinderen zich in een kinderhuis voelen, maar ik vind het nog gezellig ook.*

*Ik merk dat jij heel erg je best doet om mijn vragen te beantwoorden, wat aardig van je, dank je wel.*

Een ouder, hulpverlener of een leerkracht is veel meer betrokken bij een kind dan een interviewer. Ze hebben ook een eigen geschiedenis met het kind. Dat heeft zijn voor- en nadelen. Het betekent dat er veel bekend is over de onderlinge sympathie, de onderlinge betrouwbaarheid en de onderlinge intenties. Maar ook zijn er (voor)oordelen en kunnen er gebeurtenissen hebben plaatsgevonden die nadelig op het contact inwerken. Een onbekende interviewer heeft de tegenovergestelde voor- en nadelen. De interviewer kan 'blanco' beginnen, maar moet wel intenties duidelijk maken en moet een minimale *vertrouwensrelatie* vormgeven. De kwaliteit van ieder gesprek is afhankelijk van de mate van *vertrouwen* tussen de gesprekspartners. Dat vertrouwen heeft te maken met welke mening over elkaar ontstaat als mens, en wat er met de informatie uit het gesprek gedaan wordt (oefening 3.35, bijlage 1).

Hoe meer vertrouwen, des te soepeler verloopt het gesprek. Het is daarom belangrijk om in een gesprek aandacht te besteden aan het (opbouwen van) vertrouwen. Vertrouwen hangt nauw samen met het ervaren van contact. Het maken van contact is voorwaarde tot het komen tot een vertrouwde of een vertrouwensrelatie. Hierbij spelen warmte en respect een belangrijke rol. In dit kader is het goed om erbij stil te staan dat het succes bij therapieën voor het grootste deel afhankelijk is van non-specifieke factoren, waarbij de factor 'aardig zijn' een van de belangrijkste is (Frank, Hoenh-Saric en Imber, 1978).

Het gaat echter niet alleen om het vertrouwen van de bevraagde in de vrager, van het kind in de ouder, van de leerling in de leerkracht of van de cliënt in de hulpverlener. Er moet een wederzijds vertrouwen zijn, een tweerichtingsverkeer. Als een ouder geen vertrouwen heeft in het kind, zal het gesprek geen succes worden. Zo'n ouder trekt de informatie die gegeven wordt in twijfel, toont onvoldoende interesse of vraagt onvoldoende door. Hetzelfde gaat op voor hulpverleners of interviewers.

Wanneer interviewers weinig informatie van een bevraagde krijgen, wijten ze dat vaak aan eigenschappen van de bevraagde in plaats van naar de eigen persoon te kijken of naar de omstandigheden van het gesprek. Vaak zijn het argumenten waardoor interviewers zichzelf beschermen: de bevraagde zit in een crisis en kan daardoor zijn of haar situatie niet overzien; hij kan zijn hulpvraag niet verwoorden; de bevraagde is 'gesloten'.

Hetzelfde geldt voor een leerkracht of een hulpverlener. Als deze zelf geen vertrouwen heeft in het kind zal het gesprek minder vruchtbaar verlopen.

Bij een hulpverleningsgesprek is het belangrijk voor kinderen wat er met de informatie uit het gesprek gedaan wordt naar hun ouders of verzorgers toe. Hoewel hulpverleners daar naar kinderen toe vaak weinig expliciet in zijn, is het voor kinderen van het grootste belang. Kinderen zijn vanuit hun afhankelijkheid gebonden in loyaliteit aan hun verzorgers en in eerste instantie aan hun ouders. Het is daarom belangrijk om aan het kind uit te leggen of, en zo ja, welke informatie uit het gesprek aan de ouders gegeven wordt.

## 3.7 LOYALITEIT

De loyaliteit die kinderen ten opzichte van hun ouders ervaren, vormt een extra probleem in gespreksvoering met hen. Zeker wanneer het gevoelige onderwerpen betreft. In de paragraaf over 3.4.6 is het belang van loyaliteit reeds aangestipt. Kinderen zijn in loyaliteit aan hun ouders gebonden (Boszormenyi-Nagy en Spark, 1973), vanuit een diepgewortelde afhankelijkheid. Een kind zal altijd loyaal zijn, ook wanneer het kind misbruikt of mishandeld wordt. Het zal meestal slechts tijdelijk de loyaliteit aan zijn of haar ouders verbreken om aan de situatie te kunnen ontsnappen.

Een hulpverlener, interviewer of leerkracht die de loyaliteit van een kind naar de ouders aantast, zal een gebrekkig contact blijven houden. Het kind zal niet zijn of haar diepste gevoelens durven laten zien, uit angst dat dit gevolgen zal hebben voor zijn of haar ouders of de relatie met hen. De loyaliteit ten opzichte van ouders respecteren, betekent niet dat niets negatiefs over ouders gezegd wordt. Het betekent dat ondanks negatieve uitlatingen over de ouders, deze toch in hun waarde gelaten worden en er geen partijdigheid ontstaat. Een kind dat aan een hulpverlener merkt dat deze het kind niet zal afvallen, maar ook de ouders niet, zal veel meer blootgeven over problemen met zijn of haar ouders dan een kind dat voelt dat zijn of haar ouders veroordeeld worden of goedgepraat.

> *Wat beroerd voor je dat je geslagen wordt. Eigenlijk gemeen van je vader, maar het moet voor hem toch ook heel erg zijn dat hij zijn eigen kind slaat. Hij wil vast zelf ook wel anders.*

> *Ik vind het wel erg wat je vertelt, het is niet eerlijk dat je meemaakt dat je ouders zo tegen je doen. Ik weet best wel dat jij vervelend kan doen, maar je verdient niet dat iemand zo tegen je doet. Dat vinden je ouders natuurlijk ook, dat kan haast niet anders.*

Een kind dat een volwassene tegenover zich heeft die niet één partij trekt, maar *meervoudig partijdig* is (Boszormenyi-Nagy en Spark, 1973), zal zich vrijer voelen zich te uiten.

> *Halima was erbij toen haar vader haar moeder doodde. De politie wilde een inschatting van de toerekeningsvatbaarheid van de vader. Het moordwapen was duidelijk en ze vroegen het zesjarige kind hoe vaak haar vader had gestoken. Het kind antwoordde niet. Ten eerste omdat de vraag haar dwong het beeld voor ogen te halen van het gebeurde. Dit kon en wilde ze natuurlijk niet. Haar hersenen probeerden koortsachtig de beelden weg te duwen. De politie kon zich niet voorstellen dat het kind wel degelijk deskundig was over de toestand van haar vader. Ze was erbij en kende haar vader. Maar de vraag van het aantal steken boorde die kennis niet aan. Een kind dat getuige is van de moord door haar vader op haar moeder telt de steken niet die worden toegediend.*
> *Een hulpverlener respecteerde de loyaliteit ten opzichte van de vader en alle betrokkenen (meervoudige partijdigheid) in de formulering 'Het is stom dat je moeder dood is, dat is erg voor haar. En het is erg voor jou. Weet je, het is niet normaal als een vader een moeder doodmaakt,en ik weet zeker dat je vader dat ook niet vindt. Hierdoor kon het kind naar buiten brengen waar het al die tijd mee kampte: 'Toen pappa nog bij ons woonde, is hij een keer bij mij in de slaapkamer geweest en toen zei hij dat iets in zijn hoofd zei dat hij mama dood moest maken als ze wegging.' Het kind reageerde feillos op het woord 'niet normaal' en kon toen haar vader gerespecteerd werd, haar loden last vertellen. Haar zin maakt ook duidelijk dat ze belangrijke informatie heeft over de toerekeningsvatbaarheid van haar vader.*

Meervoudige partijdigheid betekent niet per se een neutrale opstelling. Het betekent dat er actief achter iedere partij gestaan wordt. In de voorbeelden hierboven is dat het geval. Er wordt partij getrokken voor het kind ten opzichte van de ouders, en tegelijk voor de ouders ten opzichte van het kind.

Loyaliteit aan ouders merk je bijvoorbeeld wanneer een kind vreselijke dingen over zijn ouders zegt, maar ze gaat verdedigen als iemand anders kritiek op ze heeft. Als de volwassene respect voor ouders kan blijven hebben en tegelijk de pijn van het kind respecteert, kan het kind zijn of haar ellende makkelijker vertellen. Daarnaast is het belangrijk om reeds vanaf het begin van het gesprek duidelijk te maken wat er met de informatie uit het gesprek gebeurt, of ouders of andere belangrijke personen voor het kind dit te horen zullen krijgen.

## 3.8 TAALVAARDIGHEID EN GESLOTENHEID

Wanneer een kind weinig vertelt, hoeft dat niet altijd een negatieve reden te hebben naar de onderzoeker toe of naar de manier waarop het gesprek gevoerd wordt. Het kind kan door omstandigheden uit zichzelf weinig vertellen. Dit kan verschillende oorzaken hebben, onder meer de taalvaardigheid van het kind. Hoe een gesprek verloopt, is niet alleen afhankelijk van de gesprekstechniek van de volwassene, maar bijvoorbeeld ook van de taalvaardigheid van het kind.

De taalvaardigheid van kinderen kan enorm verschillen. Leeftijd en sekse spelen hierbij een belangrijke rol. Tot een jaar of tien moet de taal nog gevormd worden en zijn kinderen onvoldoende in staat om te formuleren wat ze bedoelen. Voor minder begaafde kinderen geldt dit nog sterker. Ieder heeft zo zijn of haar eigen 'taal' met een eigen woordenschat en betekenissen. Wil je kunnen communiceren, dan moet je enigszins de 'taal' van de ander spreken.

> ⌘ *Om uit te drukken hoe moeilijk communicatie is, zeg ik wel eens: 'Ik wou dat je Russisch sprak, dan zou ik weten dat ik je niet begrijp, nu denk ik dat ik je begrijp omdat je dezelfde woorden gebruikt als ik.* ⌘

Ieder woord kent vele betekenissen en gevoelswaarden en even zovele mogelijkheden om verkeerd begrepen te worden.

> ⌘ *Een simpel woord als 'rood' lijkt duidelijk te zijn en niet voor meerdere uitleg vatbaar. Toch zal bij navraag blijken, dat ieder er eigen associaties bij heeft. De een ervaart 'rood' als een warme kleur, de ander als agressief of opdringerig. Weer een ander associeert het met een geldtekort of met bloed. Afhankelijk van de associatie met de kleur hecht je betekenis aan een onderwerp waarbij die kleur aan de orde is. Wanneer een kind van een thuisweekend naar het kinderhuis komt, zal de ene groepsleider een geheel ander idee en gevoel hebben wanneer het kind trots laat zien dat haar moeder een rode trui gebreid heeft. De een zal het warm vinden, de ander wat opdringerig.* ⌘

Voor gesprekken met jonge kinderen betekent dit, dat je er in ieder geval op moet letten dat de woorden die je gebruikt, bekend zijn. Vaak helpt het om concrete woorden te gebruiken en minder algemene of abstracte. Voor minder begaafde kinderen blijft dit spelen, omdat bij hen juist het abstractievermogen beperkingen kent. Simpele en korte formuleringen zullen beter door jonge kinderen begrepen worden dan ingewikkelde constructies en lange zinnen (De Leeuw en Otter, 1995). Het gebruiken van ontkenningen, zeker dubbele ontkenningen vraagt een zekere taalvaardigheid en abstractievermogen dat bij jonge kinderen nog onvoldoende aanwezig is.

Voor het kind is het erg prettig als de volwassene de tijd neemt om tot de juiste woorden te komen samen met het kind.

*Wat zeg je mag niet?*
 *Schreeuwen.*
*Van wie mag je niet schreeuwen?*
 *Van locomotief*
*Wat is dat een locomotief?*
 *Daar ga je naar toe voor je stem.*
*Daar ga je naar toe voor je stem? En die heeft gezegd...*
 *Je mag niet schreeuwen.*
*Dat je niet mag schreeuwen.*
 *Is niet goed.*
*Is niet goed. Nou zeg en wanneer ga je daar altijd heen naar de eh naar de locomotief heeft die?*
 *Ja ?*
*Lokomodief?*
 *Logomodie*
*Logopedie.*
 *?*
*Logopedie?*
 *Ja.*

Wanneer we bezig zijn met gesprekken over de beleving en de problemen van kinderen, zitten we op het gebied van gedachten en gevoelens. Mensen verschillen enorm in de mate waarin ze in staat zijn om hun gedachten en gevoelens onder woorden te brengen. Ook zeer taalvaardige mensen, 'spraakwatervallen', kunnen problemen hebben in het onder woorden brengen van hun gedachten en gevoelens, terwijl ze op andere gebieden zeer taalvaardig zijn. Er bestaan ook sekseverschillen in het onder woorden brengen van gedachten en gevoelens (Delfos, 2010a; 2004a). 'Geen woorden, maar daden', is typisch mannelijk; 'Druk je gevoelens eens uit', is typisch vrouwelijk. Er bestaan wezenlijke verschillen tussen 'mannelijke' en 'vrouwelijke' communicatie (Tannen, 1990). Sta er dus bij stil dat degene waar je mee spreekt eigen mogelijkheden en onmogelijkheden op dit gebied heeft. Ga er niet vanuit dat het standaard is om je gevoelens te kunnen herkennen en onder woorden te brengen.

Maak ook niet de fout, die veel vrouwen ten opzichte van mannen maken, dat wanneer iemand zijn gevoelens niet onder woorden kan brengen, hij die gevoelens niet heeft!

Als een kind *'gesloten'* is, kan dit verschillende dingen betekenen (oefening 3.36, bijlage 1). Het gebruik van een zelfde woord voor verschillende onderwerpen kan verwarring veroorzaken. Het woord 'gesloten' lijkt een keuze van de betrokkene in te houden, terwijl het vaak geen keuze is, maar een kwestie van aanleg.

> ✳ *Het zwijgzame Koreaanse kind kan zijn of haar adoptiefouders soms tot angst en wanhoop brengen door de kijkende ogen en de zwijgende mond. De 'geslotenheid' is in onze cultuur afwijkend. Het kind merkt dat en zal daardoor mogelijk een identiteit op kunnen bouwen een 'vreemd' kind te zijn, terwijl het in het land van herkomst een doorsnee kind zou zijn geweest. Een eigenschap kan in de ene cultuur een deugd zijn en in de andere cultuur een ernstig probleem.* ✳

Het kan zijn dat het kind zich niet wil uiten, of zich bij deze persoon of op dat moment niet wil uiten; het woord 'gesloten' is dan geëigend. Maar het kan ook zijn dat het kind zich niet kán uiten of in aanleg niet geneigd is zich te uiten. In dat geval is het woord 'gesloten' minder geëigend. In het eerste geval – niet wil uiten – is het belangrijk om te ontdekken of dit te maken heeft met degene die het gesprek voert, met het onderwerp of met het moment waarop of de situatie waarin het gesprek plaatsvindt. In het tweede geval – niet kan uiten – moet aan de ene kant de aanleg gerespecteerd worden en het kind minder frequent bevraagd worden op zijn of haar emoties. Aan de andere kant is het ook noodzakelijk om nader te vragen naar de emoties. Het kind dat in aanleg niet goed in staat is over gevoelens te praten, moet dan geholpen worden door meer vragen te stellen op het niveau van gebeurtenissen in plaats van gevoelens. Kinderen (en mensen in het algemeen) die moeite hebben met het onder woorden brengen van hun gedachten en gevoelens zijn vaak beter in staat om door middel van de beschrijving van een gebeurtenis iets duidelijk te maken.

> ✳ *De vraag 'Waarom heb je dat gedaan', kunnen kinderen die moeite hebben hun gedachten en gevoelens onder woorden te brengen, nauwelijks beantwoorden. Zij kunnen beter uit de voeten met de vraag, 'Wat heb je gedaan', om vervolgens samen te onderzoeken of er uit de volgorde van gebeurtenissen mogelijk een lijn te halen valt, waardoor een 'waarom' bloot komt te liggen.* ✳

Het effect van vragen naar gebeurtenissen zie je treffend gebeuren bij ruzies tussen jongens. Het begint met *'Hij is begonnen.'* Het klinkt als afschuiven van verantwoordelijkheid, maar het is een logisch gevolg van zich niet vanzelfsprekend in een ander verplaatsen. Omdat jongens dat niet vanzelfsprekend doen, realiseren ze zich niet dat het gedrag van die ander een reactie is op hun eigen gedrag is. Bij een ruzie tussen jongens gaan mensen intuïtief vragen wat er gebeurd is en wat daarna enzovoort. Totdat de hele gebeurtenis verteld is. De ruzie is dan vanzelfsprekend opgelost. Bij meisjes werkt dit niet zo. Zij zouden veel beter de ruzie kunnen bespreken omdat ze goed hun gevoelens onder woorden kunnen brengen, maar toch kan de volwassene er vaak geen touw aan vastknopen en lukt het niet de ruzie op te lossen. De reden is dat het meisje subtiel ook aan haar veiligheid werkt en andere meisjes erbij betrekt om zichzelf hoger te stellen door de ander te laten steunen of lager te stellen. De rangorde wordt subtiel bewerkt en dat maakt het zo ondoorzichtig. Het meisje moet echter wel, want een ruzie is in de ogen van de volwassene 'niet aardig', en daarmee brengt het meisje haar veiligheid bij de volwassene in 'gevaar' (oefening 3.37, bijlage 1) (Delfos, 2010a).

Het verschil in de beide vormen van 'geslotenheid' kan onder andere gezien worden in de wijze waarop het kind meewerkt en zich opstelt in het gesprek. De combinatie van een coöperatief kind, dat zich open opstelt in het gesprek, maar weinig gevoelsmatige antwoorden geeft, kan wijzen op een gebrek aan mogelijkheden op dit gebied. Het kind dat zich terughoudend opstelt en wantrouwig kijkt, kan een kind zijn dat zich gesloten opstelt in deze situatie, of, wanneer er een wisseling is in de wijze waarop het kind zich opstelt, gesloten met betrekking tot dit onderwerp. Er is een groot verschil tussen zich actief afsluiten of emotioneel minder vaardig zijn of minder geneigd zijn zich emotioneel te uiten. Kinderen die door hun aanleg minder in staat zijn hun gevoelens onder woorden te brengen, kunnen in de loop der tijd een faalangst ontwikkelen met betrekking tot het spreken over gevoelige onderwerpen met volwassenen. Met kinderen onderling doet dit probleem zich minder voor, omdat zij eerder bereid zijn terughoudendheid te respecteren. Daarom is het verstandig het hele gedrag van het kind te bekijken, ook dat met leeftijdgenoten, alvorens een mening gevormd wordt over de geslotenheid van het kind.

## 3.9 OVERDRACHT EN TEGENOVERDRACHT

Zelfs wanneer de bevraagde en de vrager onbekenden voor elkaar zijn, vormt zich al snel een relatie. Binnen deze relatie spelen de ervaringen van iedere partner met vorige relaties mee. Basaal daarbij zijn de relaties met de eigen ouders. In een relatie draag je deze ervaring op de ander over. In gesprekken van volwassenen met kinderen zal een *overdracht* daarom al gauw de kleur hebben van een ouder-kind relatie. Je kunt deze overdracht al door je houding oproepen. Een autoritaire houding zal al snel de ouder-kind relatie oproepen, een strenge of neerbuigende toon ook. Wil je gelijkwaardigheid, dan moet een overdracht zoveel mogelijk voorkomen worden. Een oprecht belangstellende houding en het aanvaarden van de deskundigheid van het kind is een aardig tegengif tegen deze overdracht. Daarnaast kan de vrager zelf in een *tegenoverdracht* terechtkomen ten opzichte van de bevraagde, het psychologische antwoord op de overdracht (oefening 3.38, bijlage 1). Dat gebeurt bijvoorbeeld wanneer een kind kritiek uit op bijvoorbeeld groepsleiders en de 'vrager' meteen probeert in zijn of haar gedrag die kritiek van het kind te voorkomen. *'Groepsleiders luisteren nooit naar wat je echt te zeggen hebt'.* De volwassene antwoordt met *'Wat wil je dan écht zeggen?'* Dit laatste antwoord draagt de kenmerken van een tegenoverdracht en zet subtiel een concurrentie neer tussen de 'vrager' en de 'groepsleider'. Een alternatief zou zijn: *'Wat bedoel je daarmee?'* De tegenoverdracht tast de loyaliteit van het kind aan de groepsleiding aan.

Wanneer we met kinderen spreken, worden we herinnerd aan onze kindertijd. Zo kan het gebeuren dat onderdrukte gevoelens uit de kindertijd naar boven komen en een rol gaan spelen in hoe de volwassene zich naar het kind opstelt (Berne, 1976). Is de volwassene als kind vaak gekwetst – en Miller (1981) zegt dat we ons te weinig realiseren hoezeer we als kind gekwetst zijn – dan lopen we het risico dat we hetzelfde gedrag vertonen naar het kind waarmee we in gesprek zijn en dit kind kwetsen. Een van de manieren waarop dit gebeurt, is door het kind niet serieus te nemen, het kind het gevoel te geven dat zijn of haar verhaal niet belangrijk is en niet oprecht naar het kind te luisteren.

Volwassenen schatten vaak de capaciteit tot spreken over emotionele onderwerpen van kinderen te laag in. Dit hangt samen met hun eigen moeite om over pijnlijke onderwerpen te praten. Zij projecteren hun eigen moeite op het kind. Kinderen daarentegen zijn vaak onbevangen en bereid om open over emotionele onderwerpen te praten, zodra ze merken dat een volwassene daarvoor open staat. Wanneer volwassenen met kinderen over dergelijke onderwerpen praten, maken ze zelfs vaak de vergissing te denken dat het kind er gevoelloos onder is. Dat terwijl er juist sprake is van een oprechte openheid om het onderwerp aan alle kanten te bezien, zonder valse emoties die ingegeven worden door sociale codes. De kunst is om het kind die ruimte te geven, want het kind voelt haarscherp aan wanneer de volwassene het niet goed aankan en zwijgt dan liever. Hieronder een voorbeeld waar de leerkracht moeite heeft met het onderwerp, maar een nieuwe kans krijgt van het kind en die ook benut.

> *'Juf, er is een kinderlokker bij ons in de buurt!'*
> *De opmerking komt plotseling uit de lucht vallen. Het lijkt geen vraag, maar gewoon een opmerking, maar natuurlijk is het een uitnodiging tot gesprek vanuit het kind. Volwassenen proberen vaak tijd te winnen na hun schrik door vragen te stellen die het kind eigenlijk ter verantwoording roepen.*
> *'Hoe weet je dat?'*
> *'Wie heeft dat gezegd?'*
> *'Weet je het zeker?'*
> Het kind kruipt geestelijk terug en zal nauwelijks durven vragen wat hem bezighoudt, namelijk wat een kinderlokker precies is. Jammer, een belangrijke kans gemist. Maar kinderen zijn loyaal en geven je altijd nog een kans. Het is nooit erg om ergens op terug te komen.
> Een dag later:

*'Jan-Willem, jij zei dat er een kinderlokker bij jullie in de buurt was en daar schrok ik even van. Jij schrok misschien ook wel?'*
*"..."*
*'Ik kan je misschien wel uitleggen wat dat is, een kinderlokker, en wat je moet doen. Weet je, dat is eigenlijk best belangrijk, daar moeten we in de kring eens over praten. Je hebt me op een goed idee gebracht.'*
*'Juf, ik kan keepen.'*

*Het lijkt alsof het Jan-Willem niet interesseert dat de juf het over kinderlokkers wil hebben. Maar dat is beslist niet het geval. Jan-Willem is trots dat de juf vindt dat hij iets zinnigs heeft gezegd. Snel probeert hij nog iets te verzinnen waardoor hij nog meer waardering kan krijgen.*

## 3.10 COMMUNICEREN BETEKENT CONTACT

Wanneer we alle elementen van dit hoofdstuk op een rijtje zetten, wordt duidelijk dat communiceren altijd met contact te maken heeft en goed communiceren met een goed contact. De attitude waarmee we in een gesprek zitten, is van fundamenteel belang. Als volwassenen zijn we daar vaak wel van bewust, in het communiceren met kinderen vaak veel te weinig. Hierna volgt een hoofdstuk over gesprekstechnieken, nuttig voor een goed verlopende communicatie. Toch is het de attitude die een wezenlijker rol speelt dan de technieken. Wanneer men over de juiste attitude beschikt, warm-eerlijk-respectvol-bescheiden kan men met behulp van metacommunicatie de fouten herstellen die door verkeerde vraagtechnieken worden veroorzaakt. Wanneer men bijvoorbeeld gesloten vragen heeft gesteld waar het kind gesloten op antwoordt (ja, nee, goed, leuk) dan kan met behulp van metacommunicatie de motivatie voor het gesprek onderzocht worden of de onderlinge verwachtingen besproken worden.

*Ik vraag van die echte ja-of-nee vragen, dat is niet zo slim van mij, want ik wil heel graag weten wat je van ... vindt. Het is slimmer om te vragen hoe je broer en jij tegen elkaar doen. Vertel eens?*

*Je antwoordt netjes 'ja' en 'nee' op mijn vragen, maar ik wil veel meer weten. Misschien stel ik niet de juiste vraag!*

## 3.11 KINDEREN EN STRESSMANAGEMENT

Kinderen hebben over het algemeen een veel betere stressmanagement dan volwassenen. Het eerste wat daarbij een rol speelt, is hoop. Het is hoop die mensen verder doet gaan. Hoop is een van de onderdelen van de veerkracht van kinderen. Het is als deze hoop gebroken is, dat het kind gebroken is. Zie je bij een ziek, koortsig kind de matheid van de ogen in de vorm van een soort floers over de ogen; bij een psychisch ziek kind zie je een matheid in de ogen die een gebroken verwachting uitdrukt.

Een tweede element van de krachtige stressmanagement van kinderen is dat ze ervaren dat ze geen vervelend gevoel hebben wanneer ze niet over een moeilijk onderwerp praten en zichzelf afleiden. Ze hebben vaak weinig ervaring dat praten helpt. Het vermijden van het spreken met de volwassene is in hun ervaring een effectieve strategie tegen de stress. Dit betekent dat een volwassene de verantwoordelijkheid heeft wanneer het om een moeilijk en pijnlijk onderwerp gaat en dat hij of zij er verzekerd van is dat het praten zal helpen. Dit moet een voorwaarde zijn om een gesprek aan te gaan. Het is mogelijk om kinderen aan de hand van voorvallen uit hun leven te laten zien dat praten kan helpen en hen zo te motiveren over een moeilijk onderwerp te praten.

Er is een geheel andere wijze waarop kinderen het aankunnen om over een moeilijk onderwerp te praten, dat is met behulp van verhalen. Ze willen graag voorleesverhalen en later leesboeken die te maken hebben met onderwerpen waar ze het moeilijk mee hebben. Het luisteren naar een verhaal waar een probleem speelt als dat van hen, stelt hen in staat er daarna over te praten. Een verhaal creëert als het ware een taal waarin ze over het pijnlijke onderwerp kunnen praten. Kinderboeken zijn hier zeer geschikt voor.

In een serie van therapeutische kinderverhalen (Delfos, 1993-2014) worden onderwerpen als verslaving *(Oline het olifantje)*, moeite in de omgang met leeftijdgenoten *(Vogel)*, hyperactiviteit *(Ze vinden me druk)*, echtscheiding *(Van alles twee)* of het overlijden van een ouder *(Dood is niet gewoon)* aan de orde gebracht.

*Maartens moeder sterft geheel onverwacht. Hij woonde met haar alleen samen en was van haar afhankelijk. Enige tijd na haar dood leest zijn therapeut het boek 'Dood is niet gewoon' voor. Maarten luistert stil en aandachtig. Ze komen op de bladzij waar het schuldgevoel van het kind wordt uitgedrukt (Het is net alsof het haar schuld is dat papa dood is. Alsof zij niet lief genoeg is geweest voor papa. Ze weet wel dat het niet zo is, maar er zit toch zo'n gek gevoel). Maarten, die nog geen woord gezegd heeft, zegt plotseling 'Dat klopt' en vouwt de armen van de therapeut open en klimt op haar schoot, het geen hij nog nooit gedaan heeft, en legt zijn hoofd tegen haar aan.*

Boeken kunnen helpen een onderwerp bespreekbaar te maken. In een boek kan verwoord staan waar het kind geen woorden voor vindt, of waar het kind zich voor schaamt. Zwart-op-wit geeft ook een effect dat het niet zo vreemd is; dat een ander het ook heeft.

*Een zesjarig kind woonde tot haar vijfde bij haar schizofrene, psychotische moeder. Er was nog nooit met haar over de aandoening van haar moeder gepraat. Men vond de woorden ook lastig te vinden voor een jong kind. Haar pleegmoeder gebruikte het verhaal* PIP, *over opgroeien met psychiatrische ouders, uit de serie therapeutische kinderboeken (Delfos, 1993-2014). Ademloos luisterde ze en zei feilloos nadat het verhaal uit was: "Dat heeft mijn moeder ook!" Voor het eerst was het onderwerp bespreekbaar.*

## AANDACHTSPUNTEN

- Het is niet eenvoudig om een gesprek met een kind te voeren rond een specifiek onderwerp.
- Contacten tussen leerkracht en kind zijn vaak regeldingen, maar geen echte gesprekken.
- Gespreksvoering betekent een tweerichtingsverkeer.
- Tussen kinderen en volwassenen bestaat een belangrijk machtsverschil.
- De belangen van volwassenen en kinderen in een gesprek zijn vaak ongelijk.
- De sociale code eist dat een gesprek normaliter over één onderwerp gaat.
- Kinderen stellen meer vragen als leerkrachten het leren als samenwerken zien.
- Mensen vallen gemakkelijk in de valkuil van invullen van andermans gevoelens, hoe warm en goed bedoeld ook.
- Een kind is minder geneigd een volwassene te vertellen dat diens invulling onjuist is.
- Door via de ik-persoon te spreken, laat men zien dat de mening persoonlijk is en niet een algemeen geldende waarheid.
- Volwassene geven vaak de indruk dat hun tijd kostbaarder dan die van het kind.
- Een 'goed' gesprek betekent, dat de gesprekspartners zich prettig voelen en dat de wederzijdse doelen enigermate zijn bereikt of dat er overeenstemming is over het niet bereiken van het doel.
- Een 'open' gesprek betekent, dat het kind zijn of haar eigen mening en gevoelens kan vertellen zonder geleid of misleid te worden door de volwassene.
- Een 'goed' interview betekent dat het kind informatie geeft en niet dat informatie aan hem of haar onttrokken wordt.
- Een 'goed' hulpverleningsgesprek betekent dat het kind zich gehoord voelt en hulp heeft gekregen die bij hem of haar aansluit.
- Een 'goed' gesprek behelst warmte, respect en belangstelling.
- Een gesprek kan als 'goed' worden ervaren als er respect en warmte is, terwijl er toch uiterst onprettige dingen besproken kunnen worden.
- Respect hangt veelal samen met een positief gebruik van macht.
- Spelen met jonge kinderen is een goede mogelijkheid om een prettige sfeer te garanderen.
- Wezenlijk voor alle communicatie is de non-verbale communicatie.
- Communicatievoorwaarden: Ga op dezelfde (oog)hoogte zitten als het kind Kijk naar een kind terwijl je spreekt; Alterneer het wel en niet maken van oogcontact met een kind terwijl je spreekt; Stel het kind op zijn of haar gemak;

Luister naar wat een kind zegt; Laat met behulp van voorbeelden zien dat wat het kind zegt, effect heeft; Vertel het kind dat het je moet zeggen wat het vindt of wil, omdat je het niet weet als het kind het je niet vertelt; Probeer spelen en praten te combineren; Signaleer dat je het gesprek afbreekt en later zal voortzetten wanneer je merkt dat het kind afhaakt; Wanneer je een moeilijk gesprek hebt gehad, zorg dan dat het kind daarna tot zichzelf kan komen.

- Metacommunicatieve elementen: Maak het doel van het gesprek duidelijk; Laat een kind weten wat je intenties zijn; Laat een kind weten dat je feedback nodig hebt; Laat een kind weten dat het mag zwijgen; Probeer te benoemen wat je voelt en volg wat je voelt; Nodig het kind uit zijn of haar mening over het gesprek te geven; Maak metacommunicatie een vast onderdeel van de communicatie.
- Het gelegenheid bieden aan iemand om zijn of haar verhaal te vertellen, vormt een eerste hulp die verleend wordt.
- In veel situaties is er een voortdurende wisseling van onderlinge deskundigheid.
- Het soort vragen beïnvloedt sociaal wenselijke antwoorden
- De kans op sociaal wenselijke antwoorden neemt af als: ieder antwoord welkom is; het antwoord geen rechtstreekse veroordeling hoeft in te houden van direct betrokkenen; het niet meer direct over het kind zelf gaat; een ontkenning niet voor de hand ligt; de vragen niet gesloten zijn.
- De kwaliteit van ieder gesprek is afhankelijk van de mate van vertrouwen tussen de gesprekspartners.
- Loyaliteit van kinderen ten opzichte van hun ouders, vormt een extra probleem in gespreksvoering met hen.
- Het is niet standaard om je gevoelens te kunnen herkennen en onder woorden te kunnen brengen.
- Een kind dat 'gesloten' is, kan willen zwijgen, maar kan ook moeite hebben om zich uit te drukken in woorden.
- Ruzies tussen jongens verschillen van ruzies tussen meisjes.
- Volwassenen schatten vaak de capaciteit tot spreken over emotionele onderwerpen van kinderen te laag in.
- Communiceren betekent contact.
- Kinderen hebben over het algemeen een veel betere stressmanagement dan volwassenen.
- Kinderen kunnen over een moeilijk onderwerp praten via verhalen.

# 4 DE GESPREKSTECHNIEKEN
## *Openlijk doorvragen*

Of dit nu met kinderen of met volwassenen is, een gesprek wordt gevoerd onder invloed van een aantal sociale codes. Dit zijn regels waarvan we ons vaak weinig bewust zijn. Er zijn algemene regels die voor ieder duidelijk zijn, zoals het gegeven dat beide gesprekspartners iets willen zeggen. Ook zijn er regels die met het ouder worden duidelijk worden, zoals het om beurten spreken. Andere regels bepalen het verloop van het gesprek, zoals het soort vragen dat gesteld wordt. Het leren van de sociale codes is een belangrijk onderdeel van de opvoeding en is sterk cultuurgevoelig. Ook het tijdsbeeld verandert sociale codes. De meeste sociale codes die bij het voeren van een gesprek horen, worden niet bewust geleerd, bijvoorbeeld: als iemand een ademteug neemt wil hij of zij iets gaan zeggen en daar moet je ruimte voor maken. Veel signalen die een gesprek sturen, bevinden zich op non-verbaal niveau (oefening 4.1, bijlage 1). De subtiliteit en non-verbaliteit van sociale codes die een gesprek sturen zijn voor jonge kinderen, voor mensen uit andere culturen en voor kinderen met een vertraagde of belemmerde sociaal-emotionele ontwikkeling moeilijk te begrijpen. Het is voor hen extra nodig om de regels expliciet te maken en te verwoorden in talige regels.

Het vorige hoofdstuk ging over de voorwaarden waaronder een gesprek plaatsvindt, nu gaan we dieper in op het verloop van het gesprek zelf. Ter illustratie zijn in de tekst voorbeelden van uitspraken opgenomen. Deze voorbeelden zijn zowel geënt op de situatie van interviews, van open vraaggesprekken als van gesprekken in schoolsituatie en in de hulpverlening.

Een gesprek is opgebouwd uit een introductie tot en met een afronding. Niet altijd komen alle elementen aan bod. Vaak besteden volwassenen die een onderwerp kwijt moeten aan een kind, weinig aandacht aan de introductie. Hetzelfde geldt voor het afronden. Een goede introductie zet echter de toon van het gesprek en beïnvloedt in die zin in belangrijke mate het verloop van het gesprek. Een goede afronding laat de gesprekspartners niet met spanning en vragen achter.

Gespreksvoering met kinderen kan zowel door bekenden voor het kind, als door onbekenden gebeuren. In het laatste geval is het belangrijk extra zorg te besteden aan de introductie die in dat geval zelfs met zich aan elkaar voorstellen moet beginnen. Maar juist wanneer men met elkaar bekend is, wordt een introductie, jammer genoeg, vaak als overbodig beschouwd.

## 4.1 DE OPBOUW VAN EEN GESPREK

Er zijn verschillende vormen van gesprekken. Hoewel deze inhoudelijk sterk kunnen verschillen, ligt er een structuur onder die veel overeenkomsten vertoont. In dit hoofdstuk is gekozen voor het indelen in drie categorieën:

- het (spontane) *open vraaggesprek,* waar gesprekken op school, thuis of bijvoorbeeld in de club onder vallen en die als doel hebben de mening en de gevoelens van het kind te weten te komen;
- het *interview* dat uitsluitend gericht is op het verkrijgen van informatie van het kind met betrekking tot een bepaald onderwerp;
- het *hulpverleningsgesprek* dat tot doel heeft om hulp aan het kind te bieden.

In gesprekken komen vaak verschillende aspecten aan bod, een spontaan open vraaggesprek kan bijvoorbeeld het karakter krijgen van een hulpverleningsgesprek.

Een gesprek bestaat uit verschillende fasen. Bij een interview zijn deze fasen in het algemeen duidelijk te onderscheiden.

1 de voorbereiding
2 de introductie
3 de startvraag
4 de romp
5 de afronding

Bij een hulpverleningsgesprek zullen fasen 1 en 2 vaak wat minder aandacht krijgen als de hulpverlener iemand is die het kind kent. In een schoolsituatie ontstaat een gesprek vaak toevallig, bijna tussen neus en lippen door en zullen fasen 1, 2, en 3 soms niet aan de orde kunnen komen. Soms kiest een kind een voor de volwassene 'ongelukkig' moment om een gesprek te beginnen. Het kan zijn dat het kind niet doorheeft dat het moment ongelukkig is, maar mogelijk kiest het kind dit bewust omdat het bijvoorbeeld de aandacht van de volwassene van iets af wil leiden of het kind wil dat het onderwerp snel zonder al te veel nadruk behandeld wordt. Een kind kan ook zorgen dat hij nooit alleen is met een volwassene zodat deze ook niet een gesprek kan beginnen. Let daarop, want een kind dat gesprekken vermijdt, valt minder op dan een kind dat gesprekken zoekt, maar heeft niet minder steun nodig. Ook in chaotische situaties zoals vaak op school of thuis, is het mogelijk om lijn aan te brengen in de gespreksvoering. Bewustwording betekent bijvoorbeeld dat van een 'toevallig gesprekje' een 'open vraaggesprek' gemaakt kan worden, waardoor het kind met zijn of haar onderwerp beter aan bod komt.

De duur van een gesprek is afhankelijk van verschillende onderwerpen: de leeftijd van het kind, de moeilijkheidsgraad van het onderwerp, de spanning die met het onderwerp gepaard gaat, de spanning die met het spreken met de gesprekspartners samengaat, de spanningsboog van het kind en het belang van het onderwerp voor het kind vanuit het kind gezien. Omdat er nog geen onderzoek naar is gedaan en er zovele factoren een rol spelen, is de optimale duur van een gesprek moeilijk aan te geven. Bij jonge kinderen, onder de acht jaar, zal een half uur – spelend en pratend – al vrij lang zijn en is het noodzakelijk dat de omstandigheden optimaal zijn. Bij oudere kinderen kan een gesprek onder optimale omstandigheden langer duren, maar langer dan een uur is ongewenst. Het is soms beter om een gesprek in twee keer te doen plaatsvinden als de omstandigheden niet optimaal zijn. Zeker met jonge kinderen is opdelen van een gesprek zinnig, korte gesprekjes van tien minuten werken soms beter dan een gesprek van dertig minuten (oefening 4.2, bijlage 1).

### *4.1.1 De voorbereiding*

Zoals eerder gezegd, de kwaliteit van een gesprek staat of valt met de warmte en het respect van de gesprekspartners. Een aardige hulpverlener heeft meer kans op succesvolle hulpverlening dan een onaardige. Warmte en respect voor de persoon waar je mee in gesprek gaat, is noodzakelijk voor een goede gespreksvoering. Mentaal voorbereiden in de zin van het creëren van een warme en respectvolle gemoedstoestand, is daarom van groot belang (oefening 4.3, bijlage 1). Dit is mogelijk door stil te staan bij de mens waarmee het gesprek gevoerd gaat worden en minder bij jezelf, de omstandigheden en de gebeurtenis zelf, door te willen geven in plaats van willen krijgen.

De mentale voorbereiding voor een gesprek kan daaruit bestaan dat je als volwassene je realiseert dat het gesprek voor het kind spannend zal worden, leuk kan zijn, vreemd kan voelen; al naar gelang de aard van het gesprek. Een hulpverlener die erbij stilstaat dat het kind hoopt dat het gesprek hem of haar verder zal helpen, staat meer open voor het kind dan degene die er vooral mee bezig is hoe hij iets zal zeggen en of het kind wel met hem of haar zal willen praten. Bezig zijn met het belang van het kind bevordert het gesprek, bezig zijn met het eigen belang zit een goede gespreksvoering in de weg (oefening 4.4, bijlage 1). Iemand die bij een open vraaggesprek zich voorstelt dat het voor het kind prettig is om zich echt uit te kunnen spreken over een onderwerp, zal eerder de juiste toon aanslaan en er alerter op zijn dat het kind goed in het gesprek staat dan iemand die bang is dat het kind niet wil. Op deze wijze verplaatst de volwassene zich in de wereld van het kind en zal daardoor beter bij het kind aansluiten en de signalen van het kind opvangen.

Een goede voorbereiding verhoogt de kans van slagen van een gesprek. Een goede voorbereiding is in eerste instantie de attitude waarmee men het gesprek ingaat en in tweede instantie inhoudelijk. Soms is het belangrijk inhoudelijk goed voorbereid te zijn, in andere gevallen is het juist noodzakelijk open te staan en ontvankelijk zonder reeds over teveel voorkennis te beschikken. Bij een spontaan gesprek thuis of op school bestaat de voorbereiding er vooral uit om even om te schakelen van waar je zelf mee bezig was naar een oprechte belangstelling voor het kind. Bij een hulpverleningsgesprek kan er inhoudelijke voorbereiding zijn door informatie over het kind en zijn of haar situatie te verzamelen. Hierdoor hoeft het kind niet allerlei informatie te verstrekken die de hulpverlener wel wil weten. Het draagt ook het risico dat het kind bezorgd is wat de hulpverlener weet wat die daarvan vindt. Het is goed om daar zo snel mogelijk na de uitwisseling voor voorstellen mee te beginnen.

> ✳ *Zo, nu kunnen we het gesprek gaan beginnen, maar jij weet eigenlijk niet eens wat ik al weet en wat ik daarvan vindt. Zal ik eerst eens zeggen wat ik weet? '...' Dat is denk ik nu allemaal wat ik al weet, en je hebt al gemerkt dat ik jou helemaal niet stom vindt nu ik dat allemaal weet. Ik vind jou eigenlijk wel heel dapper, want het is niet zo gemakkelijk wat jij allemaal meemaakt. Maar ik heb het wel van jouw ... gehoord en niet van jou zelf. Ik zou zo graag van jou zelf horen wat jij nu vindt en wat jij belangrijk vindt. Vertel eens hoe zit dat nu met ...* ✳

Bij een interview kan de voorbereiding bestaan uit het vaststellen van een aantal vragen. Gebeurt het interview in het kader van een wetenschappelijk of een marktonderzoek, dan bestaan er onderzoeksvragen die in interviewvragen omgezet zijn. Voordat het eerste interview plaatsvindt, moet de interviewer de vragenlijst een aantal malen aandachtig doorgelezen hebben. De eerste keer om er zelf kennis van te nemen. De tweede keer om zich te realiseren wat de vragen voor het te interviewen kind kunnen betekenen. De derde (en volgende keren) om te repeteren, zodat de interviewer de grote lijnen van het gesprek zo goed mogelijk in het hoofd heeft. Wanneer men een beeld probeert te krijgen van hoe het gesprek zou kunnen lopen, kunnen er al specifieke vragen en doorvraagmogelijkheden bedacht worden. Toch kan het gesprek een heel andere wending nemen dan vooraf te bedenken viel. Wanneer men de stof nog niet voldoende beheerst en weinig ervaring heeft, is het praktisch om de eerste vragen uit het hoofd te leren. Op die manier kan de aandacht in de startfase volledig op het kind gericht zijn en op het maken van contact met het kind, wat een wezenlijke voorwaarde is voor een goed gesprek.

Ook de plek waar een gesprek gehouden wordt, heeft invloed op het verloop van het gesprek. Het beste is een plaats waar ongestoord gepraat kan worden en waar een prettige sfeer hangt. Wanneer het mogelijk is, kan het kind door zelf de plek te kiezen de sfeer van het gesprek reeds bepalen. Bedenk dat wanneer het kind de plek kiest dit voor het kind het prettigst is en dus misschien niet voor de volwassene, meestal is het andersom (oefening 4.5, bijlage 1). Ook moet er rekening mee gehouden worden dat het kind mogelijk kennis mist waardoor de keuze van de plek ongeschikt is, zonder dat het kind dit in de gaten heeft.

> ✳ *In de kussenhoek! Goed idee, zit erg lekker, maar dan horen wel alle kindjes in de klas wat we zeggen, dat vind ik niet zo prettig. En jij?* ✳

Kinderen zijn niet altijd actief een juiste gelegenheid aan het zoeken om een gesprek te beginnen. Vaak is het zo, dat via een vraag het kind een belangrijk onderwerp aansnijdt. Volwassenen hebben dat vaak niet in de gaten. Pas door middel van doorvragen wordt duidelijk waar het kind mee bezig is en waarom de vraag gesteld wordt. Doorvragen moet echter in dat geval volgen op het eerst geven van een antwoord, anders kan het kind het doorvragen ervaren als verantwoording af moeten leggen.

*Lucy, het vierjarige zusje van Myra, is erg ziek. Dit houdt Myra, die zes jaar is, erg bezig. Onder andere vraagt zij zich af of het zusje nog zieker zal worden en dood zal gaan. Ze vraagt zich ook af of zijzelf ziek zal worden. Ze kan de vele vragen die in haar hoofd zitten nauwelijks bevatten. Myra zit rustig te werken in de klas en wanneer de juf bij haar langskomt, zegt ze: Hoe oud kan je worden als je vier bent? Het antwoord 'héél oud', zal Myra weinig verder helpen. Of ze kan hetzelfde onderwerp aansnijden door te vragen: Kan bloed ziek zijn?, omdat ze hoorde dat haar zusje een 'bloedziekte' heeft. In de vraag van een kind ligt vaak niet het belang van het onderwerp besloten, omdat het kind door een gebrek aan kennis, nog onvoldoende weet wat de hoofdzaken zijn en wat de bijzaken. Doorvragen, door bijvoorbeeld te vragen waarom het kind met die vraag komt of wat het zelf als antwoord had gedacht, kan het kind de gelegenheid geven het onderwerp beter voor het voetlicht te brengen.*
*'Hoe oud kan je worden als je vier bent?'*
*'Heel oud! Is dat wat je wilt weten?'*
*'Nee.'*
*'Het is een bijzondere vraag. Waarom wil je het weten?'*
*'Lucy is vier.'*
*'Lucy is je zusje hè?'*
*'Ja.'*
*'Ben je bang dat Lucy niet zo oud kan worden?'*
*'Jaaa!'*
*'Hoe komt het dat je daar bang voor bent?'*
*'Lucy is ziek in haar bloed.'*

Een belangrijk onderwerp aansnijden, is voor een jong kind niet eenvoudig. Welke vraag moet je stellen, waar moet je beginnen, aan wie moet je het vragen, wanneer heeft iemand tijd? Het formuleren van de vraag, betekent dat er een keuze gemaakt moet worden en de onderwerpen geordend moeten worden in het kinderhoofd. Zo komt er vaak een wat onverwachte vraag zoals bij Myra: *'Hoe oud kan je worden als je vier bent?'* Het bijzondere van de vraag is al een signaal dat er een hele wereld achter zit. Een tweede signaal is dat het zoeken naar de juiste vraag en de juiste formulering tijd kost. Dat betekent dat er aan de vraag een 'hoorbare' stilte vooraf is gegaan. Een dergelijke vraag van een kind is dus heel erg de moeite om op door te gaan, om via doorvragen dieper te doorgronden.

Voor sommige gesprekken is het nodig om materiaal mee te nemen, zoals een opnameapparaat of een psychologische test. In de voorbereiding wordt nagelopen of al het materiaal beschikbaar is. De voorbereiding voor een hulpverleningsgesprek heeft meer een inhoudelijk karakter. Hetzelfde geldt voor een gesprek in de schoolsituatie, waarbij de extra complicatie kan zijn dat een gesprek onvoorbereid en onverwacht, spontaan plaatsvindt. Wanneer dat gebeurt, is het goed om ook in een dergelijke situatie jezelf een aantal vragen te stellen om het gesprek zo goed mogelijk te laten verlopen.

**Overzicht 5:** *Voorbereiding voor een gesprek*

| **Voorbereiding voor een gesprek** | | |
|---|---|---|
| *(Spontaan) open vraaggesprek* | *Interview* | *Hulpverleningsgesprek* |
| - Wil het kind een gesprek?<br>- Is dit een 'gevoelig' gesprek voor het kind?<br>- Moet ik het gesprek in deze situatie afmaken of een vervolg arrangeren?<br>- Is er een vertrouwde ruimte om het gesprek te voeren?<br>- Kan het kind na het gesprek zich eventueel uitleven? | - Heb ik de cassetterecorder en microfoon?<br>- Doen recorder en microfoon het?<br>- Heb ik voldoende bandjes?<br>- Heb ik reservebatterijen, oplader?<br>- Heb ik een blocnote en een pen?<br>- Heb ik de vragenlijst?<br>- Heb ik materiaal waarmee ik eventueel met het kind kan spelen?<br>- Is er een vertrouwde ruimte om het gesprek te voeren?<br>- Ben ik voldoende vertrouwd, bekend met de vragen?<br>- Kan het kind na het gesprek zich eventueel uitleven? | - Wil het kind dit gesprek?<br>- Wil het kind dit gesprek alleen voeren of met een ander erbij?<br>- Heeft het kind hierover al eens met een ander gesproken?<br>- Kan het kind in loyaliteitsconflicten komen met zijn of haar ouders met betrekking tot het onderwerp?<br>- Is er materiaal om met het kind te spelen?<br>- Is er een vertrouwde ruimte om het gesprek te voeren?<br>- Kan het kind na het gesprek zich eventueel uitleven? |

In bovenstaand overzicht staat een aantal punten per gesprekssoort genoemd. Omdat de verschillende soorten ook veel overeenkomsten hebben en in elkaar overlopen, zijn sommige punten ook van toepassing in een andere gespreksvorm, terwijl ze daar niet vernoemd staan. Ook bestaan mengvormen van gespreksvoering.

### *4.1.2 De eerste stap: jezelf voorstellen*

Ben je een onbekende voor de gesprekspartner, dan is het goed om jezelf voor te stellen en om de ander naar zijn of haar naam te vragen. Iemands naam is belangrijk en het onthouden van de naam schept een gevoel van 'er toe doen'. Om een naam te onthouden, zijn in feite niet veel geheugenstrategieën nodig. Het is meer dat we het vergeten omdat we er weinig aandacht aan besteden. Vaak is het zo dat er nauwelijks of geen aandacht wordt besteed aan de naam die genoemd wordt en is dat de reden dat hij niet onthouden wordt. Er wordt vaak, na een mompelend naam noemen, meteen overgegaan op wat 'belangrijk' is, alsof de naam nog wel een keer aan de orde zal komen. Wanneer meteen aan het begin gerichte aandacht aan de naam besteed wordt, in een behoefte contact te maken, zal de naam veelal meteen aan het begin een zinvolle plaats in het geheugen krijgen. Sta daarom even stil bij de naam en zeg er eventueel iets over. Neeltje Maria Min (1966) laat zien in haar gedicht, '*Voor wie ik liefheb wil ik heten*', hoe wezenlijk de naamgeving is, hoe deze verbonden is met de persoon als geheel:

*mijn moeder is mijn naam vergeten,*
*mijn kind weet nog niet hoe ik heet.*
*hoe moet ik mij geborgen weten?*

*noem mij, bevestig mijn bestaan,*

Een naam is dus niet een onbelangrijk element in het contact tussen mensen. Naast hun gewone naam, hebben doven ook een naam in gebarentaal, zodat ze elkaar in die taal ook bij de naam kunnen noemen. De naam in gebarentaal drukt een karakteristiek van hun persoon uit. Het belang van namen zien we al in de aandacht die bij de geboorte van een mens aan de naamgeving wordt besteed.

Bij jonge kinderen is het bij het kennismaken vrij vanzelfsprekend om ook naar hun leeftijd te vragen. We doen dit waarschijnlijk in een poging in te schatten wat het intellectuele niveau is van het kind. We hebben deze inschatting als volwassene nodig om te weten hoe we met het kind om kunnen gaan. In het volgende hoofdstuk wordt verder ingegaan op de wijze waarop dit inschatten van het niveau van het kind nog preciezer gedaan kan worden.

Tijdens het voorstellen is het belangrijk om duidelijk te maken wie je bent en wat je komt doen (oefening 4.6, bijlage 1). De introductie van een gesprek kan ook door anderen gedaan worden. Bijvoorbeeld in geval van het interviewen van kinderen op school, kan de leerkracht de interviewer en zijn of haar doel duidelijk maken. Maar ook in dat geval is het noodzakelijk om jezelf te introduceren en je doel duidelijk te maken wanneer je aan het gesprek begint. Je kan het kind vragen wat de ander al verteld heeft, zodat je erop aan kunt sluiten. Het is overigens altijd belangrijk om je doel duidelijk te maken, ook als je een bekende van het kind bent. Een 'serieus' gesprek dat door een volwassene geïnitieerd wordt, roept immers bij het kind vaak een negatieve verwachting op en kan met enige spanning gepaard gaan. Dit is des te meer zo wanneer we met kinderen te maken hebben die een laag zelfbeeld hebben. Het vertellen van het doel neemt deze spanning mogelijk weg.

*Ik ben iemand die kinderen vraagt hoe ze iets vinden. Dan weten we hoe je het beste kinderen kan helpen. Kijk, we kunnen het natuurlijk zelf verzinnen, maar kinderen weten zelf het beste wat ze van iets vinden en anders doen we misschien iets stoms en helpen we ze verkeerd.*

*Weet je wat een journalist is? Nou zo iemand met een microfoon die van alles aan iemand vraagt; nou dat doe ik ook. Er zijn mensen die mij gevraagd hebben uit te zoeken wat kinderen nou prettig vinden op school.*

*Ik zie je wel eens staan en dan denk ik, zou Nadine wel vrolijk zijn van binnen? Misschien is er wel iets wat ik kan doen om haar te helpen. Daar zou ik over willen praten met je.*

*Ik weet dat jij heel vervelende dingen hebt meegemaakt. Ik weet niet hoe jij het vindt om daar met een vreemde over te praten, want wij kennen elkaar bijna niet, maar misschien kan ik je er bij helpen.*

*Ik heb gehoord dat papa en mama veel ruzie hebben. Dat hebben ze me verteld, want ze vinden het zelf ook vervelend. Het zal voor jou ook niet leuk zijn. Misschien kunnen we erover praten en kan ik jullie helpen.*

Wil je je doel met een gesprek duidelijk maken, dan zal dat doel eerst voor jezelf helder moeten zijn. Daarom is het zinnig om eerst voor jezelf het doel van een gesprek onder woorden te brengen; dan kan het ook makkelijker aan een ander duidelijk gemaakt worden. Een doel heeft zowel een niet- persoonsgebonden aspect – bijvoorbeeld het verkrijgen van informatie over hoe een kind de groep beleeft – als een persoonsgebonden aspect (oefening 4.7, bijlage 1), bijvoorbeeld als een 'aardig mens' of als een 'goede interviewer' bij de 'bevraagde' over willen komen. Watzlawick, Beavin en Jackson (1967) maken in dit verband ook wel onderscheid tussen het *inhouds-* en het *betrekkingsaspect* van communicatie. Het bewust zijn van de persoonsgebonden doelen, zorgt ervoor dat men beter in staat is om afstand te nemen van de eigen belangen en de aandacht meer te richten op de leefwereld van de 'bevraagde'.

*Wanneer de volwassene vooral bezig is met zijn of haar eigen doelen en vooral eigen angsten, zal het gesprek nooit echt vruchtbaar kunnen zijn. De sfeer is gespannen. Het kind zal dit al snel aan zichzelf wijten, waardoor de spanning als het ware 'overslaat'.*

In de eerste introductie moet al duidelijk gemaakt worden, hoe er met de informatie van het gesprek omgegaan wordt. Zeker voor jonge kinderen, die de sociale codes van gesprekken nog niet voldoende kennen, is dit noodzakelijk. Ook is het bij jonge kinderen goed en noodzakelijk om stil te staan bij de vertrouwelijkheid van de informatie. Een beroepsgeheim hoeft zich niet te beperken tot meerderjarigen.

Bij gesprekken die onverwachts ontstaan, bijvoorbeeld in de schoolsituatie, is het zinnig om zoveel mogelijk de kenmerken van een gepland gesprek in het oog te houden, uiteraard zonder formeel te worden.

Overzicht 6: *Introductie voor een gesprek*

| **Introductie voor een gesprek** | | |
|---|---|---|
| *(Spontaan) open vraaggesprek* | *Interview* | *Hulpverleningsgesprek* |
| - Indien onbekend: voorstellen.<br>- Wanneer door volwassene geïnitieerd: aanleiding en doel van het gesprek vertellen.<br>- Eventueel mogelijke tijdsduur aangeven.<br>- Eventueel aanbod om het op andere plaats en andere tijd te doen plaatsvinden.<br>- Mate van vertrouwelijkheid van gesprek . | - Voorstellen: wie is de interviewer?<br>- Waarom dit interview?<br>- Waarover dit interview?<br>- Welk doel dient het interview?<br>- De mate van vertrouwelijkheid: wat gebeurt er met de informatie die de geïnterviewde geeft?<br>- Het opnemen van het interview: vindt de geïnterviewde het goed dat het gesprek wordt opgenomen?<br>- De tijdsduur: hoe lang gaat het interview duren? | - Indien onbekend: voorstellen: wie is de hulpverlener?<br>- Waarom dit gesprek?<br>- Wat is de aanleiding voor het gesprek?<br>- Wat is het doel van het gesprek?<br>- De mate van vertrouwelijkheid: wat gebeurt er met de informatie die de cliënt geeft?<br>- Het doel van het maken van eventuele aantekeningen en waartoe ze gebruikt worden, duidelijk maken.<br>- De tijdsduur: hoe lang gaat het gesprek duren? |

In de startfase van het gesprek is het belangrijk om tot een overeenkomst te komen over het gesprek. Het kind moet als het ware aangeven dat het akkoord gaat met het gesprek of niet. Vervolgens zal de volwassene daaruit de consequenties moeten trekken. Dat kan betekenen dat er meer uitleg aan het kind wordt gegeven over het gesprek, maar het kan ook betekenen dat het gesprek niet plaats kan vinden omdat het kind dat niet wil. Kinderen zullen dit laatste naar een volwassene niet snel openlijk laten weten, maar veeleer via passief verzet uiten, tenzij ze duidelijk te horen krijgen dat hun mening er toe doet, ook als die mening minder gewenst is (oefening 4.8, bijlage 1). Het is belangrijk om reeds in het begin, tijdens de introductie, overeenstemming te krijgen en toestemming voor het gesprek. Op deze wijze voelt het kind zich medeverantwoordelijk voor het gesprek en zal het zich daarnaar gedragen.

### *4.1.3 De introductie van het gesprekskader*

Het is van belang herhaald en duidelijk aan te geven wat het doel is van het gesprek en wat de sociale codes zijn (oefening 4.9, bijlage 1). Zeker jonge kinderen hebben dit door hun gebrek aan kennis en ervaring nodig. Het doel moet uitgelegd worden in termen van zowel het belang van de volwassene als het belang van het kind.

*Ik werk voor mensen die aan het onderzoeken zijn hoe kinderen het vinden om in een pleeggezin te wonen. We willen dat graag weten om te zorgen dat we pleegkinderen en hun pleegouders en ouders goed kunnen helpen. Het is dus heel fijn als jij me daar iets over zou willen vertellen. Door met veel kinderen te praten, leren we hoe het zit. Voor jou is het misschien wel leuk om te vertellen en om te weten dat je daar andere kinderen mee helpt.*

*Je ouders hebben met mij gepraat en denken dat ik jou misschien zou kunnen helpen bij je angst. Ik denk het ook en dat zou prettig zijn, want het is erg vervelend om zo angstig te zijn. Ik vind het fijn om iemand te kunnen helpen en jij wilt, denk ik, wel van je angst af.*

In hoofdstuk 2 is uitgelegd hoe belangrijk het is, zeker bij jonge kinderen, om het kader van het gesprek duidelijk te maken. Het gesprekskader van een interview is geheel anders dan van een vraaggesprek in de schoolsituatie, thuis of op de voetbalclub; en dit is weer geheel anders dan een hulpverleningsgesprek.

Een interview is een gesprek waarin informatie aan een kind gevraagd wordt. Kennis waarover de volwassene niet beschikt. De volwassene zal het kind dus ook niet helpen met antwoorden, maar veel meer een afwachtende houding aannemen. Er zijn ook geen goede of slechte antwoorden, het gaat om de beleving van het kind. Het is niet de bedoeling om te gaan fantaseren en het onderwerp wordt in principe door de volwassene bepaald.

Deze elementen moeten aan het kind bij voorbaat duidelijk gemaakt worden en tijdens het gesprek eventueel herhaald worden.

*Waar ik dus iets over wil weten, is hoe je het op school vindt. Er is dus geen antwoord dat goed of fout is. Ik wil weten hoe jij het vindt. Het gaat om jouw mening. Als je ergens geen mening over hebt, dan hoef je er geen te verzinnen; ik wil alleen weten hoe jij er zelf over denkt. Als je niet weet hoe je het moet zeggen, moet je dat even vertellen, dan kan ik je er misschien bij helpen, anders ga ik gewoon rustig zitten wachten tot jij je mening verteld hebt.*

*Ik zit op een antwoord te wachten, maar misschien weet jij niet hoe je het zeggen moet en wacht jij erop dat ik je help. Ik had .... gevraagd. Kan je zeggen wat jouw antwoord is?*

Een interview of open vraaggesprek kan een eenmalige gebeurtenis zijn, waar niet verder op ingegaan wordt. Het is belangrijk dat het kind dit weet, zodat er geen valse verwachtingen gewekt worden. Dit is des te belangrijker daar een goed interview een gevoel geeft goed geholpen te zijn en verlangen naar meer kan oproepen. Bij een interview moet dus aangegeven worden dat het geen hulpgesprek is, en dus ook dat de bevraagde geen doorverwijzing of hulp van het interview mag verwachten.

Ook al lijkt het voor de interviewer een vanzelfsprekendheid, het is belangrijk om te vertellen dat hetgeen verteld wordt, geen gevolgen heeft voor de hulpvragen die de bevraagde nog heeft of in de toekomst kan hebben. Ook is het belangrijk te vertellen waar het interview wél voor dient en wat er met de gegevens gebeurt, wie ze krijgen en of ze vertrouwelijk zijn. Zoals steeds, is het belangrijk bij uitleg rekening te houden met de mentale leeftijd.

In een hulpverleningsgesprek is het ook belangrijk dat het kind weet dat er geen goede of foute antwoorden zijn, maar dat het gaat om de mening en vooral de gevoelens van het kind zelf. De volwassene kan het kind helpen die gevoelens te uiten. Tegelijk moet de volwassene duidelijk maken dat hij of zij het niet verkeerd wil doen en dus ook niet verkeerd wil invullen. Van belang is dat het kind weet dat zijn of haar eigen mening centraal staat en het kind zelf ook degene is die in principe het onderwerp bepaalt. Het gaat immers om een hulpverlening bij een hulpvraag (oefening 4.10. bijlage 1). Het is belangrijk om de hulpvraag duidelijk te krijgen.

*Ik wil graag proberen je te helpen. Daarvoor is nodig dat ik weet waar jij bij geholpen wil worden. Je ouders hebben gezegd dat jij erg angstig bent en dat het fijn is als je daar bij geholpen zou kunnen worden. Maar is dat ook waar jij bij geholpen zou willen worden? Misschien weet jij weer andere dingen die belangrijk zijn. Vertel eens, zou jij geholpen willen worden? ... En waar zou jij bij geholpen willen worden?*

Met een vraag als bovenstaande val je met de deur in huis en dat is niet de bedoeling. Vergeet niet dat hieraan een introductie vooraf moet gaan waarin het kind op zijn of haar gemak gesteld wordt.

In een interview- of een verhoorsituatie en vaak ook in hulpverleningsgesprekken, is het praktisch om aantekeningen te maken of een opname. Ook dit moet aan het kind uitgelegd worden. De reden voor opname moet duidelijk zijn en ook wat er met de gegevens gebeurt. Een opname kan vervelend overkomen bij een kind, wanneer het onderwerp van gesprek pijnlijk is. Ook kan het een probleem vormen dat anderen, en met name de ouders, dingen zullen horen. Het kan betekenen dat een kind onderwerpen, meningen of gevoelens gaat achterhouden. In andere gevallen vindt het kind de opname juist leuk en heeft het gevoel belangrijk te zijn tot en met 'een beetje beroemd'.

*Ik wil graag alles onthouden wat kinderen tegen me zeggen, maar dat kan ik niet. Dat kan niemand, jij ook niet. Daarom wil ik graag alles op een bandje opnemen. Dan hoef ik niet meer te vragen: Wat zei je ook alweer over dit of dat. Ik hoop dat je dat goed vindt. Het bandje is alleen voor mezelf, niemand die jij kent, krijgt het te horen. Heb jij wel eens iets van jezelf op een bandje opgenomen? Dat klinkt altijd een beetje vreemd. Op een bandje klinkt je stem anders dan je hem zelf hoort, voor Michael Jackson net zo goed als voor ons. Dat komt omdat je zelf je stem van buitenaf hoort én binnendoor in je hoofd. Dat klinkt heel anders dan alleen van buiten. Zal ik het eens voordoen?*

Voor een opname moet toestemming gevraagd worden. Een toestemming die in het begin is gegeven, kan overigens later betreurd worden. Het is daarom goed om er na het gesprek nog eens op terug te komen. Om toestemming te kunnen geven, is het noodzakelijk dat bekend is waar het bandje voor dient en dat er voldoende vertrouwen is. Als er geen toestemming gegeven wordt, vraag dan eerst naar de reden alvorens de conclusie te trekken dat er een gebrek aan vertrouwen is. Is daar wel sprake van, neem dan geen interview af. Probeer een kind niet onder druk te zetten (oefening 4.11, bijlage 1). De kwaliteit van de antwoorden verder in het interview zullen dan vaak weinig betrouwbaar zijn. Wel is het zinnig om aan het vertrouwen te werken en te kijken of het mogelijk is er iets aan te doen.

*Je wilt niet dat ik het op band opneem. Als jij het niet wilt, doe ik het niet, maar kan ik iets doen waardoor je het wel goed vindt? Misschien ben je wel bang dat ik iets geks ga doen met het bandje. Zal ik uitleggen wat ik ga doen?*

*Ik heb het idee dat je liever geen gesprek wilt. Misschien ben je bang dat er iets vervelends gebeurt door het gesprek. Volgens mij gaat er niets vervelends gebeuren, maar wat denk jij?*

In overzicht 7 (zie bladzijde 123) staan de belangrijkste punten voor de introductie van het gesprekskader voor de verschillende soorten gesprek. Ook hier geldt dat er sprake is van overlap tussen de verschillende gespreksvormen.

### *4.1.4 Introductievragen*

Nadat je je voorgesteld hebt, is het logisch om naar de naam van de ander te vragen en naar zijn of haar leeftijd als het een kind is. Eventueel kan je, wanneer het kind zijn of haar leeftijd heeft genoemd, je eigen leeftijd noemen. Dit geeft het kind tot zo'n jaar of acht een aanwijzing dat je van plan bent gelijkwaardigheid te hanteren in het contact. Op oudere leeftijd is het niet meer gebruikelijk om leeftijden te noemen. Het kan daardoor soms vreemd overkomen wanneer een volwassene zijn of haar leeftijd vertelt. Dan wordt het niet als een aanwijzing voor gelijkwaardigheid opgevat, maar 'uitsloverig' bijvoorbeeld. Het vertrouwen wordt daar eerder door geschaad dan bevorderd.

Bij jonge kinderen is de activiteit die ze doen, het meest belangrijk. Daarom is het niet alleen informatief, maar ook meteen verbindend en aansluitend bij het kind als je vraagt naar de activiteit die ze het liefst doen. Hoe jonger, des te beter het is om al snel een activiteit te ondernemen of aan te sluiten bij de activiteit waar ze mee bezig zijn.

**Overzicht 7:** *Introductie van het gesprekskader*

| **Introductie voor het gesprekskader** | | |
|---|---|---|
| *(Spontaan) open vraaggesprek* | *Interview* | *Hulpverleningsgesprek* |
| - Expliciet maken wie de onderwerpen bepaalt.<br>- Duidelijk maken dat je de mening van het kind wilt weten.<br>- Duidelijk maken dat je alleen helpt als het kind er zelf niet uitkomt.<br>- Duidelijk maken of je al dan niet wilt hulpverlenen.<br>- Uitleggen wat de mate van vertrouwelijkheid is van het gesprek. | - Duidelijk maken dat je de mening van het kind wilt weten over een bepaald onderwerp.<br>- Uitleggen dat jij vragen stelt en van het kind graag antwoorden wilt.<br>- Dat er geen 'goede' of 'foute' antwoorden zijn.<br>- Uitleggen dat het niet de bedoeling is fantasieën, maar meningen en gevoelens te weten te komen.<br>- Duidelijk maken dat je alleen helpt als het kind er zelf echt niet uitkomt. | - Expliciet maken dat het kind het onderwerp bepaalt.<br>- Duidelijk maken dat je graag wilt weten waar het kind problemen mee heeft.<br>- Duidelijk maken dat het je bedoeling is het kind te helpen met zijn of haar problemen.<br>- Duidelijk maken dat je het kind wilt helpen zijn of haar gedachten en gevoelens onder woorden te brengen als het niet makkelijk is.<br>- Uitleggen wat de mate van vertrouwelijkheid is van het gesprek. |

Ter illustratie leeftijdsgewijs een aantal voorbeelden. In dit geval is de volwassene een onbekende voor het kind en moet zichzelf introduceren.

*4-6 jarigen*
Hallo, ik ben ... [doel uitleggen] Hoe heet jij? En hoe oud ben je? Wat doe jij het allerliefst? [waar mogelijk daar op ingaan, ook in de zin van activiteit] Hou je van tekenen? Zullen we samen een tekening maken? Maak jij een poppetje, dan teken ik een huis.

*6-8 jarigen*
Hallo ik ben ... [doel uitleggen] Hoe heet jij? En hoe oud ben je? Wat doe je het allerliefst? [waar mogelijk daar op ingaan, ook in de zin van activiteit] Zullen we even met een bal overgooien om elkaar een beetje te leren kennen?

*8-10 jarigen*
Hallo ik ben ... [doel uitleggen] Hoe heet jij? En hoe oud ben je? Wat doe je het allerliefst? [waar mogelijk daar op ingaan, ook in de zin van activiteit] Zullen we samen wat gaan doen, dan leren we elkaar een beetje kennen?

*10-12 jarigen*
Hallo ik ben ... [doel uitleggen] Hoe heet jij? En hoe oud ben je? Wat doe je het allerliefst? [waar mogelijk daar op ingaan, ook in de zin van activiteit] Hou jij van dieren? Wat vind je van dierenmishandeling?

Inmiddels ben je met het kind een activiteit ingegaan. Dit kan zeker bij jonge kinderen belangrijk zijn.

### *4.1.5 De startvraag*

Hoe het hoofdonderwerp van een gesprek aangesneden wordt, is belangrijk. In het voorbeeld van Myra, hierboven, wordt terloops het hoofdonderwerp meteen aangesneden. Bij jonge kinderen die het initiatief nemen tot een gesprek gebeurt dat vaak. Het is van groot belang de verantwoordelijkheid voor het gesprek dat via het initiatief al bij het kind ligt, bij het kind te laten.

Wanneer het gaat om een interview is het handig om de eerste vragen uit het hoofd te kennen. De eerste – introductie – vragen moeten gemakkelijk te beantwoorden te zijn. Het zijn bij voorkeur geen open vragen, waar een breed scala aan antwoorden op mogelijk is, en ze zijn neutraal van aard. Er kan gevraagd worden naar een feit of een gebeurtenis. Kinderen die moeite hebben met het onder woorden brengen van gedachten en gevoelens zullen minder moeite hebben met het beschrijven van een feit of een gebeurtenis. Op deze wijze start het gesprek voor kinderen makkelijk. Ook is het zinnig om met jonge kinderen een activiteit te ondernemen tijdens het gesprek. Dit is des te meer het geval wanneer het gesprek spanningsvol is en angst kan oproepen in het kind. Een activiteit kan de spanning afbouwen.

Hiervoor is het nuttig om eventueel materiaal beschikbaar te hebben waarmee een activiteit gestart kan worden.

De *startvraag* kan het kind inzicht geven in het onderwerp van het gesprek, de soort vragen die gesteld gaan worden en de verwachting van de volwassene. Het is daarom belangrijk om een 'eerste' vraag te verzinnen die informatief is, niet zo moeilijk te beantwoorden en die voor het kind meteen een duidelijke aanzet is tot het gespreksonderwerp. Aan deze vraag zijn de introductievragen vooraf gegaan en de volwassene heeft, als het goed is, reeds een prettige sfeer weten te scheppen.

In het onderstaande overzicht staan een paar voorbeelden van vragen die de start vormen van de kern van het gesprek (oefening 4.12, bijlage 1).

**Overzicht 8:** *De startvraag van de kern van het gesprek*

| **De startvraag van de kern van het gesprek** | | |
|---|---|---|
| *(Spontaan) open vraaggesprek* | *Interview* | *Hulpverleningsgesprek* |
| - Ik zou graag willen weten wat er gisteren gebeurd is dat je moest huilen.<br>- Wil je me vertellen waarover je verdriet hebt? | - Hoe was het in het begin om hier te wonen? Kan je daar wat over vertellen?<br>- Heb je wel eens een juf gehad die erg aardig was? Vertel er eens over? | - Ik vraag me af of je wel een beetje kan slapen met al die zorgen aan je hoofd. Vertel eens hoe dat bij jou gaat met inslapen?<br>- Ben je eigenlijk boos op iemand die hier mee te maken heeft? |

### *4.1.6 De romp*

Na de start komt het gesprek in de fase waar het om gaat. Er ontstaat een gesprek waarin de 'bevraagde' zijn of haar informatie prijsgeeft of het onderwerp waar de hulp betrekking op heeft aan de orde komt.

Tijdens deze fase van het gesprek vinden twee processen gelijktijdig plaats. Het ene is inhoudelijk en betreft het onderwerp dat besproken moet worden. Het andere is de aandacht voor het onderhouden van een goede relatie en sfeer. Beide onderwerpen moeten de aandacht van de volwassene hebben. Het kind is overigens ook met beide onderwerpen bezig, maar eerder op het niveau van het al dan niet doorgaan met het gesprek. De (meta)communicatievoorwaarden (overzicht 4, hoofdstuk 3) zijn nu van belang. Wanneer de voorwaarden waaronder het gesprek plaatsvindt niet optimaal zijn en de introductie niet goed is verlopen, wreekt zich dat in deze fase. Tijdens de introductie en de start is het kind nog aan het aftasten of het bereid is tot het gesprek. In de romp speelt de motivatie, de spanningsboog en de warmte van het gesprek een belangrijke rol. Kinderen kunnen in dit gedeelte *weerstand* en *vermoeidheid* gaan vertonen (oefening 4.13, bijlage 1). In de introductie is het nog niet zichtbaar, maar wanneer het kind in feite het gesprek niet wil of zich in het gesprek niet op zijn of haar gemak voelt, zal het passieve of actieve verzet nu plaats gaan vinden. Volwassenen hebben vaak de neiging dit te negeren en hun onderwerp er 'doorheen te drukken'. Hun machtspositie ten opzichte van het kind maakt dat mogelijk. Het is echter een vruchteloze strategie, de inhoudelijke kwaliteit van het gesprek zal niet hoog kunnen worden. Beter is om de gaten die gevallen zijn vanuit eerdere fasen van het gesprek door metacommunicatie proberen te dichten.

*Ik merk dat we allebei ons best doen voor het gesprek, maar het gaat niet zo makkelijk. Weet jij waardoor het komt? Misschien heb ik niet duidelijk genoeg gemaakt waarom ik met je wil praten.*

*Je kijkt naar buiten, misschien wil je graag buiten spelen. Klopt dat?*

*Ik ben helemaal vergeten je te vertellen waarom ik dit interview doe, zal ik dat eerst eens uitleggen?*

Om de hoeveelheid informatie die gegeven wordt zo groot mogelijk te maken, is het van belang erop te letten hoe de vragen gesteld worden. Een luisterende houding en het kind de gelegenheid geven vrijuit te praten, zorgen ervoor dat het kind meer ruimte voor zijn of haar eigen verhaal voelt. Beschrijvende, open vragen geven oudere kinderen de ruimte om datgene te vertellen wat zij belangrijk vinden. Bij jonge kinderen geven open vragen vaak wat minder, maar wel accurate informatie en is afwisseling met gesloten vragen nodig (zie 4.2 voor de bespreking van de soorten vragen).

Om in het kader van een onderzoek interviews onderling met elkaar te kunnen vergelijken, is het belangrijk dat de interviewer zich in grote lijnen houdt aan de vragen van de lijst. Toch kan het nodig zijn om er even van af te wijken. Bijvoorbeeld omdat de interviewer wil doorvragen op wat het kind zegt, om het kind niet af te wijzen of om het vertrouwen van het kind te (her)winnen. Maar hetzelfde geldt voor hulpverleningsgesprekken. Hoewel de hulpverlener misschien een bepaalde rode draad in zijn of haar hoofd heeft, kan het verstandig zijn om van deze draad af te wijken. Bijvoorbeeld om het kind meer ruimte te geven voor andere onderwerpen, om vertrouwen te bevorderen of om de spanning wat af te laten nemen.

Hierbij moet nog toegevoegd worden dat de rode draad die volwassenen verzinnen, misschien niet die van het kind is en dat het geven van ruimte aan het kind de volwassene op een ander, en misschien beter, spoor kan zetten.

*Martijn van negen wil graag vertellen dat hij goed is in rekenen, de beste van de klas. De rode draad voor de interviewer is de betrokkenheid van ouders bij de buurt. Door Martijn de gelegenheid te geven te praten over onderwerpen die hij zelf kiest, komt de interviewer erachter dat Martijn een buitenbeentje is op school. Hij is goed in rekenen, maar slecht in vrienden maken. Op school en in de buurt wordt hij gepest. Zijn ouders hebben geprobeerd daar iets aan te doen, door met ouders en kinderen uit de buurt te praten, maar dat heeft niet geholpen. De ouders zijn inmiddels moedeloos geraakt, voelen zich niet verbonden met de buurt en houden zich afzijdig. Door Martijn de kans te geven te praten over onderwerpen die hij zelf kiest, ontstaat een dieper inzicht in het gedrag en de motivatie van de ouders dan wanneer alleen gepraat was over hun gebrek aan animo mee te doen met het straatfeest.*

Hetzelfde geldt voor het rigide vasthouden aan de volgorde waarin iets besproken moet worden. Het afkappen van een spontaan proces bij een kind, kan ervoor zorgen dat kostbare informatie verloren gaat. Als iemand iets spontaan te berde brengt, is dit een teken dat het hem of haar bezighoudt. Vaak ontstaat de spontane uiting door een associatie die voor de luisteraar echter niet meteen duidelijk is. Doorvragen op deze uiting legt de associatie bloot en geeft vaak een verdieping van het onderwerp. Op zo'n verkeerd moment afkappen, is te voorkomen door soepel om te gaan met de volgorde van de vragenlijst of met de rode draad van een gesprek. Hoe soepel hangt af van de ervaring van de interviewer: hoe meer die vertrouwd is met de vragenlijst, des te makkelijker het zal gaan.

Hetzelfde geldt voor andersoortige gesprekken. De ervaring die iemand heeft met gespreksvoering met kinderen, heeft veel invloed op het verloop van het gesprek. Die ervaring heeft zijn grootste effect op het zelfvertrouwen van de volwassene en dat heeft weer effect op de mate van contact met het kind. Een onzekere volwassene heeft een ingebouwde afstand tot de mensen om hem of haar heen en dus ook tot het kind. Iemand die onzeker is, richt zijn of haar aandacht meer op zichzelf en minder op de ander. Wil je echter een goed contact maken, dan moet je je juist op de ander richten. Volwassenen die makkelijk contact maken met kinderen zijn minder afhankelijk van ervaring.

Metacommunicatie kan behulpzaam zijn in het doorbreken van je eigen onzekerheid (oefening 4.14, bijlage 1). Een van de dingen die nadelig werken op gespreksvoering is het je afvragen of je het wel goed doet. Je kan daar aardig door in beslag genomen worden. Wanneer je de draad kwijt bent en niet meer weet welke vraag je moet stellen, kan je je opwinden en hardnekkig proberen het je te herinneren, je kunt het ook – metacommunicatief – delen:

*Zitten we zo fijn te praten, vergeet ik gewoon welke vraag ik nu aan je moet stellen. Even kijken...*

Het is daarom goed als voorbereiding voor een gesprek de eigen onzekerheid te bevragen en trachten te verminderen. Ben je erg zenuwachtig, probeer dat dan meteen te delen, zodat het kind de spanning niet hoeft in te vullen als tegen hem of haar bedoeld. Zonder dergelijke uitleg gaan kinderen – volwassenen ook – de oorzaak van het gedrag van de ander bij zichzelf zoeken en slaat de spanning over:

*Ik heb nog niet zo vaak interviews gedaan, dus ik vind het zelf ook wel spannend.*
*Ik vind het best spannend om je te helpen.*

*Je hebt hele nare dingen meegemaakt, en ik wil je graag goed helpen.*

Voordat de afrondingsfase start, is het goed om te bedenken wat de belangrijkste vraag van het gesprek is. Als deze niet of onvoldoende aan de orde is geweest, probeer die dan alsnog te stellen in een metacommunicatief kader, dat wil zeggen dat uitgedrukt wordt dat het de belangrijkste vraag is en dat je er graag een antwoord op zou willen hebben.

*Eigenlijk is mijn belangrijkste vraag hoe je het vindt om hier te wonen en ik zou het heel prettig vinden om daar nog een antwoord op te krijgen voordat we met dit gesprek ophouden.*
*Wat ik het allerbelangrijkste vind, is wat jij nu van jezelf vindt, nadat je dat allemaal hebt meegemaakt. Ik zou het fijn vinden om dat te horen van je.*

### *4.1.7 De afronding*

Ook de afsluiting van een gesprek verdient zorg. Een gesprek dat abrupt wordt afgebroken, zal de bevraagde het gevoel geven dat hij of zij niet méér aandacht verdient. Het kan het gevoel opleveren 'gebruikt' te zijn.

Een gesprek heeft spanning opgebouwd en die spanning moet weer afgebouwd worden. Aan het eind van het gesprek moet daarom aandacht besteed worden aan vragen en emoties die het gesprek heeft opgeroepen. Het is de bedoeling dat het kind een gesprek met een positief gevoel afsluit. Als dat niet zo lijkt te zijn, is het gesprek nog niet afgelopen.

Een gesprek kan op verschillende manier afgerond worden. Er zijn ook verschillende redenen waarom het gesprek tot een einde komt. Dit kan zijn omdat het onderwerp voldoende is besproken, omdat de beschikbare tijd om is of omdat de gesprekspartners hun motivatie voor het gesprek verloren zijn. De afronding van een gesprek moet bij de aard van het einde aansluiten. Het beste is om de afronding aan te kondigen. Opnieuw is dit zeker bij jonge kinderen nodig omdat zij de codes van gesprekken vaak onvoldoende kennen.

De afronding vindt onder andere plaats door aan te kondigen dat het gesprek klaar is. Hierbij kan ook gerefereerd worden aan uitspraken uit de introductie.

*Wat leuk dat we zo even gepraat hebben, wil ik wel vaker! Maar nu moeten we weer verder met waar we mee bezig waren.*

*Ik had gezegd dat het interview een uur zou duren, dat uur is nu bijna om, dus het wordt tijd dat we gaan afronden.*

Het komt regelmatig voor dat volwassenen, vanuit hun drukke werkzaamheden, een gesprek korter moeten laten duren dan ze zouden willen. Bij hulpverleners speelt vaak dat de regels die hun instelling hen oplegt veel korter is dan de tijd die echt nodig zouden hebben. Of de hulpverlener moet volgens een protocol werken wat het spontane contact met het kind in de weg zit. Maar het zit niet alleen het kind in de weg, het zit ook de hulpverlener in de weg. De hulpverlener vindt dan bijvoorbeeld dat hij of zij het kind tekort doet. De hulpverlener is bang het kind te kwetsen doordat hij of zij het gesprek moet afkappen vanuit tijdsoverwegingen. Juist al deze overweging zijn kostbaar, ze zijn de aanwijzing dat het kind er echt toe doet, dat de hulpverlener het serieus meent met het kind. Het is dan ook belangrijk om die overwegingen te delen met het kind (oefening 4.15, bijlage 1).

*Je hebt waarschijnlijk wel gemerkt dat ik graag met je wil praten, dat ik graag wil horen wat je wilt zeggen. Maar nu zit ik met het probleem dat ik niet altijd kan doen wat ik wil. Het liefste zou ik nu door willen praten met je, maar ik moet vertrekken. Wat nu? Wat moeten we doen?*

*Ik zou niets liever willen dan naar je blijven luisteren. Maar heb je al gemerkt dat ik een beetje begon te wiebelen? Dat is om dat ik naar je wil luisteren, maar ik moet ook weg, anders kom ik te laat bij mijn volgende afspraak. Ik vind het zo vervelend om tegen je te zeggen, want ik ben bang dat je denkt dat ik niet geïnteresseerd ben en dat is niet zo, dus daarom zat ik te wiebelen.*

Een afronding kan inhouden dat het gesprek door de partners geëvalueerd wordt. Dit is niet altijd makkelijk voor kinderen en daarom is het zinnig om als volwassenen eerst zelf te zeggen wat je van het gesprek vond. Hiermee is echter ook de toon gezet en zal het kind erg zeker van zichzelf moeten zijn, wil het tegen die mening ingaan. Het is nodig om uitlatingen te doen die duidelijk maken dat het kind niet sociaal wenselijk hoeft te reageren (oefening 4.16, bijlage 1). Wanneer het kind onzekerheid proeft in de uitlatingen van de volwassene, zal het kind daar al snel rekening mee houden en de eigen mening verdoezelen of juist aandikken. Om dit te voorkomen, is het verstandig om tijdens het gesprek reeds evaluatieve opmerkingen te plaatsen, waarop aan het einde aangesloten kan worden.

*Je hebt al gemerkt dat ik vaak blij was met wat je vertelde...*

*Ik heb gemerkt dat het niet altijd makkelijk voor je was om het vertellen, maar....*

Wanneer de volwassene het gesprek kort samenvat, heeft het kind meer zicht op wat zijn of haar bijdrage aan het gesprek is. Dit kan tevens dienen als aanknopingspunt om het kind uit te nodigen iets toe te voegen.

*We hebben nu gepraat over hoe jij je op school voelt. Ik weet nu dat je wereldoriëntatie heel erg leuk vindt, dat je een hele goede vriend hebt in de klas en dat je juf een beetje streng is. Je zit het liefst achter de computer, maar dat mag maar een half uur per dag. Klopt dat een beetje vind je?*
*Wat zou je nog meer willen vertellen?*

*Wat zou jij nou nog vragen als jij de interviewer was?*

*Wat is volgens jou nu nog belangrijk voor mij om echt over jou te weten?*

Bij de afronding is het goed om het doel van het gesprek te herhalen en wat er met de informatie gedaan zal worden. Ook moet duidelijk zijn of er een vervolg op het gesprek zal komen of niet.

*Ik ben zo blij dat je me dit verteld hebt. Dit vind ik net zo belangrijk als rekenen. Volgende week vraag ik je wel hoe het afgelopen is, want dat wil ik graag weten. We hebben een goed gesprek gehad, vind ik. Nu weet ik waarom jij zo graag het weekend naar je ouders wilt en waar je dan bang voor bent. Ik zal dat niet aan ze vertellen, want je hebt gezegd dat je dat niet wilt, maar het is misschien wel prettig als ik na het weekend aan je vraag hoe het was, dan kunnen we kijken of het helpt wat we verzonnen hebben.*

*Het is vreselijk vervelend om bang voor honden te zijn, maar we hebben nu wel een idee wat we er aan kunnen doen. Ik denk dat het handig is als je ouders dat ook weten, maar misschien ook niet. Wat vind jij?*

Het kind heeft emoties gehad tijdens het gesprek en heeft zijn of haar best gedaan om een goed gesprek te voeren, of heeft spanning ondervonden omdat het gesprek niet verliep zoals het kind wilde. Het heeft zich ingezet en het is daarom belangrijk om hem of haar te bedanken voor het gesprek. De dank moet niet formeel zijn, omdat het kind zich dan bekocht zal voelen.

*Ik wil je eigenlijk bedanken dat je me zoveel verteld hebt, maar dat is misschien een beetje vreemd, want het is voor jou wel moeilijk geweest dat allemaal te vertellen.*

*Dank je dat ik je een beetje mocht helpen.*

*Bedankt dat je me zo vertrouwd hebt!*

Naast dank is ook het geven van een beloning of aandenken belangrijk. Bij jonge kinderen geldt dat zij door een beloning het signaal krijgen dat hun bijdrage gewaardeerd wordt of goedgekeurd. Een snoepje, sticker of een speeldingetje wordt door jonge kinderen erg gewaardeerd. Voor oudere kinderen is daarnaast de bevestiging van het zelfbeeld minstens zo belangrijk.

*Tjonge, wat een gesprek hè? Ik ben gewoon trots op ons!*

Het 'ons' in de bovenstaande zin maakt de gelijkwaardigheid en de gezamenlijkheid duidelijk. Het is zelfs zo dat als het vervangen wordt door 'jou' dat het 'patronizing', belerend over kan komen: de alwetende volwassene beoordeelt het kind.

Eerder bleek dat het voor kinderen belangrijk is om na een moeilijk gesprek en zeker na langdurig stilzitten, even uit te kunnen razen en een fysieke activiteit te kunnen ondernemen, zoals schommelen. Voor de bevraagde is het meestal prettig als een interviewer na het afzetten van de band even napraat en voorstelt iets te spelen, te drinken of te snoepen. Na afronding van het interview kan het voorkomen dat de interviewer aan de praat raakt met andere volwassenen in het gebouw waar het gesprek is gehouden. Let erop dat dit niet gebeurt buiten medeweten van het kind. Degene die geïnterviewd is, krijgt anders misschien de indruk dat er over hem of haar gesproken wordt. Het is verstandig om dat voor te zijn door het kind duidelijk te maken waarover er in dat geval gepraat zal worden.

*Ik ga nu even naar je meester om af te spreken wanneer ik de andere kinderen ga interviewen, maar ik vertel niets over ons gesprek.*

*Ik zie je juf daar lopen. Ik ga even vertellen dat wij klaar zijn en dat we een prima gesprek hebben gevoerd, maar ik vertel niet waar we het over gehad hebben.*

*Als je ouders je komen ophalen, praat ik even over ons gesprek, daar kan je gewoon bij zijn als je wilt.*

Bij een hulpverleningsgesprek kunnen dezelfde punten bij de afronding in overweging worden genomen als bij het interview, behalve dat een beloning voor een hulpverleningsgesprek niet aan de orde is, wel het bedanken voor een gesprek. Dit laatste zien hulpverleners vaak over het hoofd. Iemand bedanken, bijvoorbeeld voor het geschonken vertrouwen, maakt de ander tot iemand die waardevol is. Een hulpverleningsgesprek is meestal onderdeel van een serie gesprekken. Bij de beëindiging van een gesprek is het daarom belangrijk om het vervolg duidelijk aan te geven, voor zover dat bekend is. Dat kan ook betekenen dat de hulpverlener zegt:

*Ik ga hier eens goed over nadenken. Morgen vertel ik je wat ik ermee kan doen. Oké?*

## 4.2 VRAAGTECHNIEKEN

Er zijn verschillende soorten vragen, van gesloten tot open vragen; van suggestief vragen tot doorvragen. Respect voor het kind en datgene wat het kind wil vertellen vergt zorgvuldigheid met de intentie van een goed contact waarin de gesprekspartners elkaar begrijpen en willen begrijpen. Garbarino en Stott (1989) geven als richtlijn: een kleine verandering in woordkeus bij instructies of de presentatie van een probleem kan alles zijn wat nodig is om kinderen een vraag tijdens een onderzoek anders te laten begrijpen, interpreteren en beantwoorden.

Jonge kinderen zijn minder geneigd vragen te beantwoorden. Zij communiceren vaak liever door middel van spel, door het vertellen van verhaaltjes, het afmaken van zinnen of spelen met poppen en autootjes (oefening 4.17, bijlage 1). Probeer daarom naast vragen ook andere vormen te gebruiken.

Bijvoorbeeld niet:

*Vind je het prettig om hier te wonen?,*

maar:

> *'Zullen we doen alsof jij een broertje hebt?'*
> *'Goed'*
> *'Hoe zullen we hem noemen?'*
> *'Nico'*
> *'Vertel eens wat Nico ervan vindt om in een kinderhuis te wonen?'*

Een zin laten afmaken door het kind kan ook behulpzaam zijn. De ZAT, ZinAanvulTest is op dit principe gebaseerd.

> *Zullen we samen een verhaaltje maken? 'Er was eens een meisje dat in een kinderhuis woonde en die wilde graag ..... [non-verbaal: uitnodigend naar het kind kijken].*

Door het spel kan het kind dingen duidelijk maken. De behandelingsvorm *speltherapie* is daarop gebaseerd. In het onderzoek naar seksueel misbruik bij jonge kinderen wordt soms gebruik gemaakt van anatomisch correcte poppen om dingen duidelijk te krijgen.

Een geliefde manier voor kinderen is het gebruik van dieren. Kinderen kunnen bijna altijd onmiddellijk een dier noemen waar ze affiniteit mee hebben, of afkeer. Dit dier kan als hoofdpersoon in een verhaal de dingen namens het kind vertellen. Iedere vorm heeft zijn risico's. Bij de verbale vorm bestaat het risico vooral uit sociaal wenselijke antwoorden, fantasieverhalen en oneerlijkheid. Bij het spel zal er minder sprake zijn van sociaal wenselijke gedragingen. Het risico bij spel ligt vooral bij de interpretatie; hierbij kunnen grote fouten worden gemaakt. Het is dan ook belangrijk om de interpretatie op een gegeven moment bij het kind op zijn juistheid te checken.

> *Nu hebben we zo heerlijk met die beren gespeeld, dat is net als in het echt. Daardoor heb ik een idee gekregen. Die ene beer wordt de hele tijd gepest. Heb jij soms een broertje dat jou pest?*

Er bestaan verschillende soorten vragen en voordat we ze gaan behandelen, zetten we ze even in overzicht 9 bij elkaar.

**Overzicht 9:** *Vraagtechnieken*

| **Vraagtechnieken** | |
|---|---|
| *Vraagtechnieken* | *Omschrijving* |
| 1 Open vragen | Vragen waar een onbeperkt aantal antwoorden op mogelijk zijn. |
| 2 Gesloten vragen | Vragen waar een beperkt aantal antwoorden op mogelijk is. |
| 3 Toonvragen | Vragen waarop de vrager het antwoord weet en niet zeker is of de bevraagde dat ook weet en vraagt de kennis te tonen. |
| 4 Retorische vragen | Vragen waarop het antwoord voor vrager en bevraagde duidelijk is en ze dat van elkaar weten. |
| 5 Doorvragen | Vragen die op een opmerking, een zinsdeel doorgaan. |
| 6 Suggestief vragen | Vragen die een antwoord suggereren. |
| 7 Meervoudig vragen | Vragen die meer dan een vraag tegelijk behelzen. |
| 8 Vraag herhalen | Herhalen van een vraag |
| 9 Vraag verduidelijken | Uitleg geven over de vraag. |
| 10 Tegendeelvragen | Een vraag stellen om een tegenreactie uit te lokken. |
| 11 Waarom-vragen | Een vraag stellen om naar verantwoording en motivatie te vragen |
| 12 Antwoord herhalen | Antwoord herhalen. |
| 13 Antwoord samenvatten | Antwoord samenvatten. |
| 14 Samenvattend vragen | Vraag waarin een samenvatting van wat de ander gezegd heeft besloten ligt. |

### *4.2.1 Open en gesloten vragen*

Er is al een paar keer aangestipt, dat een vraag aanleiding kan geven tot korte 'ja' of 'nee' antwoorden, door de vorm waarin de vraag gegoten is: de *gesloten vraag.*

*Heb jij dat huis getekend?*
*Ja*
*Is je juf aardig?*
*Ja*
*Vind je het interview vervelend?*
*Nee*

Wil je communiceren met iemand, of wil je informatie verkrijgen, dan moet je gesloten vragen zoveel mogelijk vermijden. Ze zijn echter wel nodig om gesprekken te beginnen en om bruggetjes te maken van het een naar het ander in een gesprek. Open vragen zijn voor jonge kinderen erg lastig omdat het veel vergt van hun capaciteit van onder woorden brengen van gedachten en gevoelens, en ook het doorhebben wat een andere aan informatie nodig heeft (empathisch vermogen).

Hoewel een vraag die begint met 'Hoe' open lijkt, kan hij al gauw aanleiding geven tot een kort antwoord: Hoe vind je het hier? 'Leuk', 'Stom'. Vragen met 'hoe' zijn bovendien voor jonge kinderen moeilijke vragen. Voor vragen met 'waarom' geldt hetzelfde. Bovendien geven deze vragen soms de indruk een verantwoording te vragen, wat de sfeer van het gesprek kan benadelen. Bij jonge kinderen zullen deze vragen minder informatie opleveren. 'Hoe' en 'waarom' vragen kunnen pas gesteld worden als duidelijk is, dat het kind zich op zijn of haar gemak voelt, gemotiveerd is voor het gesprek en voldoende taalvaardig is.

Bijvoorbeeld niet:
*'Vind je het leuk om in dit kinderhuis te wonen?',*
of
*'Hoe vind je het om in dit kinderhuis te wonen?',*
die gesloten vragen zijn maar:
*'Vertel eens hoe je het vindt om in dit kinderhuis te wonen?'*

Om een open vraag te beantwoorden, is naast talige capaciteit en empathisch vermogen, enig vertrouwen nodig en het gevoel dat wat je te vertellen hebt welkom is. Aan het begin van het gesprek zijn gesloten vragen daarom vaak geschikter, zoals vragen naar iemands naam en leeftijd. Wanneer de vrager zichzelf iets meer heeft laten zien, zijn of haar doel duidelijk is en duidelijk is wat de vrager van de bevraagde verwacht, zullen open vragen veel informatie kunnen geven.

*Vertel eens hoe het was om te verhuizen?*

*Wat doen de kinderen bij jullie op school dan als ze pesten?*

De eerste vraag (hoe het was) is gericht op beleving. Zeker voor jonge kinderen een lastig onderwerp. De tweede vraag is gericht op het beschrijven van gebeurtenissen, van handelingen. Het is vaak beter om daar mee te beginnen. In het spreken met jongens is dat vaak iets dat structureel blijft, onafhankelijk van leeftijd. Jongens zijn gemiddeld iets meer daadkrachtig ingesteld en communiceren makkelijker met hun lichaam en vertellen ook makkelijker via gebeurtenissen (oefening 4.18, bijlage 1).

Kinderen die 'gesloten' zijn, zullen in eerste instantie beter uit de voeten kunnen met oppervlakkige gesloten vragen (oefening 4.19, bijlage 1). Let echter op, dat je met gesloten vragen weinig informatie krijgt en makkelijker het risico loopt dat je de bevraagde verkeerd begrijpt. Afhankelijk van de reden van 'geslotenheid' zal er of meer aan het vertrouwen gewerkt moeten worden, of zal een onderwerp eerst via 'feiten' benaderd moeten worden, voordat vragen naar de beleving gesteld kunnen worden. Gesloten vragen kunnen, zeker bij jonge kinderen, behulpzaam zijn als afwisseling tussen open vragen om te controleren of je het kind goed begrepen hebt of om aanvullende details te vragen. Jonge kinderen zijn accuraat in de vrije reproductie, maar geven spontaan weinig details. Deze moeten door middel van doorvragen verkregen worden.

### *4.2.2 Toonvragen*

Op toonvragen (displayvragen, pseudo-vragen) kent de vrager het antwoord, maar geeft de bevraagde de kans zijn of haar kennis te tonen (oefening 4.20, bijlage 1). Het is een zeer gebruikelijke techniek in schoolverband. Jonge kinderen moeten leren dat de volwassene het antwoord al weet en niet echt het antwoord van het kind nodig heeft. Dit is toch enigszins bevreemdend voor het kind. In schoolverband is het een veelgebruikte techniek en zijn kinderen daar mee vertrouwd tot aan de hoogste vormen van onderwijs. Daarbuiten moet er wat voorzichtiger mee omgegaan worden. Als kinderen opgroeien willen ze meer gelijkwaardigheid en dus geen vragen waardoor ze zich getest voelen (oefening 4.21, bijlage 1).

### *4.2.3 Retorische vragen*

Het antwoord is bij een retorische vraag voor de vrager en de bevraagde beide bekend. De vraag heeft niet de bedoeling om kennis uit te wisselen, maar bijvoorbeeld om een kind een gevoel van zekerheid te geven, het tempo van het gesprek te versnellen of het onderwerp actief te maken, in het bewustzijn te krijgen. Het kan ook als uitlaatklep dienen voor ergernis en wordt door ouders vaak gebruikt om hun gelijk te halen. Een retorische vraag kan ook de verbintenis tussen gesprekspartners uitdrukken. De toon van een retorische vraag is er bepalend. De toon kan een heel scala aan emoties uitdrukken van cynisch, verwijtend tot humoristisch, ironisch of warm verbindend. Ouders hanteren veel retorische vragen bij kinderen vanaf ongeveer vijf jaar (oefening 4.22, bijlage 1).

*En wie hangt dat jasje aan de kapstok?!*

*En waar zijn je schoenen?*

*En wie heeft er weer gelijk?!*

*Wat had je gezegd over Marijke? En had je gelijk?!*

*Wat vond je ook alweer van gymnastiek?*

### 4.2.4 *Doorvragen*

Op een zin, deel van een zin, een opmerking kan doorgevraagd worden, ook wel eens uitvragen genoemd. De vrager stelt dan vragen om dieper op het onderwerp in te gaan (oefening 4.23, bijlage 1).

De meest gebruikelijke manier van doorvragen is door op een vragende toon een woord uit een zin te herhalen, waarmee de ander gestimuleerd wordt op dat onderwerp dieper in te gaan.

Doorvragen is eigenlijk de meest geëigende manier om dieper contact te maken, om dieper op een onderwerp in te gaan, om de ander te laten merken dat je hem of haar serieus neemt en om te voorkomen dat je misverstanden in de communicatie krijgt.

Als het verhaal van de bevraagde onduidelijkheden bevat of onvolledig is, is het mogelijk om met behulp van vragen stellen meer duidelijkheid te krijgen. Vaak denken we te snel dat we een antwoord begrepen hebben, zonder daarmee de reikwijdte te overzien van wat er gezegd wordt. Pas met doorvragen krijgen we een blik achter de schermen van iemands wereld. Door middel van doorvragen geven we de ander de gelegenheid verder te reflecteren op het onderwerp en tot meer uitgekristalliseerde uitingen te komen. Dat betekent ook, dat we daarmee de ander laten weten zijn of haar verhaal serieus te nemen.

Verschillende mensen hechten verschillende betekenissen aan een zelfde woord. In gespreksvoering lopen we daarom het risico dat we onze eigen betekenis invullen en er helemaal naast zitten. Doorvragen biedt de mogelijkheid om aan de ene kant diepergaande informatie te verkrijgen en aan de andere kant te controleren of we inderdaad begrijpen wat ons verteld is.

*Word jij wel eens gepest?* Dit is een gesloten vraag. Het risico dat het antwoord slechts 'ja' of 'nee' zal zijn, is groot. Zo weet je nog niets van wat pesten betekent voor het kind. Het kind kan zich ook schamen dat het gepest wordt en via een dergelijke vraag zal het zich dan eerder sluiten dan openen. Een open vraag of doorvragen biedt de gelegenheid om beter te begrijpen wat dit onderwerp voor het kind betekent. Pesten komt op iedere school voor, ieder kind weet ervan en hoort erover, maar niet iedereen verstaat er hetzelfde onder en ervaart hetzelfde wanneer het gebeurt.

*Wat vind jij nou van pesten?* [...] *Wie doen dat nou bij jou op school?* [...] *Gebeurt het ook wel eens bij jou?* [...] *Hoe voel je je als je gepest wordt?*

Het doorvragen op een woord geeft met deze zin [*Word jij wel eens gepest?*] al vele andere invalshoeken:

- Doorgaan op 'wordt' betekent accent op het proces. Is het nog bezig of niet.
- Doorgaan op 'jij' betekent accent op persoon, vergelijking met anderen ontstaat.
- Doorgaan op 'wel eens' betekent accent op omvang, relativeren en overdrijven komen aan bod.
- Doorgaan op 'gepest' betekent het accent op de aard van het probleem.

Doorvragen kan op verschillende manieren gebeuren. Bij het doorvragen is het belangrijk om het contact met de bevraagde uit te drukken en de belangstelling voor het onderwerp. Vragen als 'Hoezo' en 'Waarom' zijn wel vormen van doorvragen, maar geven de bevraagde weinig zicht op wat de ander met de informatie doet. Het kan ook erg bevoogdend overkomen en alsof je verantwoording moet afleggen of iets verkeerds gedaan hebt. Het is beter om iets in het doorvragen uit te drukken.

> *Jij zegt dat [.....], maar bedoel je dan dat jij dat niet leuk vindt?*

Doorvragen is effectief in het uitdiepen van een onderwerp. In eerste instantie betekent dit het stimuleren door te gaan op een woord en dat nader uit te leggen.

> *'Ik vind het gewoon leuk op school.'*
> *'Leuk? '*
> *'Nou, er zijn allemaal kinderen en je kan leuk spelen en je leert schrijven. '*
> *'Vind jij het leuk als er veel kinderen zijn? '*
> *'Ja. '*
> *'En als er nou weinig kinderen zijn, wat dan? '*
> *'Dat is net als bij mij thuis, dan kun je nooit eens leuk spelen. '*
> *'Volgens mij hou jij wel van spelen! Wat vind je leuke dingen om te doen? '*

In dit voorbeeld is ervoor gekozen om uiteindelijk door te gaan op wat 'leuk' is. Er zou een geheel ander gesprek ontstaan wanneer door zou worden gegaan op 'kinderen' op 'leren' of op 'school'.

Laten we een zin nemen en onderzoeken wat voor verschillende gesprekken ontstaan door op verschillende woorden van een zin door te vragen.

Iniger is acht en hij gaat graag naar school. Het gaat goed op school, maar toch lijkt Iniger gespannen. Vragend naar de school zegt Iniger:

***Ik wil mijn hele leven naar school!***

De zin heeft zeven woorden en de gesprekken die eruit voortspruiten kunnen volledig verschillende kanten uitgaan.

***Ik wil mijn hele leven naar school.***

Doorgaan op het woord 'ik' *('Jij?')* legt het accent op Iniger vergeleken met andere kinderen. Iniger zal geneigd zijn zichzelf te plaatsen in zijn plezier in school vergeleken met andere kinderen. Al snel zullen kinderen aan bod komen die niet zo graag naar school gaan en Inigers positie tussen zijn klasgenoten.

***Ik wil mijn hele leven naar school.***

Doorgaan op 'wil' *(Wil je dat echt?)* legt het accent op Inigers wens en zijn beslistheid. Het gesprek zal de kant uitgaan naar de haalbaarheid van zijn wil, en de tegenwerking die hij daarbij ondervindt.

***Ik wil mijn hele leven naar school.***

Doorgaan op 'mijn' *(Je zegt zo jouw leven, zo 'dat is van mij'?)* zal het gesprek de wending geven van dat het zijn wens is en zijn recht. Anderen die daar anders over denken zullen dan aan bod kunnen komen, bijvoorbeeld zijn zusje die hem een 'stuut' vindt en zijn vader die wil dat hij zo snel mogelijk in de zaak komt werken.

***Ik wil mijn hele leven naar school.***

Doorgaan op 'hele' *(Je zegt hele? Hele is heel lang. Wil je nooit iets anders?)* legt het accent op de omvang van zijn wens en de uitsluiting van andere dingen. Dan kan er aan bod komen wat Iniger aan school zo prettig vindt en waarom andere dingen daardoor verbleken.

***Ik wil mijn hele leven naar school.***

Doorgaan op 'leven' *(Je zegt 'leven', alsof er nooit iets anders kan komen dan school?)* legt, evenals 'hele', het accent op de omvang van zijn wens. Dat Iniger zich niets anders kan of wil voorstellen dan school. Daarop doorgaand kan bloot komen te liggen wat school voor hem inhoudt en wat andere activiteiten betekenen.

***Ik wil mijn hele leven naar school***

Doorvragen op 'naar school' *(Naar school?* of *Naar school?!)* legt het accent op wat school betekent voor Iniger. Hoe belangrijk het is, hoe gelukkig hij daar is en hoe ongelukkig hij thuis is.

Doorvragen kan ook non-verbaal door bijvoorbeeld uitnodigend te kijken of bemoedigend te knikken wanneer het kind spreekt over het onderwerp waarover je meer wilt weten. Het doorvragen kan op de grote lijn van wat het kind zegt of op een detail. Soms zijn beide belangrijk en kan je het beste even een steekwoord opschrijven, als dat kan, waar je later nog even op terug wilt komen. Je kunt dit ook, metacommunicatief, verwoorden.

*Je zegt nu hoe je het vindt dat de meester altijd naar de jongens luistert, en daar wil ik graag meer over weten, maar je zegt ook dat hij zo hard praat, daar wil ik straks nog meer over horen. Dus, vertel, je zegt dat de meester altijd naar jongens luistert. Bedoel je dat hij meer naar jongens dan naar meisjes luistert?*

Doorvragen kan ook op non-verbaal gedrag.

*'Hoe vind je het om hier te komen?'*
*[kind lacht]*
*'Ik zie dat je lacht. "*
*'Ja, ik vind het hartstikke leuk gewoon. Iemand die rustig naar me zit te* luisteren, wat ik allemaal te vertellen heb en zo. '

### 4.2.5 *Suggestief vragen*

Suggestieve vragen laten de bevraagde weten wat de mening is van de vrager en kunnen een waardeoordeel in zich dragen. Hierdoor is er meer risico op sociaal wenselijke antwoorden of juist het omgekeerde, dwarsliggen: niet antwoorden wat je vindt, maar het tegenovergestelde van wat je denkt dat de vrager wil horen. Suggestief is bijvoorbeeld: *'Je vindt het hier niet leuk?* ' Vooral in de toon waarop een vraag gesteld wordt, kan een kind afleiden wat de vrager goed- en af zou keuren.

Een suggestieve vraag kan echter ook helpen om sociaal wenselijke antwoorden te voorkomen. In plaats van *'Heb je wel eens gejat?'* de vraag *'Weet jij eigenlijk wanneer je voor de eerste keer iets gepikt hebt?'* Met deze vraag wordt de welles-nietes overgeslagen wat in geval van veelvuldig stelen verstandig is. Suggestief vragen is echter alleen dan zinvol wanneer de vrager volledig zeker is dat de suggestie juist is. Dat kan het geval zijn wanneer de informatie reeds eerder in het gesprek of voor het gesprek is verkregen of wanneer het om algemeen geldende regels gaat. Voorzichtigheid blijft geboden, omdat bijvoorbeeld uitzonderingen de regel bevestigen en een foute interpretatie snel is gemaakt.

Jonge kinderen en minder begaafde kinderen zijn extra gevoelig voor suggestieve vragen van volwassenen. Wees dus heel zeker van je zaak als je een suggestieve vraag stelt en vermijd dit zoveel mogelijk. In hoofdstuk 2 hebben we aangegeven dat kinderen tot een jaar of acht gevoelig zijn voor suggestieve vragen, zeker wanneer dit om details en kenmerken van personen gaat en niet om de grote lijn, en vooral wanneer deze vragen door volwassenen worden gesteld. Suggestieve vragen kunnen, wanneer de volwassene zeker is van zijn of haar zaak, ook ondersteunend werken en het kind het gevoel geven begrepen te worden (oefening 4.24. bijlage 1).

*Ik zie je lachen naar Marijke. Jij vindt het leuk hè, om met Marijke te spelen.*

Garbarino en Stott (1989) geven als richtlijn over suggestie: Probeer vragen te stellen die richting verschaffen zonder expliciet of impliciet suggestief te zijn.

### *4.2.6 Meervoudig vragen*

In meervoudige, complexe, vragen zit meer dan één vraag. Het beantwoorden van de vraag wordt daarom moeilijk. Het interpreteren van het antwoord ook, omdat niet duidelijk is op welke vraag het antwoord slaat.

Bijvoorbeeld:

> *'Speel je liever met Jan of met Henk, die vind je toch leuk, of vind je het helemaal niet leuk om met anderen te spelen?'*
> *'Nee.'*

In dit voorbeeld is het onduidelijk waar het antwoord op slaat.

Stel daarom altijd enkelvoudige vragen. Bij jonge kinderen zijn meervoudige vragen nog sterker een probleem. Ze zijn minder geneigd om feedback te geven en nemen aan dat de volwassene hen wel begrijpt. Ze geven daarom het antwoord op de vraag die zij zelf begrepen hebben. De vrager moet dan terugkomen op de vraag. Dit maakt zowel vrager als bevraagde enigszins onzeker. Hoewel met humor dergelijke situaties goed op te lossen zijn.

> *'Sorry, maar als ik maar een antwoord wil, dan moet ik je ook niet honderd vragen tegelijk stellen!'*

Wanneer vragen complexer worden of niet aansluiten bij de vocabulaire en de belevingswereld van het kind, neemt het letterlijk nemen van wat er gezegd wordt toe. De volwassene die merkt dat zijn of haar vraag niet goed begrepen wordt, gaat vaak van schrik over op zowel gesloten vragen of juist complexere vragen. Het kind kan zich langzamerhand gaan ergeren aan het onbegrip van de volwassene.

> *'En eh waar speel jij mee als je op de speelplaats bent?'*
> *'Ehm met de fietsen of eh springtouw of eh*
> *'Wat vind je zo leuk aan de fiets?'*
> *'Fietsen.'*
> *'Ja.'*
> *'Ja.'*
> *'Kan je goed fietsen?'*
> *'Ja.'*
> *'Waar heb je dat geleerd?'*
> *'Gewoon zelf. '*
> *'Zelf geleerd?'*
> *'Ja.'*
> *'Zo, heb je dat op school geleerd, of had je dat thuis al geleerd?'*
> *'Thuis.'*
> *'Thuis.'*
> *'Op twee wielen.'*
> *'Op twee wielen, zo, dat heb je thuis geleerd, van wie heb je dat geleerd?'*

*'Zelluf.'*
*'Zelf.'*

### *4.2.7 Vraag herhalen of verduidelijken*

Omdat jonge kinderen minder geneigd zijn op vragen in te gaan en ze soms meer opgaan in hun activiteit, lijkt het voor volwassenen vaak dat ze een vraag niet gehoord hebben. Toch is het vaak minder een kwestie van 'horen' dan van 'doordringen'. Een vraag herhalen heeft meestal weinig zin. Een variant herhalen van die vraag kan nuttig zijn, maar als het vaker gebeurt, is het zinniger om op het doel van het gesprek terug te komen en samenwerking te vragen.

*Worden er nou veel kinderen gepest in de klas?*
*[er valt een stilte en het kind lijkt de vraag niet gehoord te hebben]*
*Het lijkt net alsof je mijn vraag niet gehoord hebt. Maar ik wil het echt heel graag weten, dus ik vraag het nog maar eens hoe het zit met pesten in de klas. Wil je me erover vertellen?*

*Weet je zeker dat je kunt spelen en praten tegelijk, want soms lijkt het alsof je niet in de gaten hebt dat ik iets vraag en ik wil juist heel graag dingen van je weten.*

*Even stop, want ik weet niet of je me kan horen terwijl je speelt, maar ik wil nu graag weten wat je antwoord is. Luister,....*

Ook kan in het gedrag van het kind duidelijk worden dat hij of zij de vraag niet helemaal begrijpt, bijvoorbeeld door '...eh...' uitlatingen. Het is dan verstandig om de vraag te herhalen en hem niet over te slaan zoals in het volgende voorbeeld:

*Ja. En wat vind je daarvan?*
*Goed.*
*Ja? Wat vind je er goed aan?*
*Ehm..................*
*Ik zie jou heel hard denken. Is het een moeilijke vraag?*
*Ja.*
*Ja nou dan eh dan stellen we die vraag verder niet. He?*
*Nee.*

Wanneer een vraag moeilijk is, betekent dat niet dat de vraag niet door het kind beantwoord zou kunnen worden, maar dat de formulering dichter aan moet sluiten bij de vocabulaire en de belevingswereld van het kind.

*Ben jij betrokken bij de beslissing dat je uit huis geplaatst werd?*
*Eh....dat weet ik niet meer.*

De vraag zou verduidelijkt kunnen worden door hem concreter te stellen:

*Heeft iemand jou gevraagd of je wel naar de familie Jansen wilde?*
*Ja, m'n moeder.*

Het is ook mogelijk om het onderwerp eerst wat concreter te benaderen om daarna bij de eigenlijke vraag te komen.

*Met wie spring jij dan?*
*Met twee kinderen.*
*Wat zijn dat voor kinderen?*
*Ehm ............ ?*
*Ja. Ja. En ehm hoe doen jullie dat?*
*Gaat iemand zo eh draaien en die ander gaat iemand springen om de beurten.*

### *4.2.8 Tegendeel vragen*

Een tegendeelvraag is bedoeld om een tegenreactie uit te lokken. Retorische vragen worden vaak als tegenvraag geformuleerd, maar zijn geen echte tegendeel vragen. Voor (jonge) kinderen zijn ze vaak minder geschikt omdat ze eerder bedoeld zijn om een discussie vorm te geven. Dit hoort eerder bij pubers dan bij kinderen (Delfos, 2014a).

### *4.2.9 Waarom-vragen*

Waarom-vragen kunnen het gesprek stimuleren daar waar de vrager het kind niet goed begrijpt, maar het hangt van de toon af hoe het opgepakt wordt. Het kan een ondersteuning zijn van wat er gezegd is, meer een 'vertel verder' of 'leg uit', maar het kan ook een vraag om verantwoording of motivatie zijn, zoals reeds eerder gesteld werd (oefening 4.25, bijlage 1). Zeker voor jonge kinderen en kinderen die moeite hebben hun gedachten en gevoelens onder woorden te brengen zijn 'waarom-vragen' erg lastig te beantwoorden. Volwassenen hebben sterk de neiging om kinderen waarom-vragen te stellen als het om hun gedrag gaat. De reden is dat ze willen dat kinderen hun gedrag veranderen. Voor een gedragsverandering is echter inzicht in het gedrag en zijn motieven nodig. Volwassenen overschatten jonge kinderen vaak in hun capaciteit om hun motieven, gedachten en gevoelens onder woorden te brengen. De fout die in het eerste hoofdstuk wordt genoemd, dat kinderen die alle woorden kunnen zeggen nog niet alle vragen kunnen formuleren gaat ook hier op.

### *4.2.10 Antwoord herhalen of samenvatten*

Het in eigen woorden herhalen van wat de bevraagde op een vraag heeft geantwoord (*parafraseren*), stimuleert het doorgaan met dat onderwerp. Hetzelfde geldt voor 'hmm, hmm'. Dit kan je gebruiken als het onderwerp belangrijk is of als het antwoord je niet helemaal duidelijk is. Hetzelfde geldt voor het samenvatten van het antwoord. Deze technieken bevorderen de voortgang van het gesprek.

*Je zegt dat je moeder al een tijdje ziek is?*

*Als ik het goed begrijp dan denk jij dat Joris jou pest omdat jouw moeder dood is....*

Het is een subtiele manier om aan te geven dat de bevraagde door kan spreken. Voor jonge kinderen kan dit echter wat 'saai' overkomen. Jonge kinderen hebben meer openlijke metacommunicatieve opmerkingen nodig om het verloop van het gesprek te kunnen volgen.

Tot een jaar of tien zal de techniek van vraag herhalen of samenvatten voor kinderen minder geschikt zijn en zijn meer directieve opmerkingen geschikt zoals, op vriendelijke toon vragen: '*Vertel nog eens meer...*'; '*Vertel nog eens iets over ...*'

Het samenvatten zal voor jonge kinderen op kunnen roepen dat het gesprek langdradig wordt. Kinderen spelen liever dan dat ze praten, dus ze zullen een gesprek niet langer willen laten duren dan nodig is.

Als je snel de aandacht van kinderen wilt hebben en een hernieuwde motivatie voor het gesprek kan met behulp van een verhaaltje hetzelfde effect bereikt worden (oefening 4.26, bijlage 1).

*Zal ik het eens als dierenverhaal zeggen?*
[stilte]
*Dus toen was er een beer en die werd gepest door een wolf. En die wolf was gemeen, maar de beer was te aardig om gemeen terug te doen?*

### 4.2.11 *Samenvattend vragen*

De volwassene die samenvattend vraagt, geeft in het kort de kern weer van wat de bevraagde heeft gezegd. De volwassene voegt niets toe, maar haalt de rode draad uit het verhaal.

Goed samenvatten betekent:

- de kern weergeven;
- het kort houden;
- eigen woorden van het kind gebruiken.

Door samen te vatten kan de volwassene:

- laten zien dat hij of zij aandachtig luistert;
- toetsen of hij of zij het goed begrepen heeft;
- de aandacht richten op belangrijke punten;
- orde scheppen in een verwarrend verhaal.

Samenvatten kan ook gebruikt worden aan het einde van een gesprek. Het gaat dan niet om samenvattend doorvragen, maar om afronden. Bij kinderen tot ongeveer tien jaar is deze techniek nauwelijks bruikbaar en kan hij verwarrend werken omdat het een abstractieniveau vraagt dat het kind misschien zelf niet kan hanteren.

Samenvatten kan het jonge kind belachelijk vinden, zo van 'daar hebben we het al over gehad'.

Naast samenvatten kan reflectie op het besprokene – een metacommunicatieve functie – bevorderlijk zijn voor een verdieping van contact en een stimuleren van nader vertellen door het kind. Het is nuttig om regelmatig het gevoel van het kind weer te geven (te reflecteren of te benoemen) (Lang en Van der Molen, 1998). De nadruk kan daarbij op de inhoud worden gericht óf op het gevoelsmatige aspect. Door het samenvatten van de inhoud laat de volwassene zien dat hij of zij probeert te begrijpen wát het kind zegt over zichzelf of een situatie. Voor jonge kinderen kan het echt onbegrijpelijk zijn dat de volwassene herhaalt waar al over gesproken is. Ook de vertraging die dit in het gesprek veroorzaakt kan het kind onprettig vinden. Een reflectie van gevoel maakt daarentegen duidelijk dat de volwassene probeert te begrijpen hoe het kind zich voelt in het gesprek, of hoe het kind zich gevoeld heeft in de situatie waarover hij of zij vertelt. Hierdoor merkt het kind dat zijn of haar gevoelens begrepen, geaccepteerd worden en aandacht krijgen. Doordat het kind merkt dat er iemand tegenover hem zit die zich in zijn of haar belevingswereld kan verplaatsen, wordt het kind meer gestimuleerd gevoelens te uiten en zich er meer bewust van te worden. Het contact kan erdoor verdiepen en intiemer worden. Met behulp van reflectie kan de volwassene ook nagaan of hij of zij de gevoelens van het kind juist heeft ingeschat. Als de volwassene hierbij een vragende toon gebruikt, houdt hij of zij de hersens van het kind op 'aan' en geeft aan de echte mening van het kind te willen weten. Als het gevoel van het kind zeer duidelijk is, is een bevestigende toon in de reflectie beter.

## 4.3 DE BELEVING

In gespreksvoering is de beleving van het kind ten opzichte van een bepaald onderwerp belangrijk. Dat is zeker zo wanneer we kinderen bevragen over hun beleving van het hulpaanbod dat ze krijgen of over hun beleving van de schoolsituatie. Het speelt ook wanneer we met kinderen spreken over moeilijke onderwerpen en hulpverleningsgesprekken voeren. Ook daar staat de beleving van het kind ten opzichte van het onderwerp centraal.

Een ouder, interviewer, hulpverlener of leerkracht die op zoek is naar de beleving van het kind, stelt dus de vraag centraal: *Wat vindt het kind?* De interviewer gaat met het kind in gesprek om achter diens houding, mening en gevoelens te komen. De interviewer wil weten wat het kind denkt, voelt of vindt. Wat het kind vertelt als zijn of haar waarheid, wordt door de volwassene in principe als waar aanvaard. Daarbij wordt het verhaal van het kind niet in twijfel getrokken. Dat betekent dat er een extra appèl gedaan moet worden op de eerlijkheid van het kind en aan de motivatie gewerkt moet worden om eerlijk informatie te verstrekken (oefening 4.27, bijlage 1).

*Ik hoop dat je goed oplet en dat je echt zegt wat je vindt, want ik wil echt weten wat jij vindt. Anders zit ik ook met foute informatie en dan worden er misschien verkeerde beslissingen genomen over kinderen.*

In dit voorbeeld wordt niet om eerlijkheid gevraagd, er wordt van eerlijkheid uitgegaan. Dat is een belangrijk verschil. Als iemand je om te beginnen al niet vertrouwt, is de start vervelend. Er wordt in dit voorbeeld niet zozeer een appèl gedaan op eerlijkheid als op een serieuze werkhouding naar het interview.

In een situatie waarin de eerlijkheid van het kind bekend is, kan nog duidelijker een appèl worden gedaan op een serieuze houding naar het gesprek:

*Ik weet dat je eerlijk bent, maar misschien wil je niet alles vertellen in dit gesprek. Zorg je dan wel dat ik dat weet. Van mij mag je best dingen voor je houden, daar heb je dan vast een goede reden voor, maar ik wil wel graag weten dát je dingen niet vertelt. Zeg maar gewoon: daar wil ik liever niet over praten.*

Hetzelfde geldt wanneer bekend is dat het kind niet altijd eerlijk is, ook dan kan het appèl gedaan worden op een serieuze houding in het gesprek.

*Je weet natuurlijk dat ik weet dat je niet altijd eerlijk bent, maar ik weet ook dat je graag eerlijk wilt zijn. Als ik je mag helpen, dan moet ik natuurlijk weten hoe het echt zit, want anders help ik je verkeerd. Bijvoorbeeld, als jij moeite hebt met huiswerk doen, kan je het beter zeggen. Anders denk ik, nou dat gaat vanzelf en dan schrikken we allebei als je een onvoldoende krijgt voor een proefwerk.*

In een interview is de interviewer degene die vragen stelt, luistert, doorvraagt en af en toe samenvat. De 'bevraagde' beantwoordt de vragen en laat zich door de interviewer meevoeren in het gesprek. In een hulpverleningsgesprek is de situatie in eerste instantie niet fundamenteel anders. De hulpverlener heeft informatie nodig waar hij of zij het geven van hulp op af kan stemmen, maar vergeet niet dat het laten praten zelf al een eerste hulp op zich is. Het antwoord zelf moet dus het belangrijkste doel zijn. De verantwoordelijkheid van een gesprek ligt vaak bij de volwassene en niet bij het kind. Dat is vanzelfsprekend bij een interview waar de volwassene op informatie uit is, maar vaak ook in de hulpverlening waar een meer gelijkwaardige houding vruchtbaar zou zijn. Zelfs wanneer het initiatief voor een gesprek van een kind uitgaat, neemt de volwassene vaak de verantwoordelijkheid over. Zeker wanneer een kind het initiatief tot een gesprek heeft genomen, laat dan de verantwoordelijkheid ervoor bij het kind liggen. Het kind zal een betere gesprekspartner zijn als hij of zij zich medeverantwoordelijk voelt voor het gesprek.

## 4.4 LICHAAMSTAAL

Taal in woorden is datgene wat de mens onderscheidt van alle andere soorten en het is dan ook van wezenlijk belang. Toch blijkt de non-verbale communicatie enorm bepalend te zijn voor het verloop van de communicatie. We hebben de neiging om verder te gaan op verbale communicatie, toch blijkt non-verbale communicatie veel betrouwbaarder te zijn. Wil een contact goed tot stand komen, dan zullen de non-verbale en de verbale communicatie overeen moeten stemmen. Een vrager die onderuit gezakt zit met een onverschillig gezicht en zegt 'Ik wil graag weten wat jij over dit onderwerp denkt', zal niet erg waarachtig overkomen. Hoewel het kind verbaal misschien toch een antwoord zal geven, zal dat antwoord waarschijnlijk weinig betrouwbaar zijn en in ieder geval weinig bevlogen. Jonge kinderen reageren sterker op non-verbale uitingen en zijn zelfs geneigd verbale uitingen te negeren wanneer ze niet met de non-verbale overeenkomen. Om te zorgen dat de lichaamstaal overeenkomt met datgene wat gezegd wordt, is het belangrijk dat er een goede mentale voorbereiding heeft plaatsgevonden (zie ook 4.1.1).

### *4.4.1 Lichaamshouding*

Met een goede lichaamshouding onderstreep je als het ware wat gezegd wordt. Door een toegewende lichaamshouding (iets voorover buigen, oogcontact zoeken, armen niet over elkaar) krijgt de bevraagde de boodschap: vertel maar, ik ben geïnteresseerd en een en al oor. Ook de lichaamshouding van het kind geeft informatie over hoe hij of zij het gesprek ervaart (oefening 4.28, bijlage 1).

We zeiden al dat volwassenen oogcontact nodig hebben om zich te overtuigen van het luisteren van de ander. Jonge kinderen zijn hiertoe minder geneigd en allochtone kinderen vinden dit mogelijk niet respectvol naar volwassenen (zie 3.3.3).

Bewegingen van het lichaam geven informatie aan de gesprekspartners. Verzitten, kan de indruk geven dat iets te lang duurt. Knikken is een bevestiging van wat er gezegd wordt. Het maken van gebaren kan onderdelen van wat er gezegd wordt, onderstrepen.

Een activiteit is zeker voor jonge kinderen belangrijk om het spanningsniveau van een gesprek laag te houden. Het kan echter ook afleiden. Het is nodig om een juist evenwicht te vinden. Sommige bewegingen kunnen irriterend werken, bijvoorbeeld trommelen met de vingers of friemelen (oefening 4.29 en 4.30, bijlage 1). Jonge kinderen zullen echter wanneer ze langer stil zitten, dergelijke bewegingen nodig hebben om de activiteit, de spanning, uit hun lichaam te laten vloeien (Delfos, 2012; 2010a).

### *4.4.2 Stemgebruik*

De betekenis van een zin is in belangrijke mate afhankelijk van de intonatie waarmee hij uitgesproken wordt. De Fransen drukken dat uit met het gezegde: *C'est le ton qui fait la musique,* het is de toon die de muziek vormt. Via de intonatie kan een emotie, een mening, een verwachting afgeleid worden. Een zelfde woord kan door een intonatie een andere betekenis krijgen. In onze taal is dat een andere emotionele betekenis. Bijvoorbeeld kan een zinnetje als *De zon schijnt,* verontwaardiging, verdriet, blijdschap, verbazing, irritatie, genot of jaloezie uitdrukken. In andere talen kan een verschil in intonatie een verschil in betekenis opleveren. Afhankelijk van de intonatie, betekent *chi* in het Vietnamees bijvoorbeeld meisje of varken.

Voor iemand die zich toe gaat leggen op het spreken met kinderen is het verstandig om na te vragen welke intonaties normaliter in zijn of haar stem te horen zijn en hoe deze overkomen.

Daarnaast kan de klemtoon een bepaald woord uit een zin meer belang geven. Afhankelijk van welk woord benadrukt wordt, verschilt de betekenis. Iedere klemtoon op een woord uit een zin, levert een andere betekenis op: *Luister je wel naar mij?* De nadruk op 'luister' geeft een andere betekenis dan op 'wel' of op 'mij'. Het scala aan emotionele betekenissen loopt hierbij van verbazing tot beschuldiging (oefening 4.31, bijlage 1).

Voor de betekenis van een zin zijn van belang: *nadruk, volume, articulatie, spreektempo* en *-ritme, melodie, stopwoordjes* en *ademhaling.*
Het volume en de articulatie (het uitspreken van de woorden) zorgt voor de verstaanbaarheid van een zin. Een stemverzwakking (minder volume) aan het eind van een vraag kan de bevraagde het signaal geven dat hij nu aan de beurt komt. Het donkerder worden van de stem kan uitdrukking geven aan emotie en belang van het gesprokene.

Het ideale vraagtempo is eerder langzaam dan snel (oefening 4.32, bijlage 1):
- het geeft de bevraagde voldoende tijd om de vraag te verwerken;
- het werkt rustgevend;
- wie snel spreekt, geeft de ander het gevoel dat hij niet onderbroken wil worden;
- wie langzaam spreekt, geeft de ander het gevoel dat hij mag reageren;
- door aan het eind van een vraag te vertragen, laat de interviewer weten uitgepraat te zijn.

Het is daarom verstandig weinig te vragen, maar in een rustig tempo, zodat de informatie die de bevraagde geeft optimaal is. Ook pauzes in zinnen, en woorden even rustig in de lucht laten hangen, beklemtonen het belang van wat er gezegd wordt en drukken een behoefte tot zorgvuldige communicatie uit. Dat is bevorderlijk voor de uitwisseling.

Het noemen van de naam van de bevraagde tijdens het gesprek, geeft het gevoel dat je betrokken bent bij de ander, dat er een verbintenis is en dat je belangstelling voor die ander hebt. Het houdt de ander ook alert, mensen reageren op hun naam (oefening 4.33, bijlage 1).

Een stem die melodieus klinkt, zal meer belangstelling wekken dan een monotone stem. Warmte in een stem is terug te vinden in de klankkleur van de stem en zal het contact stimuleren, zoals warmte op zich al van doorslaggevend belang is voor een vruchtbare gespreksvoering.

Iedereen heeft zo zijn eigen stopwoordjes. Deze kunnen echter irriteren en geven weinig informatie. Het is dan ook beter om ze te vermijden. Vooral pubers zijn sterk in stopwoordjes, omdat ze daarmee aangeven bij welke subcultuur ze horen. Ze gebruiken het ook om de volwassene te stoppen (Delfos, 2014a).

Het ademhalen is een van de belangrijkste non-verbale aspecten waaruit afgeleid kan worden of iemand iets wil zeggen. Let daarom op of de bevraagde diep ademhaalt en probeer daar op aan te sluiten.

*Ik geloof dat je iets wil zeggen. Klopt dat? Kan best hoor, ik onthoud wel waar ik was.*

## 4.5 ALGEMENE HOUDING

Samenvattend nog een aantal algemene punten. Ten eerste is het belangrijk een warme en respectvolle houding ten opzichte van het kind aan te nemen. Ten tweede is het belangrijk het kind te helpen het gesprek te voeren op een wijze die voor het kind en voor de volwassene bevredigend is. Het jonge kind mist bijvoorbeeld kennis over de sociale codes die aan een gesprek ten grondslag liggen en heeft uitleg hierover nodig. Ten derde is het belangrijk dat de grondhouding van het gesprek is en blijft, dat de informatie vanuit het kind tot zijn recht moet komen en niet alleen die van de volwassene. Daarom is en blijft het belangrijk om de eigen attitude te onderzoeken, ter discussie te stellen en steeds bij te schaven.

In een gesprek willen we dat een kind zich uit en zich weerbaar opstelt. Dit is alleen mogelijk als de volwassene zich bescheiden opstelt: ***the most powerful weapon in empowering the child is adult modesty*** (Het meest krachtige wapen in het weerbaar maken van kinderen is de bescheidenheid van de volwassene. Delfos, Helsinki, 1999).

Jennings (1982) maakte een checklist van 24 punten die van belang zijn bij het interviewen van kinderen en zinvol zijn voor gespreksvoering met kinderen in het algemeen. Hij besteedt veel aandacht aan het zelfonderzoek van de interviewer en aan de interviewattitude. Deze lijst is toegevoegd als bijlage 4.

Het is van belang een kind te volgen en te respecteren in zijn of haar wens. Dit laat onverlet dat het zinnig kan zijn om op sommige momenten licht aan te dringen. Zeker bij emotionele onderwerpen is dit behulpzaam om het kind te laten merken dat zijn of haar verhaal echt welkom is, en dat de volwassene erop vertrouwt het kind op te kunnen vangen met wat er gaat komen. Wanneer het kind niet wil, moet dat uiteraard gerespecteerd worden.

## 4.6 METACOMMUNICATIE ALS REPARATIEMIDDEL

We stelden reeds dat problemen die ontstaan door een verkeerd gebruik van vraagtechnieken opgelost kunnen worden door metacommunicatie. Er zijn sommige vraagtechnieken waarbij men extra alert moet zijn. Dat zijn bijvoorbeeld 'waarom'-vragen. Het is te eenvoudig om te stellen dat 'waarom'-vragen nooit zouden mogen. Ten eerste is het mogelijk die vorm te gebruiken zonder de bedoeling te hebben om verantwoording te vragen, maar veeleer een vraag om verdere uitleg. In de non-verbale manier waarop we een vraag stellen kan dit uitgedrukt worden. Ook suggestieve vragen, samengestelde vragen en open vragen kunnen een goed verloop van een gesprek verhinderen.

Wanneer een gesprek stroef loopt of een vraag verkeerd valt, merken we dat intuïtief meestal wel. We zijn echter vaak geneigd om op dat moment niet naar onze intuïtie te luisteren en gewoon door te gaan, waardoor het gesprek vaak alleen nog maar stroever gaat lopen. De reden dat we moeite hebben naar onze intuïtie te luisteren op dat moment, komt misschien doordat we het verschijnsel negatief naar onszelf interpreteren en we dat niet graag onder ogen zien. Het is moeilijk je intuïtie te volgen als je onzeker bent. Je bent dan zo op jezelf gericht en staat niet meer zo open voor het kind. We denken misschien dat het kind niet met ons wil praten, ons niet aardig vindt of iets dergelijks. Het bezig zijn met jezelf, of liever gezegd met de beoordeling van jezelf zorgt ervoor dat men niet meer openstaat voor het kind (of in geval van een gesprek met een volwassene, met de ander). Er ontstaat een 'ruis' in het gesprek die volslagen naast de realiteit is. Het is respectvoller en praktischer om via metacommunicatie de stroef verlopende communicatie te bespreken, zoals we dat reeds aan het einde van het vorige hoofdstuk stelden. Het relativeren van de vraagtechniek, kan de gelijkwaardigheid stimuleren, de goede intenties weer op tafel brengen en de communicatie vloeiender laten verlopen (oefening 4.34, bijlage 1).

Kinderen kunnen onderliggende problemen hebben waardoor ze niet goed open kunnen staan in een gesprek. Scheiding van ouders is daar jammer genoeg een goed voorbeeld van (Delfos, 2006c; 2007d). Kinderen die een onderliggend probleem hebben, zijn onzeker hoe ze bij anderen overkomen. Hierdoor blijft het kind met zichzelf bezig en met zijn of haar angst beoordeeld of veroordeeld te worden door de ander. Het kind staat dan meer niet open in een gesprek. Het kind heeft dan nodig dat de volwassene eerst 'geeft'. Dat wil zeggen metacommunicatief aangeeft wat hij of zij van het kind vindt. Hierdoor weet het kind waar het aan toe is en is het kind weer vrij het gesprek te voeren. Dit betekent wel dat de volwassene een positieve of geruststellende, maar vooral verbindende uitspraak doet naar het kind.

## AANDACHTSPUNTEN

- Een gesprek wordt gevoerd onder invloed van een aantal sociale codes waarvan de meesten niet bewust geleerd worden.
- De subtiliteit en non-verbaliteit van sociale codes zijn voor jonge kinderen, voor mensen uit andere culturen en voor kinderen met een vertraagde of belemmerde sociaal-emotionele ontwikkeling moeilijk te begrijpen.
- Een goede introductie zet de toon van het gesprek. Een goede afronding laat de gesprekspartners niet met spanning en vragen achter.
- Drie gesprekcategorieën: (spontane) open vraaggesprek, het interview, het hulpverleningsgesprek.
- Opbouw gesprek: de voorbereiding; de introductie; de startvraag; de romp; de afronding.
- Een kind kan zorgen dat hij nooit alleen is met een volwassene zodat deze ook niet een gesprek kan beginnen.
- Bij jonge kinderen, onder de acht jaar, zal een half uur – spelend en pratend – al vrij lang zijn.
- De kwaliteit van een gesprek staat of valt met de warmte en het respect van de gesprekspartners.
- Mentaal voorbereiden betekent het creëren van een warme en respectvolle gemoedstoestand.
- Bezig zijn met het belang van het kind bevordert het gesprek, bezig zijn met het eigen belang zit een goede gespreksvoering in de weg.
- De plek waar een gesprek gehouden wordt, heeft invloed op het verloop van het gesprek. Het kind kan kiezen, maar kan soms minder goed beoordelen of de plek echt geschikt is.
- Kinderen moeten leren gedachten te ordenen, te formuleren en woorden te geven naar buiten toe.
- Aan een belangrijke vraag gaat vaak een 'hoorbare' stilte vooraf.
- Een naam onthouden is erg belangrijk.
- Bij jonge kinderen is het bij het kennismaken vrij vanzelfsprekend om naar hun leeftijd te vragen. Hiermee kan het intellectuele niveau van het kind ingeschat worden.
- Het doel van het gesprek moet duidelijk zijn, ook voor jezelf.
- In de startfase van het gesprek is het belangrijk om tot een overeenkomst te komen over het gesprek.
- Het is van belang duidelijk aan te geven wat het gesprekskader is.
- Laat de verantwoordelijkheid voor het gesprek zoveel mogelijk bij het kind.
- Als de motivatie, de spanningsboog en de warmte van het gesprek onvoldoende zijn kunnen kinderen weerstand en vermoeidheid vertonen.
- Een onzekere volwassene heeft een ingebouwde afstand tot de mensen om zich heen.
- Volwassenen die makkelijk contact maken met kinderen zijn minder afhankelijk van ervaring.

- Metacommunicatie kan behulpzaam zijn in het doorbreken van je eigen onzekerheid.
- Bedenk wat de belangrijkste vraag van het gesprek is.
- Kinderen hebben moeite met evalueren.
- Het is belangrijk om een kind op een of andere manier te bedanken voor het gesprek.
- Na een gesprek moet een kind even uit kunnen razen.
- Jonge kinderen zijn minder geneigd vragen te beantwoorden, maar communiceren via spel en verhaal.
- Bij het spel zal er minder sprake zijn van sociaal wenselijke gedragingen.
- Vraagtechnieken: open vragen; gesloten vragen; toonvragen; retorische vragen; doorvragen; suggestief vragen; meervoudig vragen; vraag herhalen; vraag verduidelijken; tegendeelvragen; waarom-vragen; antwoord herhalen; antwoord samenvatten; samenvattend vragen.
- Gesloten vragen gebruiken om gesprek op gang te krijgen.
- Jongens zijn gemiddeld meer ingesteld op communiceren met hun lichaam en vertellen ook makkelijker via gebeurtenissen.
- Kinderen die 'gesloten' zijn, zullen in eerste instantie beter uit de voeten kunnen met gesloten vragen.
- Toonvragen is een zeer gebruikelijke techniek in schoolverband.
- Ouders hanteren veel retorische vragen bij kinderen vanaf ongeveer vijf jaar.
- De meest gebruikelijke manier van doorvragen is door op een vragende toon een woord uit een zin te herhalen.
- Doorvragen is de meest geëigende manier om dieper contact te maken, om dieper op een onderwerp in te gaan, om de ander te laten merken dat je hem of haar serieus neemt en om te voorkomen dat je misverstanden in de communicatie krijgt.
- Verschillende mensen hechten verschillende betekenissen aan een zelfde woord.
- Suggestieve vragen laten de bevraagde weten wat de mening is van de vrager en kunnen een waardeoordeel in zich dragen.
- Kinderen hebben de neiging bij volwassenen sociaal wenselijke antwoorden te geven.
- Jonge kinderen en minder begaafde kinderen zijn extra gevoelig voor suggestieve vragen van volwassenen.
- Suggestieve vragen kunnen, wanneer de volwassene zeker is van zijn of haar zaak, ook ondersteunend werken en het kind het gevoel geven begrepen te worden.
- Waarom-vragen kunnen uitnodigend zijn naar verder vertellen, maar ook de indruk geven van verantwoording moeten afleggen.
- Het samenvatten zal voor jonge kinderen op kunnen roepen dat het gesprek langdradig wordt.
- Kinderen spelen liever dan dat ze praten, dus ze zullen een gesprek niet langer willen laten duren dan nodig is.

- Non-verbale communicatie is bepalend voor het verloop van een gesprek.
- Wil een contact goed tot stand komen, dan zullen de non-verbale en de verbale communicatie overeen moeten stemmen.
- Met een goede lichaamshouding onderstreep je wat er gezegd wordt.
- Verzitten, geeft de indruk dat iets te lang duurt. Knikken is een bevestiging van wat er gezegd wordt.
- De betekenis van een zin is afhankelijk van de toon.
- Het ideale vraagtempo is eerder langzaam dan snel.
- Het noemen van de naam houdt alert.
- Het meest krachtige wapen in het weerbaar maken van kinderen is de bescheidenheid van de volwassene.

# 5 GESPREKSVOERING NAAR LEEFTIJD

Ter afsluiting van dit boek over gespreksvoering met kinderen tussen vier en twaalf jaar passen we nu de inhoud van de voorgaande hoofdstukken toe op de kenmerken van gespreksvoering naar leeftijd. In bijlage 3 is dit in een beknopt overzicht gezet: kenmerken van gespreksvoering naar leeftijd en naar de verschillende aspecten van gespreksvoering zoals metacommunicatie en motivatie voor het gesprek.

## 5.1 HET INSCHATTEN VAN HET MENTALE LEEFTIJDSNIVEAU VAN EEN KIND

Om de juiste gespreksvoering te kunnen toepassen en aan te kunnen sluiten bij het kind, is het noodzakelijk om een grove inschatting te kunnen maken van de mentale leeftijd van het kind.

Het is in dit kader niet de bedoeling een psychologisch onderzoek te doen bij een kind voordat er gepraat of geïnterviewd kan worden. Maar het is wel belangrijk om aan de hand van enkele punten een idee te hebben van de mentale leeftijd van een kind, zodat je het gesprek daarop kan afstemmen. Aan de hand van de fasekenmerken die in hoofdstuk 2 genoemd zijn en vaardigheden op verschillende leeftijden, kan voorzichtig een inschatting gemaakt worden van die mentale leeftijd. Hieraan moet niet teveel waarde gehecht worden en het moet zeker niet als diagnostisch criterium gebruikt worden. Het dient slechts om meer aan te sluiten bij het kind en poogt fouten te verminderen die met de leeftijd van het kind te maken hebben.

Observaties en eventuele gesprekken met verzorgers van het kind voorafgaand aan het gesprek kunnen ook niet als vaststaande feiten gebruikt worden. We hebben hiermee echter iets meer in handen dan alleen de kalenderleeftijd van het kind om in te kunnen schatten welke vorm van gespreksvoering het meest geschikt zal zijn voor het kind. 'Iets' is beter dan 'niets'. Het voordeel hierbij is dat we dan ook minder afhankelijk zijn van de begaafdheid van een kind. Een begaafd kind zal intellectueel wat ouder zijn dan zijn of haar kalenderleeftijd en een minder begaafd kind, jonger.

Begaafdheid wordt niet alleen uitgedrukt in intellectuele vermogens, maar ook – en vooral – in de belangstelling van het kind voor bepaalde onderwerpen. Een kind dat dolgraag knikkert, is – afgezien van zijn kalenderleeftijd – in principe mentaal jonger dan dertien jaar. Een kind dat geïnteresseerd is in de ontstaansgeschiedenis van de wereld is – eveneens afgezien van zijn kalenderleeftijd – mentaal ouder dan tien jaar. Kinderen kunnen op verschillende onderwerpen verschillende mentale leeftijden hebben, van ouder dan hun kalenderleeftijd tot en met jonger. Dit speelt vooral bij kinderen die traumatische ervaringen hebben meegemaakt (Delfos, 2014c) of kinderen met een autistische ontwikkeling (Delfos, 2013a). De verschillen zitten dan vooral op levenskennis, omgang met leeftijdgenoten en verantwoordelijk, zelfstandig gedrag (oefening 5.1, bijlage 1).

Wanneer we het kind al kennen, is het praktisch om aan de hand van de hiervoor beschreven kenmerken een mentale leeftijd te noteren. Hoewel een leerkracht over veel meer informatie beschikt dan een interviewer, moet ook deze voorzichtig zijn niet teveel waarde te hechten aan de inschatting van de mentale leeftijd. We lopen anders het risico het kind te stigmatiseren, zonder dat er een deskundig oordeel geveld is. Het doel moet in beeld blijven: het is alleen een *grove* inschatting om de geschikte gespreksvorm duidelijk te krijgen. De kenmerken die in hoofdstuk 2 genoemd zijn en de voorbeelden ter illustratie kunnen behulpzaam zijn om een mentale leeftijd in te schatten.

Wanneer je een kind niet kent, kan er ook van te voren aan verzorgers aan de hand van de fasekenmerken gevraagd worden welke mentale leeftijd het kind ongeveer heeft. Kennen we het kind niet en beschikken we niet over informatie betreffende de mentale leeftijd, dan kan een aantal introductievragen behulpzaam zijn. Maar voordat we dat doen, zullen we eerst onszelf moeten voorstellen en ons doel duidelijk moeten maken. Een mentale leeftijd kan overigens variëren per onderwerp. Een kind kan bijvoorbeeld op talig niveau zes jaar zijn en algemeen cognitief vier jaar.

Hiervoor zijn de aspecten van de gespreksvoering in het algemeen en met jonge kinderen in het bijzonder besproken. Ter afsluiting zetten we nu puntsgewijs enkele elementen van gespreksvoering met jonge kinderen *leeftijdsgewijs* neer (oefening 5.2, bijlage 1). Daarbij worden niet die dingen genoemd die algemeen gelden voor alle leeftijden, namelijk de attitude van degene die met het kind wil praten, de kwaliteiten van een goede gespreksvoering, de communicatievoorwaarden en de metacommunicatieve voorwaarden (zie hoofdstuk 3). Ook staan we niet stil bij de opbouw van het gesprek en de technieken (zie hoofdstuk 4). We beperken ons hier tot de leeftijdsspecifieke elementen van gespreksvoering. Per leeftijdscategorie (4-6; 6-8; 8-10; 10-12) worden kenmerken genoemd gerangschikt in vijf onderwerpen: metacommunicatie, vorm waarin het gesprek plaatsvindt, verbale aspect, non-verbale aspect, vraagtechnieken en motivatie.

## 5.2 GESPREKSVOERING MET KINDEREN VAN VIER TOT ZES JAAR

### 1 *Metacommunicatie*

- Uitleg van het gesprekskader is van groot belang, omdat het kind de codes van gespreksvoering onvoldoende kent.
- Het kind moet horen dat de echte mening aan de orde is en niet de fantasie.
- Het kind moet te horen krijgen, dat de volwassene vragen stelt omdat hij of zij het niet weet. Het principe van feedback is onvoldoende bekend bij het kind.
- Uitgebreid gebruikmaken van metacommunicatie. Onder andere om het kind duidelijk te maken of het gesprek volgens de gewenste codes gaat; om het kind te stimuleren met uitingen die van belang zijn; om het kind te laten weten welk effect het heeft wat hij of zij zegt; om het zelfvertrouwen van het kind te bevorderen.

### 2 *Vorm waarin gesprek plaatsvindt*

- Spelen en praten combineren. Aan proberen te sluiten bij de activiteit waar het kind reeds mee bezig is of een nieuwe activiteit initiëren.
- Korte gesprekjes van tien tot vijftien minuten verbaal, afgewisseld met spel waardoor het in totaal langer kan duren.
- Gebruikmaken van non-verbale spelvormen, verhaaltjes en zinnen afmaken. Ook het gebruik van non-verbale metaforen zoals met poppen spelen, poppenkast of met autootjes is geschikt.
- In verhaaltjes meer gebruikmaken van familieleden, bijvoorbeeld eerder een (denkbeeldig) broertje dan een (denkbeeldig) vriendje.
- Als het kind vermoeid raakt, doorgaan met de activiteit maar het gespreksdeel pauzeren en later weer verder gaan.
- Niet te lang achter elkaar stilzitten. Dit kan spanning oproepen, beweging doet spanning afnemen.

### 3 *Verbaal aspect*

- Kort en concreet taalgebruik. Geen moeilijke woorden gebruiken.
- Help kinderen met formuleren, als ze naar woorden zoeken, maar vraag of de invulling klopt. Het kind stelt niet vanuit zichzelf de verwoording van de volwassene ter discussie, het moet daartoe uitgenodigd worden.

### 4 *Non-verbaal aspect*

- Veel gebruik maken van non-verbale communicatie, zowel in het gebruik van voorwerpen als in het uitdrukken door middel van lichaamstaal.

### 5 *Vraagtechnieken*

- Open vragen afwisselen met gesloten vragen.

- Gesloten vragen vermijden als hoofdvraag en voornamelijk gebruiken om aan te vullen, om door te vragen naar details en om te controleren of een verhaaltje goed geïnterpreteerd wordt. Bijvoorbeeld om te vragen of wat het kind over een denkbeeldig broertje vertelt, ook voor hemzelf klopt.
- Suggestieve vragen vermijden en alleen gebruiken wanneer er zekerheid is over wat het kind denkt.
- Vragen over gebeurtenissen meer in ruimtelijke zin (waar was je toen; hoe zag de kamer eruit) dan in temporele zin (wanneer was dat).
- Open vragen naar de hoofdlijn van een gebeurtenis, doorvragen op details.
- Gebeurtenissen ruimtelijk maar niet temporeel navragen.
- Vragen herhalen op een gevarieerde manier. Niet samenvattend vragen.

*6* ***Motivatie***

- Aanhoudend aan de motivatie voor het gesprek werken.
- Attent zijn op de mate waarin het kind bij het gesprek betrokken is en hoe belangrijk de activiteit is.
- Jonge kinderen zijn in moreel opzicht gericht op straf en beloning. Beloning is voor hen een signaal dat iets goed is. Zou het op oudere leeftijd betekenen dat je een kind omkoopt, op jongere leeftijd betekent het geven van een beloning dat het kind er goed aan heeft gedaan mee te doen aan het gesprek. Een beloning kan materieel zijn (snoep, drinken, speeltje), maar moet ook immaterieel zijn (goedkeuring geven).
- De afronding van het gesprek aanpassen aan de spanningsboog van het kind.

## 5.3 GESPREKSVOERING MET KINDEREN VAN ZES TOT ACHT JAAR

*1* ***Metacommunicatie***

- Uitleg van het gesprekskader is noodzakelijk, omdat het kind de codes voor gespreksvoering nog onvoldoende kent.
- Het kind moet horen dat de echte mening aan de orde is en niet de fantasie.
- Uitgebreid gebruikmaken van metacommunicatie. Onder andere om het kind duidelijk te maken of het gesprek volgens de gewenste codes gaat; om het kind te stimuleren dingen te vertellen die van belang zijn; om het kind te laten weten welk effect het heeft wat hij of zij zegt; om te bevestigen dat het kind inderdaad de codes van het gesprek volgt; om het zelfvertrouwen van het kind te bevorderen.

*2* ***Vorm waarin gesprek plaatsvindt***

- Praten en spelen afwisselen. Meer activiteiten waar beweging bij hoort.

- Korte gesprekjes van vijftien tot twintig minuten verbaal, daartussen spel.
- Gebruikmaken van verbale communicatie door middel van bijvoorbeeld verhaaltjes vertellen en zinnen afmaken.
- In verhaaltjes meer gebruikmaken van denkbeeldige vriend(innet)jes dan van (denkbeeldige) familieleden.
- Niet te lang achter elkaar stilzitten. Dit kan spanning oproepen, beweging doet spanning afnemen.

3 *Verbaal aspect*

- Kort en concreet taalgebruik. Moeilijke woorden niet gebruiken.

4 *Non-verbaal aspect*

- Non-verbale aspect vooral in de zin van lichaamstaal.

5 *Vraagtechnieken*

- Gesloten vragen vermijden en voornamelijk gebruiken om te controleren of een verhaaltje goed geïnterpreteerd wordt. Bijvoorbeeld om te vragen of wat het kind over een denkbeeldig vriendje vertelt, ook voor hemzelf klopt.
- Suggestieve vragen vermijden.
- Open vragen zowel naar de hoofdlijn van een gebeurtenis, als op minder belangrijke onderwerpen. Doorvragen op details.
- Gebeurtenissen meer ruimtelijk dan temporeel navragen.
- Vragen herhalen op een gevarieerde manier. Niet samenvattend vragen.

6 *Motivatie*

- Aanhoudend aan de motivatie voor het gesprek werken.
- Ook op deze leeftijd zijn kinderen in moreel opzicht gericht op straf en beloning. Beloning is voor hen een signaal dat iets 'goed' is. Zou het op oudere leeftijd betekenen dat je een kind omkoopt, op jongere leeftijd betekent het geven van een beloning dat het kind er goed aan heeft gedaan mee te doen. Een beloning kan materieel zijn (snoep, drinken, speeltje), maar moet ook immaterieel zijn (goedkeuring geven).
- Afronden van het gesprek op basis van het feit dat onderwerp voldoende is besproken.

## 5.4 GESPREKSVOERING MET KINDEREN VAN ACHT TOT TIEN JAAR

1 *Metacommunicatie*

- Gesprekskaders zijn voor de meeste kinderen op deze leeftijd duidelijk en er kan dus worden volstaan met het benoemen van de aard van het gesprek en een globale uitleg over het gesprekskader.

- Uitgebreid gebruikmaken van metacommunicatie. In het bijzonder om de gewenste uitingen te stimuleren en het zelfvertrouwen te bevorderen.

2 *Vorm waarin gesprek plaatsvindt*

- Praten soms afwisselen met even spelen, liefst bewegingsspel.
- Onder gunstige omstandigheden een half uur tot drie kwartier verbaal.
- Gebruikmaken van indirecte communicatie door mening te vragen door middel van vragen wat echte vriend(innet)jes ervan zouden vinden.

3 *Verbaal aspect*

- Concreet taalgebruik. Moeilijke woorden uitleggen.

4 *Non-verbaal aspect*

- Non-verbale aspect vooral in de zin van lichaamstaal benoemen.

5 *Vraagtechnieken*

- Open vragen afwisselen met gesloten vragen, ruim doorvragen.
- Suggestieve vragen vermijden.
- Actief proberen sociaal wenselijke antwoorden te voorkomen.
- Gebeurtenissen kunnen zowel ruimtelijk als temporeel nagevraagd worden.
- Samenvattend vragen om structuur van gesprek vast te houden.

6 *Motivatie*

- De motivatie voor het gesprek tijdens het gesprek controleren.
- Kinderen vanaf een jaar of acht zijn in moreel opzicht gevoelig voor wat de regels van de maatschappij zijn. Om te weten of het goed is aan een dergelijk gesprek of interview deel te nemen, moeten ze te horen krijgen wat de regels zijn. Wat maatschappelijk van ze verwacht wordt. Hierbij kunnen ook elementen als eerlijkheid, eigen mening zeggen en dergelijke verwoord worden als maatschappelijk gewenst. Dit zal de sociaal wenselijke antwoorden beperken. Ze zijn gevoelig voor beloning, zowel materieel als immaterieel.
- Afronden van het gesprek op basis van het feit dat het onderwerp voldoende is besproken.

## 5.5 GESPREKSVOERING MET KINDEREN VAN TIEN TOT TWAALF JAAR

1 *Metacommunicatie*

- Kinderen begrijpen veel gesprekskaders inmiddels en uitleg van het doel van het gesprek is veelal voldoende om te weten welke codes aan het gesprek ten grondslag liggen.

- Metacommunicatie, maar minder belangrijk. In het bijzonder om waardering uit te spreken voor de bijdrage aan het gesprek.

2 *Vorm waarin gesprek plaatsvindt*
- Praten.
- Gesprek op verbale wijze kan onder goede omstandigheden een uur duren.
- Eventueel een leeftijdsgenootje mee laten doen.

3 *Verbaal aspect*
- Concreet en abstract taalgebruik. Moeilijke woorden uitleggen.

4 *Non-verbaal aspect*
- Non-verbale aspect vooral in de zin van lichaamstaal benoemen.

5 *Vraagtechnieken*
- Open vragen, vrije reproductie wordt uitgebreider, maar kan fouten bevatten. Metacommunicatief duidelijk maken dat het om echtheid gaat.
- Doorvragen kan via open vragen, gesloten vragen alleen nodig in het begin en om interpretatie te controleren.
- Suggestieve vragen alléén en gericht gebruiken om sociaal wenselijke antwoorden te voorkomen. Daarnaast suggestieve vragen vermijden om sociaal wenselijk gedrag te voorkomen. Wel: Je gaat toch niet antwoorden geven waarvan je denkt dat ik ze wil horen? Maar niet: Je vindt het zeker niet leuk op deze school?
- Gebeurtenissen kunnen zowel ruimtelijk als temporeel nagevraagd worden.
- Samenvattend vragen om structuur van gesprek vast te houden.

6 *Motivatie*
- Motivatie voor het gesprek herhalen, maar niet voortdurend, kind voelt zich duidelijk zelf ook verantwoordelijk voor het gesprek.
- Kinderen vanaf een jaar of 10 zijn er moreel op gericht een 'goed' kind te zijn. Hoewel we ons als volwassene gemanipuleerd zouden voelen, is het voor kinderen op deze leeftijd belangrijk om te weten wat de maatschappij vindt van een kind dat aan een dergelijk gesprek meedoet en wat leeftijdgenoten ervan vinden. Een beloning in materiële zin is minder belangrijk, maar wordt wel gewaardeerd. Wel vinden ze het prettig om even samen wat te drinken of te snoepen. Een beloning in immateriële zin is op deze leeftijd erg belangrijk. Juist de goedkeuring van volwassenen telt zwaar bij het kind van deze leeftijd.
- Afronden op tijd en op onderwerp.

## AANDACHTSPUNTEN

- Om de juiste gespreksvoering te kunnen toepassen en aan te kunnen sluiten bij het kind, is het noodzakelijk om een grove inschatting te kunnen maken van de mentale leeftijd van het kind.
- Begaafdheid wordt niet alleen uitgedrukt in intellectuele vermogens, maar ook – en vooral – in de belangstelling van het kind voor bepaalde onderwerpen.
- De verschillen binnen een kind en tussen kinderen in mentale leeftijden zitten, naast cognitieve vaardigheden, vooral op levenskennis, omgang met leeftijdgenoten en verantwoordelijk, zelfstandig gedrag.
- De gespreksvoering kan gekenmerkt worden aan de hand van vijf onderwerpen: metacommunicatie, vorm waarin het gesprek plaatsvindt, verbale aspect, non-verbale aspect, vraagtechnieken en motivatie.

# 6 EPILOOG

We zijn hiermee aan het eind gekomen van het boek *Luister je wel naar mij?* We hebben hopelijk een kader kunnen scheppen, waarmee mensen met kinderen gesprekken kunnen voeren die recht doen aan de mogelijkheden van de gesprekspartners.

Naast de wetenschappelijke kennis en ervaring is het respect voor de eigenheid van het kind onze leidraad geweest. Kinderen zijn bereid met volwassenen te praten, zodra zij het gevoel hebben dat zij respectvol worden behandeld en dat zij serieus worden genomen.

Gekscherend gezegd zouden we kunnen stellen dat volwassenen de neiging hebben om met kinderen op de meest ongeschikte wijze te communiceren:

1. zittend;
2. elkaar diep in de ogen kijkend;
3. zo snel mogelijk het zware onderwerp op tafel brengen;
4. kinderen moeten daarna blij en tevreden zijn om de volwassene te laten geloven dat hij of zij het gesprek goed heeft gedaan.

Als gevolg hebben kinderen de neiging om een gesprek met volwassenen aan te knopen onder volgens de volwassene de meest ongelukkige situaties:

1. als de volwassene iets aan het doen is, zodat hij of zij niet zo intens op het kind gericht is: bijvoorbeeld afwassen of autorijden;
2. naast elkaar zittend of staand, zodat er niet zo intens gekeken wordt;
3. niet te lang het moeilijke onderwerp; doorspekken met luchtige onderwerpen, zodat de spanning niet te hoog oploopt;
4. na het gesprek gauw weg om even uit te kunnen razen.

Het is wijs van kinderen om gesprekken over gevoelig en pijnlijke onderwerpen zo aan te pakken. Juist dan wordt het onderwerp recht gedaan en zal men de spanning van het gesprek aan kunnen. Ook in gespreksvoering laten kinderen zien dat ze een uitstekende stressmanagement hebben. Ze pakken een onderwerp stukje voor stukje aan, even de teen in het water, even voelen of die ander in staat is het onderwerp te dragen en dan weer de tijd nemen om het onderwerp uit te laten rijpen.

Kinderen hebben de reputatie ongeduldig te zijn, maar een scherpe observatie leert dat zij zeer geduldig zijn en keer op keer bereid om volwassenen een nieuwe kans te beiden. Volwassenen kunnen kinderen een hoop leren, maar zij zijn ook veel verloren in het ouder worden. Het zou goed zijn kinderen ook de kans te geven de leermeester van de volwassene te zijn.

Gespreksvoering met kinderen is stimulerend en verrassend. Voor kinderen is het noodzakelijk. Ze kunnen de hulp van volwassenen niet missen. We kunnen daar niet mee wachten tot ze volwassen zijn.

Het is zinnig om ons te realiseren dat wanneer kinderen in hun jeugd de kans krijgen zich te uiten, hen later een hoop ellende bespaard kan worden. Hoe vaak verzuchten mensen niet:

*Had er vroeger maar iemand naar me geluisterd!*

# BIJLAGE 1
## *Oefeningen in communiceren*

In deze bijlage staat een aantal oefeningen, gerangschikt per hoofdstuk. De oefeningen zijn bedoeld om je hersens op ' aan' te krijgen en je bewuster te maken van kinderen en het communiceren met hen. Wetenschappelijke kennis gaat vaak over gemiddelden en in de dagelijkse praktijk pakt het niet altijd op het gemiddelde uit. Het is goed om ook zelf je mening te ontwikkelen en te observeren wat je om je heen ziet. Soms kan je de oefening zelf uitproberen, soms kan je gebruikmaken van bestaande videofilmpjes. De oefeningen zijn niet uitputtend, hoewel het er aardig wat zijn, maar hopelijk stimuleren ze om nog meer uit te zoeken en te proberen.

De bedoeling van de oefeningen is vooral om je hersens op 'aan' te zetten en je bij communicatie met al zijn facetten stil te laten staan. Niet alle oefeningen zijn voor iedereen geschikt of voor alle leersituaties geschikt. Het (grote) aantal oefeningen maakt mogelijk dat het aan individuele en groepsbehoeftes kan worden aangepast. Het doen van de oefeningen zal helpen bij een verdiept begrip van kinderen, communiceren en vooral bij het ontwikkelen van de noodzakelijke houding.

### HOOFDSTUK 1
#### INLEIDING

1.1 Observeer volwassenen onderling in gesprek en volwassenen in gesprek met kinderen. Wat zie je?

1.2 Luister naar het Nederlands van allochtone mensen die de Nederlandse taal niet goed beheersen. Luister ernaar vanuit het idee dat ze hun eigen concepten van taal gebruiken, in plaats van te luisteren vanuit het idee dat ze slecht Nederlands spreken. Kijk bij jezelf hoe vreemd het voelt als je bijvoorbeeld moet praten zonder vervoegingen van werkwoorden.

1.3 Ga in gesprek met een jong kind. Beslis van tevoren dat je oplet of het kind aanstalten maakt om iets te zeggen, dat je initiatieven voor gesprek beloont. Oefen geduld. Evalueer later of het verschil maakt voor je gevoel.

1.4 Verzin een suggestieve vraag die je aan kinderen kan stellen. Formuleer hetzelfde als niet-suggestief. Bijvoorbeeld: *Je snoept wel eens natuurlijk, dat is niet goed. Wil je snoepen?* of *Wil jij snoepen?* Oefen met de verschillen.

1.5 Ga in gesprek met een kind en beslis van tevoren dat het belang van het kind voorop blijft staan tot het einde van het gesprek. Wat gebeurt er? Wil het kind het gesprek? Hoe verloopt het gesprek?

1.6 Je hebt een gesprek met een kind van acht jaar waarin je iets pijnlijks moet vertellen en de reactie van het kind daarop moet weten. Welk gesprekskader betekent dit? Hoe zou dit aan het kind uitgelegd kunnen worden.

## HOOFDSTUK 2

### DE ONTWIKKELING VAN KINDEREN VAN VIER TOT TWAALF JAAR

2.1 Ga een gesprek aan met een kind over zijn of haar school en neem als uitgangspunt dat het kind deskundig is. Probeer te voorkomen dat je invult voor het kind. Probeer geduldig het kind zijn of haar verhaal te laten doen.

2.2 Vraag bij een kind dat een klacht heeft (lichamelijk of emotioneel) door vanuit het idee dat het kind exact weet wat er met hem of haar aan de hand is.

2.3 Probeer in een gesprek met een kind over een onderwerp waar het kind niet goed woorden voor vindt, via tegendeelvragen en aan de rand van de kennis te vragen het onderwerp te benaderen.

2.4 Ga een gesprek aan met een kind over een afwijkende situatie. Bijvoorbeeld een afwijkend kind in de klas, een afwijkende gezinsstructuur, een apart gedrag van een dier. Vraag door om de deskundigheid van het kind naar buiten te halen. Evalueer daarna wat het voor jezelf betekent: heb je hier iets van geleerd? Heeft het kind je inzichten gegeven die je nog niet had?

2.5 Oefen met kinderen, leeftijdgenoten en volwassenen in het uitspreken van woorden in het Frans of een andere taal. Merk je verschillen?.

2.6 Vraag kinderen naar hun omgang met vriendjes en vriendinnetjes.

2.7 Zet een kind een volwassene (vanaf dertig jaar) aan een computerspel dat ze beiden niet kennen en laat ze van elkaar leren. Wat zie je?

2.8 Observeer kinderen van drie jaar bij een speelpleintje, vergelijk dit met jongere en oudere kinderen. Welke observaties kan je maken?

2.9 Leeftijd inschatten doen we in eerste instantie naar lengte. Laten we dit nu loslaten. Observeer kinderen en jongeren met een verstandelijke beperking. Probeer aan de hand van de kenschets in hoofdstuk 2 hun mentale leeftijd in te schatten.

2.10 Probeer aan de hand van de beschreven kenmerken of je deze terug kan vinden in je observaties van kinderen van die leeftijd. Het gaat natuurlijk om gemiddelden, dus er zijn altijd afwijkingen: hersens op ‘aan’.

## HOOFDSTUK 3

### DE GESPREKSVOERING

3.1 Observeer talig gedrag van kinderen onderling op het speelplein en in contact met volwassenen. Wat observeer je op het gebied van initiatieven tot inbreng, enthousiasme in het gesprek, levendigheid, aard van het onderwerp?

3.2 Bekijk een gesprek waarin een volwassene met een kind praat. Observeer of de volwassene voor het kind invult en of het kind dat voor de volwassene doet.

3.3 Je vermoedt dat een kind iets gestolen heeft. Verzin een suggestieve vraag en een niet-suggestieve vraag om te onderzoeken of het kind inderdaad iets weggenomen heeft. Onderzoek hoe toonhoogte een rol kan spelen in wel of niet suggestief zijn.

3.4 Observeer een gesprek, los van leeftijd van gesprekspartners. Kan je formuleren wat de doelen van de verschillende gesprekspartners zijn? Bij iedere persoon in ieder geval drie doelen, waaronder een inhoudelijk doel, een communicatief doel, en een emotioneel doel.

3.5 Observeer een gesprek tussen een kind en een volwassene. In hoeverre leidt de volwassene het kind? Stuurt de volwassene het kind een bepaalde richting uit?

3.6 Observeer een hulpverleningsgesprek. Kijk naar het verbale, maar ook het non-verbale gedrag van het kind. Sluit de hulp aan bij wat het kind wil?

3.7 Oefen de karakteristieken van Thomas Gordon in een gesprek met een kind.

3.8 Lees het voorbeeld over ADHD en probeer te bedenken hoe je, met een sterk spelend element een kind kan uitleggen dat een bepaald tv-programma niet geschikt is voor hem.

3.9 Voer een gesprek terwijl de een zit en de ander staat, en wissel na enkele minuten van positie. Het onderwerp van gesprek doet er niet toe. Wat ervaar je in de verschillende posities? Zijn er verschillen in rollen en deelname aan het gesprek te beschrijven? In hoeverre voel je je op je gemak in de ene of in de andere positie en waarom? Vertaal dit naar de consequenties voor lengteverschillen in het algemeen en gesprekken tussen kinderen en volwassenen in het bijzonder. Vertaal je bevindingen naar gesprekken over beladen onderwerpen.

3.10 Observeer een fragment van een gesprek. Kijk scherp of de verbale en de non-verbale uitingen met elkaar in overeenstemming zijn.

3.11 Observeer op een speelpleintje kinderen die met elkaar praten. In hoeverre kijken ze elkaar aan terwijl ze praten? Herhaal hetzelfde voor volwassenen die je ziet praten. Wat zie je?

3.12 Oefen met in elkaars ogen kijken. Spreek eerst af dat je tijdens het praten in elkaars rechteroog kijkt. Vervolgens doe je dit ook met het linkeroog. Wat merk je op?

3.13 Probeer je voor te stellen dat je een gesprek hebt met een kind over verschillende onderwerpen, van ontspanning tot een probleem. Formuleer voor ieder onderwerp wat je het kind kan zeggen als doel van het gesprek. Probeer vervolgens te horen hoe het door jou geformuleerde doel in de oren van het kind kan klinken.

3.14 Ga in gesprek met een kind. Op een speelplein, op een familiefeest, op straat, het geeft niet waar. Bereid je voordat je het gesprek aangaat voor door rust in jezelf te creëren. Stel je voor dat je niets hoeft te bereiken met het gesprek, dat het leuk is om een gesprek te voeren, dat je alle tijd hebt en dat het er niet doet waar het over gaat. Merk je effect op de gespreksvoering? Op hoe je je erbij voelt? Wat merk je aan het kind?

3.15 Kijk naar een opname van een gesprek met een kind dat bang is. Probeer zelf interventies te bedenken die gezegd zouden kunnen worden om de angst van het kind te verminderen.

3.16 Bekijk een gesprek tussen een volwassene en een kind. Let op signalen van passief verzet.

3.17 Doe een oefening met een groepje. Een krijgt de opdracht om 'hmm hmm' te zeggen als ondersteuning bij een bepaald onderwerp. Bijvoorbeeld bij ieder zelfstandig naamwoord dat gezegd wordt. Neem het gesprek op en controleer of het onderwerp vaker genoemd wordt.

3.18 Probeer zelf eens te verwoorden wat voor effect gedrag van een kind heeft op jou.

3.19 Neem een onderwerp (bijvoorbeeld de verzameling, de schooldag, het speelplein, het eten) en spreek zittend en spelend met een kind. Herhaal dat enkele dagen en observeer wat het betekent voor jouw gespreksvoering en voor dat van het kind.

3.20 Doe een spel in een groep. Twee tweetallen en een paar observatoren. Laat het eerste tweetal met elkaar praten over de vakantie, en laat ze op den duur ook spreken over het andere tweetal, daarbij hun naam noemend. Laat het andere tweetal een spel doen. Observeer de non-verbale uitingen over en weer. Hoe gaat het met de aandacht van het ene tweetal naar het andere?

3.21 Probeer activiteiten te verzinnen die kinderen kunnen doen om na een gesprek stoom af te blazen.

3.22 Probeer je intenties bij een gesprek dat je kort geleden hebt gehad te verwoorden.

3.23 Oefenen met repareren. Verzin 'reparatiezinnetjes' voor stroef verlopende gesprekken. Overleg met anderen wat zij van zulke zinnetjes vinden.

3.24 Observeer een gesprek. Neem gespreksfragmenten van televisie of neem gesprekken om je heen op. Observeer of er stiltes vallen. Hoe zijn die gestructureerd? Hoe reageren de gesprekspartners erop? Hoe beoordeel je de kwaliteit van het gesprek? Hangen de stiltes of het gebrek aan stiltes samen met je beoordeling?

3.25 Bekijk een opgenomen fragment van een gesprek van een volwassene met een kind. Bekijk het vanuit het perspectief dat het kind mogelijk sociaal wenselijke antwoorden geeft. Probeer te ontdekken of het kind sociaal wenselijke antwoorden geeft.

3.26 Herhaal oefening 3.25 met een fragment van een gesprek met een kind dat minimaal vier jaar met het kind in het eerste fragment scheelt. Observeer je verschillen in sociaal wenselijk gedrag en over de subtiliteit van het sociaal wenselijke gedrag?

3.27 Oefen sociaal onwenselijke antwoorden. Observeer een gespreksfragment tussen een volwassene en een kind. Probeer een aantal antwoorden te verzinnen die sociaal niet wenselijk zouden zijn als reactie op een vraag van de volwassene.

3.28 Observeer een opname van een gesprek tussen een kind en een volwassene. Bedenk welke loyaliteiten bij het kind spelen die met het gesprek verband houden. Bekijk de opname nu nog een keer, nu je bewust bent van de loyaliteiten waar het kind in zit. Wat gebeurt er met je mening over het gesprek?

3.29 Observeer een gesprek tussen een paar kinderen en een volwassene, bijvoorbeeld een kringgesprek op school. Breng de verschillende loyaliteiten van de kinderen en de volwassene in kaart. Stop de opname regelmatig om de hoeveelheid loyaliteiten te kunnen registeren.

3.30 Bijkijk een opname van een gesprek. Observeer of er metacommunicatieve ingrepen gedaan worden door de gesprekspartners.

3.31 Bekijk een gesprek van een kind met een volwassene eens vanuit het perspectief dat het kind de volwassene steeds opnieuw kansen geeft. Wat zie?

3.32 Oefen met metacommunicatie door middel van zinnen die de gezamenlijkheid van het gesprek bevorderen, benadrukken.

3.33 Oefen met het maken van zinnen die – metacommunicatief – het doel hebben om misverstanden te voorkomen.

3.34 Ga een gesprek aan met iemand en neem je voor om de ander uitgebreid zijn of haar verhaal te laten vertellen. Wat gebeurt er?

3.35 Denk aan een gesprek over het huiswerk wat het kind niet doet omdat hij liever muziek luistert. Wat zou je kunnen zeggen om het onderling vertrouwen te bevorderen?

3.36 Observeer een gesprek met een kind dat niet veel zegt. Kan je door scherp op verbale en non-verbale uitingen te letten ontdekken of het kind wil zwijgen of niet onder woorden kan brengen?

3.37 Observeer conflicten van jongens en van meisjes op het schoolplein. Zijn er wel zoveel conflicten? Wat zie je?

3.38 Probeer je een conflictueus gesprek tussen een moeder en kind over zwemles voor te stellen. Welke overdracht zou kunnen spelen? Welke tegenoverdracht?

## HOOFDSTUK 4
### DE GESPREKSTECHNIEKEN

4.1 Observeer een gespreksfragment, een opname die je herhaald kan bekijken. Probeer non-verbale uitingen te ontdekken (houding, beweging, toon). Noteer deze. Draai het weer opnieuw af en kijk of je kunt ontdekken of en hoe ze het gesprek sturen. Draai het weer opnieuw af, hoe ervaar je het gesprek nu?

4.2 Observeer gesprekken met kinderen van groep 1 tot groep 8. Let op de duur van het gesprek en de spanningsboog van het kind.

4.3 Vorm een groepje en ga met elkaar bespreken hoe je een warme en respectvolle gemoedstoestand kan creëren. Probeer te ontdekken wat je zelf nodig hebt, maar ook wat je nodig hebt vanuit jezelf naar de ander. Een gevende houding is bijvoorbeeld meer bevorderlijk dan een houding waarin de ander jou moet geven. Hoe bereik je dat?

4.4 Oefen in gespreksvoering in groepjes van twee. Laat een derde observeren en laat om de twee minuten een geluid afgaan. Sta erbij stil of je met jezelf bezig was of met de ander.

4.5 Verzin verschillende plaatsen om te praten met een kind. Bedenk hoe het voor het kind zou zijn en hoe het voor de volwassene is.

4.6 Bedenk hoe je je het beste kan voorstellen aan een kind van 4-5 jaar, 6-8, 8-10 en 10-12 jaar.

4.7 Je gaat een gesprek hebben op je opleiding over je vorderingen. Formuleer je persoonsgebonden en niet-persoonsgebonden doelen.

4.8 Om iemand de kans te geven een afwijkende mening te zeggen, moet je dat zelf ook kunnen verdragen. Oefen in discussiëren met iemand die anders denkt dan jij.

4.9 Noem een aantal gesprekken (ouder over huiswerk; juf over schoolpleingedrag; maatschappelijk werkster over kindermishandeling) en probeer te beschrijven wat het gesprekskader is en wat de sociale codes zijn.

4.10 Formuleer hoe je een kind (kies verschillende leeftijden) duidelijk maakt dat de hulp om het kind draait en niet andersom.

4.11 Verzin een gedragsonderwerp, bijvoorbeeld schreeuwen op het schoolplein, huiswerk maken, thuis vertellen wat op school gebeurt is. Probeer te formuleren hoe je een kind duidelijk maakt dat de gedragsverandering belangrijk is terwijl je kind niet onder druk zet.

4.12 Verzin startvragen bij de gesprekken uit oefening 4.11.

4.13 Observeer een gesprek tussen kind en volwassene. Zie je tekenen van weerstand? Van vermoeidheid?

4.14 Probeer te ontdekken waar je eigen onzekerheden liggen in het communiceren met kinderen. Hoe zou je daar metacommunicatief iets over kunnen zeggen?

4.15 Oefen met aan kinderen uit te leggen dat je niet verder kan met het gesprek, maar dat dit door niet-persoonlijke omstandigheden komt.

4.16 Oefen wat je kan zeggen om sociaal wenselijke antwoorden van kinderen te voorkomen.

4.17 Nodig een kind uit om aan jou te leren hoe je iets kunt vertellen door te spelen met poppetjes of dieren bijvoorbeeld.

4.18 Op het schoolplein is een kind gevallen. Het kind is naar het ziekenhuis vervoerd. Formuleer vragen die naar de beleving vragen en vragen die naar de gebeurtenis vragen bij kinderen van ongeveer zeven jaar. Probeer je voor te stellen dat je zelf die vragen moet beantwoorden. Wat gebeurt er bij je?

4.19 Een achtjarig kind is naar een nieuwe school. Vraag hoe het was op school. Je krijgt al snel het antwoord: Leuk. Probeer vijf gesloten vragen te formuleren die het kind helpen een aantal dingen te vertellen. Kies vervolgens daarop aansluitend een open vraag. Schrijf de communicatie uit en vraag iemand die met kinderen werkt of hij of zij een dergelijk verloop herkent.

4.20 Observeer een gesprek tussen volwassenen. Worden er veel toonvragen gesteld? Observeer een gesprek tussen een volwassene en een kind. Worden hier toonvragen gesteld?

4.21 Toonvragen zijn in feite bedoeld om het kind in de gelegenheid te stellen zijn of haar kennis te uiten. Probeer hetzelfde te bereiken door stimulerende vragen in plaats van toonvragen. Wat voor vragen zou je dan moeten stellen?

4.22 Stel je voor een kind gaat naar een zwemfeestje. Je bent als ouders blij en bezorgd tegelijk. Formuleer retorische vragen over het zwemmen, terwijl je meteen de onderlinge verbintenis uitdrukt.

4.23 Bedenk wat er gebeurt als je doorvraagt op verschillende woorden uit de zin: Ik wil niet naar dat verjaarsfeestje.

4.24 En negenjarig meisje is wat faalangstig. Probeer suggestieve (niet retorische vragen) te stellen waardoor je haar denken stimuleert en haar zekerheid zou kunnen doen toenemen.

4.25 Oefen met iemand anders de toon van een 'waarom-vraag', zodanig dat je 'verantwoording afleggen' of 'stimuleren van doorvertellen' oproept.

4.26 Neem een onderwerp en vertaal dat als dierverhaal naar een kind. Oefen door het aan kinderen voor te lezen. Vraag hun kritiek!

4.27 Hoe denk je eigenlijk over de eerlijkheid van kinderen? Toets je mening aan die van anderen.

4.28 Observeer een gesprek en noteer de lichaamshouding van de gesprekspartners.

4.29 Observeer een groepje adolescenten die zitten te praten. Zitten ze te bewegen, te friemelen en dergelijke? Herhaal dit voor kinderen en voor volwassenen.

4.30 Maak een opname van een gesprek tussen twee mensen. Observeer de repeterende bewegingen, tics van mensen (even aan de bril zitten, neus optrekken). Bekijk samen de opname. Geef de opdracht opnieuw een gesprek te hebben en die handeling niet te doen en neem het op. Vraag mensen of ze denken dat ze het nagelaten hebben. Bekijk de opname opnieuw: Is de tic verdwenen?

4.31 Oefen voor jezelf met een gewoon, neutraal zinnetje door het op minstens vier verschillende manieren te zeggen. Kies een emotie en probeer de zin daarmee te kleuren via de toon, niet de inhoud.

4.32 Observeer een gespreksopname van enkele volwassenen. Observeer hun spreektempo. Wat voor gevolgen heeft dit in het gespreksverloop?

4.33 Neem je voor in een gesprek de naam van de gesprekspartner te noemen. Doe je dat normaliter? Merk je iets aan de ander?

4.34 Stel je voor dat je door je vraagtechniek van herhalen van vragen en samenvatten een gesprek met een kind een beetje 'doodgeslagen' hebt. Verzin metacommunicatieve zinnetjes om dit probleem te verhelpen.

## HOOFDSTUK 5

### GESPREKSVOERING NAAR LEEFTIJD

5.1 Observeer kinderen met verschillende achtergronden en probeer ze op levenskennis, omgang met leeftijdgenoten en verantwoordelijk, zelfstandig gedrag te typeren. Neem hun exacte leeftijd op (... jaar, ... maanden) en probeer mentale leeftijden te schatten. Dit is enorm lastig, maar wel een aardige oefening om je intuïtie wat meer methodisch te toetsen.

5.2 Probeer op basis van de genoemde kenmerken (met name hoofdstuk 2) de leeftijd van een kind in te schatten.

## HOOFDSTUK 6

### EPILOOG

6.1 Waar, wat, wanneer had jij gewild dat naar je geluisterd was vroeger?

# BIJLAGE 2
# *Aandachtspunten*

**HOOFDSTUK 1**

**INLEIDING**

- Het spreken met kinderen is voor bijna iedereen een dagelijkse bezigheid
- Hoe jonger het kind, des te onhandiger volwassenen zich lijken te voelen in gesprek met kinderen.
- Een baby is erop gericht zichzelf een taal eigen te maken.
- Kinderen zijn bijzonder sensitief ingesteld op hun omgeving en begrijpen situaties lang voordat er woorden bij horen.
- Kinderen stellen repeteervragen, herhalen een vraag in de hoop het gewenste antwoord te krijgen.
- Communicatie met kinderen vraagt speelsheid en het loskomen van vaste patronen.
- Driftaanvallen en slaan nemen af vanaf ongeveer drie jaar, wanneer het kind zich talig kan uiten.
- De leerbereidheid van kinderen is enorm groot
- Het jonge kind neemt vooral waar met zijn of haar zintuigen.
- Ervaringen uit de kindertijd zullen eerder door middel van geur of tast opgeroepen kunnen worden.
- Het menselijk jong rijpt zo'n vijfentwintig jaar door na de geboorte.
- Afwijken van de norm roept angst op.
- Taal is ook een instrument om te ordenen.
- Jonge kinderen zijn weinig gevoelig voor suggestie als het om een stressvolle gebeurtenis gaat die hen is overkomen.
- De suggestibiliteit van kinderen neemt af van vier tot acht jaar en neemt weer licht toe vanaf een jaar of dertien.
- Suggestibiliteit van kinderen blijkt vooral te spelen in reactie op volwassenen.
- Kinderen blijken geen slechter geheugen te hebben dan volwassenen.
- Kinderen kunnen onderscheid maken tussen fantasie en werkelijkheid.
- Kinderen stellen de geloofwaardigheid van volwassenen niet snel ter discussie.
- Via ik-boodschappen kan gedrag en mens losgekoppeld worden.
- Kinderen zijn weinig gericht op het communiceren van datgene wat hen bezighoudt.
- Kinderen hebben niet altijd in de gaten dat volwassenen niet op de hoogte zijn van wat er in hen omgaat.
- Egocentrisme hangt samen met een beperkte ik-anderdifferentiatie.

- **De vraag is niet of kinderen een mening hebben of over informatie beschikken, maar hoe we met kinderen kunnen communiceren om die mening te weten te komen, of de informatie te verkrijgen.**
- Het bieden van gesprekskaders is van groot belang voor de kwaliteit van de gespreksvoering met jonge kinderen.
- De sociale codes voor gespreksvoering worden vaak niet of eenzijdig uitgelegd aan kinderen.
- Gespreksvoering tussen kinderen en volwassenen verloopt moeizamer naarmate een volwassene ervan uitgaat dat het kind een onvolwaardige gesprekspartner is.

**HOOFDSTUK 2**

**DE ONTWIKKELING VAN KINDEREN VAN VIER TOT TWAALF JAAR**

- In het denken van kinderen bestaat een omslag rond het zevende jaar, de scharnierleeftijd.
- Effectieve communicatie betekent aansluiten bij degene waarmee men spreekt.
- De juiste attitude in gespreksvoering is er een van respect voor het kind en bescheidenheid vanuit de volwassene.
- In gespreksvoering moet aangesloten worden bij de mentale leeftijd van het kind.
- Alle mensen zijn uniek, en daar zijn kinderen geen uitzondering op.
- Het kind heeft een andere gedachte- en gevoelswereld.
- Kinderen zijn in intelligenter dan volwassenen; volwassenen hebben meer kennis en ervaring.
- Kinderen beschikken over een innerlijke wijsheid.
- Kinderen kunnen diep filosoferen.
- Kinderen staan ontvankelijk in het leven en willen de wereld om zich heen begrijpen. Ze nemen deze wereld niet als vaststaand, zoals volwassenen doen. Ze willen hem ontdekken.
- Kinderen die vanwege problemen in de hulpverlening terecht zijn gekomen, zijn vaak meer ervaren dan de hulpverleners om hen heen.
- Kinderen kunnen soepeler met computers omgaan dan volwassenen.
- Rond de drie jaar is de mens het meest zelfverzekerd.
- Kinderen hebben een enorme veerkracht, gebaseerd op hoop dat hun situatie zal verbeteren.
- Van vier tot zes jaar staan het uitbreiden van de fysieke en sociale omgeving en het vervolmaken van taal centraal.
- Met het doen-alsof-spel leren kinderen spelenderwijs sociale rollen.
- Kinderen kunnen dingen letterlijk nemen door een gebrek aan kennis.
- Het kind tussen vier en zes jaar weet een gebeurtenis makkelijker ruimtelijk dan in tijd te situeren.
- Vanaf zeven jaar begrijpt het kind de onomkeerbaarheid van de dood.
- Als gevolg van de onderlinge concurrentie met leeftijdgenoten en de verwachtingen van volwassenen kunnen *faalangst* en *minderwaardigheidsgevoelens* zich ontwikkelen.

- Vriendschappen ontwikkelen zich in de basisschoolperiode van egocentrisch naar wederzijds.
- De morele ontwikkeling verloopt van gevoelig voor straf en beloning naar een goed kind willen zijn.
- Einde basisschool staat de vorming van de sociale identiteit centraal.
- De sociale identiteit is de voorloper van het vormen van een psychologische identiteit.
- Vanaf acht jaar zijn kinderen sterk gericht op de omgang met leeftijdgenoten en vanaf tien jaar wordt dit een kernactiviteit.
- Verzamelen en ruilen is belangrijk aan het einde van de basisschool.
- De sociale identiteit vormt het vangnet voor de psychologische identiteit.
- Aan het einde van de basisschool staan de verschillen tussen jongens en meisjes volop in de aandacht.
- Seksuele voorlichting wordt normaliter vooral door leeftijdgenoten gegeven aan het einde van de basisschool, en aan het begin van de middelbare school.
- Basisschoolkinderen hebben behoefte aan kennis over de technische én de emotionele kant van seksualiteit.
- Er zijn reeds verschillen tussen jongens en meisjes te constateren op de eerste dag na de geboorte. Jongens kijken de eerste dag na hun geboorte langer naar voorwerpen, meisjes langer naar gezichten.
- Mannen en vrouwen zijn verschillend én hetzelfde, maar hebben voorkeursgedrag.
- In het algemeen rijpen jongens langzamer dan meisjes en zij vertonen ook meer problemen in hun ontwikkeling.
- Wanneer een gesprek spanning oproept, zullen kinderen de neiging hebben deze spanning weg te laten vloeien door middel van bewegen.
- Het is zinnig om erbij stil te staan of de stijl van het kind meer externaliserend of internaliserend is.

## HOOFDSTUK 3
### DE GESPREKSVOERING

- Het is niet eenvoudig om een gesprek met een kind te voeren rond een specifiek onderwerp.
- Contacten tussen leerkracht en kind zijn vaak regeldingen, maar geen echte gesprekken.
- Gespreksvoering betekent een tweerichtingsverkeer.
- Tussen kinderen en volwassenen bestaat een belangrijk machtsverschil.
- De belangen van volwassenen en kinderen in een gesprek zijn vaak ongelijk.
- De sociale code eist dat een gesprek normaliter over één onderwerp gaat.
- Kinderen stellen meer vragen als leerkrachten het leren als samenwerken zien.
- Mensen vallen gemakkelijk in de valkuil van invullen van andermans gevoelens, hoe warm en goed bedoeld ook.
- Een kind is minder geneigd een volwassene te vertellen dat diens invulling onjuist is.

- Door via de ik-persoon te spreken, laat men zien dat de mening persoonlijk is en niet een algemeen geldende waarheid.
- Volwassene geven vaak de indruk dat hun tijd kostbaarder dan die van het kind.
- Een 'goed' gesprek betekent, dat de gesprekspartners zich prettig voelen en dat de wederzijdse doelen enigermate zijn bereikt of dat er overeenstemming is over het niet bereiken van het doel.
- Een 'open' gesprek betekent, dat het kind zijn of haar eigen mening en gevoelens kan vertellen zonder geleid of misleid te worden door de volwassene.
- Een 'goed' interview betekent dat het kind informatie geeft en niet dat informatie aan hem of haar onttrokken wordt.
- Een 'goed' hulpverleningsgesprek betekent dat het kind zich gehoord voelt en hulp heeft gekregen die bij hem of haar aansluit.
- Een 'goed' gesprek behelst warmte, respect en belangstelling.
- Een gesprek kan als 'goed' worden ervaren als er respect en warmte is, terwijl er toch uiterst onprettige dingen besproken kunnen worden.
- Respect hangt veelal samen met een positief gebruik van macht.
- Spelen met jonge kinderen is een goede mogelijkheid om een prettige sfeer te garanderen.
- Wezenlijk voor alle communicatie is de non-verbale communicatie.
- Communicatievoorwaarden: Ga op dezelfde (oog)hoogte zitten als het kind; Kijk naar een kind terwijl je spreekt; Alterneer het wel en niet maken van oogcontact met een kind terwijl je spreekt; Stel het kind op zijn of haar gemak; Luister naar wat een kind zegt; Laat met behulp van voorbeelden zien dat wat het kind zegt, effect heeft; Vertel het kind dat het je moet zeggen wat het vindt of wil, omdat je het niet weet als het kind het je niet vertelt; Probeer spelen en praten te combineren; Signaleer dat je het gesprek afbreekt en later zal voortzetten wanneer je merkt dat het kind afhaakt; Wanneer je een moeilijk gesprek hebt gehad, zorg dan dat het kind daarna tot zichzelf kan komen.
- Metacommunicatieve elementen: Maak het doel van het gesprek duidelijk; Laat een kind weten wat je intenties zijn; Laat een kind weten dat je feedback nodig hebt; Laat een kind weten dat het mag zwijgen; Probeer te benoemen wat je voelt en volg wat je voelt; Nodig het kind uit zijn of haar mening over het gesprek te geven; Maak metacommunicatie een vast onderdeel van de communicatie.
- Het gelegenheid bieden aan iemand om zijn of haar verhaal te vertellen, vormt een eerste hulp die verleend wordt.
- In veel situaties is er een voortdurende wisseling van onderlinge deskundigheid.
- Het soort vragen beïnvloedt sociaal wenselijke antwoorden
- De kans op sociaal wenselijke antwoorden neemt af als: ieder antwoord welkom is; het antwoord geen rechtstreekse veroordeling hoeft in te houden van direct betrokkenen; het niet meer direct over het kind zelf gaat; een ontkenning niet voor de hand ligt; de vragen niet gesloten zijn.

- De kwaliteit van ieder gesprek is afhankelijk van de mate van vertrouwen tussen de gesprekspartners.
- Loyaliteit van kinderen ten opzichte van hun ouders, vormt een extra probleem in gespreksvoering met hen.
- Het is niet standaard om je gevoelens te kunnen herkennen en onder woorden te kunnen brengen.
- Een kind dat 'gesloten' is, kan willen zwijgen, maar kan ook moeite hebben om zich uit te drukken in woorden.
- Ruzies tussen jongens verschillen van ruzies tussen meisjes.
- Volwassenen schatten vaak de capaciteit tot spreken over emotionele onderwerpen van kinderen te laag in.
- Communiceren betekent contact.
- Kinderen hebben over het algemeen een veel betere stressmanagement dan volwassenen.
- Kinderen kunnen over een moeilijk onderwerp praten via verhalen.

## HOOFDSTUK 4

### DE GESPREKSTECHNIEKEN

- Een gesprek wordt gevoerd onder invloed van een aantal sociale codes waarvan de meest niet bewust geleerd worden.
- De subtiliteit en non-verbaliteit van sociale codes zijn voor jonge kinderen, voor mensen uit andere culturen en voor kinderen met een vertraagde of belemmerde sociaal-emotionele ontwikkeling moeilijk te begrijpen.
- Een goede introductie zet echter de toon van het gesprek. Een goede afronding laat de gesprekspartners niet met spanning en vragen achter.
- Drie gesprekcategorieën: (spontane) open vraaggesprek, het interview, het hulpverleningsgesprek.
- Opbouw gesprek: de voorbereiding; de introductie; de startvraag; de romp; de afronding.
- Een kind kan zorgen dat hij nooit alleen is met een volwassene zodat deze ook niet een gesprek kan beginnen.
- Bij jonge kinderen, onder de acht jaar, zal een half uur – spelend en pratend – al vrij lang zijn.
- De kwaliteit van een gesprek staat of valt met de warmte en het respect van de gesprekspartners.
- Mentaal voorbereiden betekent het creëren van een warme en respectvolle gemoedstoestand.
- Bezig zijn met het belang van het kind bevordert het gesprek, bezig zijn met het eigen belang zit een goede gespreksvoering in de weg.
- De plek waar een gesprek gehouden wordt, heeft invloed op het verloop van het gesprek. Het kind kan kiezen, maar kan soms minder goed beoordelen of de plek echt geschikt is.
- Kinderen moeten leren gedachten te ordenen, te formuleren en woorden te geven naar buiten toe.

- Aan een belangrijke vraag gaat vaak een 'hoorbare' stilte vooraf.
- Een naam onthouden is erg belangrijk.
- Bij jonge kinderen is het bij het kennismaken vrij vanzelfsprekend om naar hun leeftijd te vragen. Hiermee kan het intellectuele niveau van het kind ingeschat worden.
- Het doel van het gesprek moet duidelijk zijn, ook voor jezelf.
- In de startfase van het gesprek is het belangrijk om tot een overeenkomst te komen over het gesprek.
- Het is van belang duidelijk aan te geven wat het gesprekskader is.
- Laat de verantwoordelijkheid voor het gesprek zoveel mogelijk bij het kind.
- Als de motivatie, de spanningsboog en de warmte van het gesprek onvoldoende zijn kunnen kinderen weerstand en vermoeidheid vertonen.
- Een onzekere volwassene heeft een ingebouwde afstand tot de mensen om zich heen.
- Volwassenen die makkelijk contact maken met kinderen zijn minder afhankelijk van ervaring.
- Metacommunicatie kan behulpzaam zijn in het doorbreken van je eigen onzekerheid.
- Bedenk wat de belangrijkste vraag van het gesprek is.
- Kinderen hebben moeite met evalueren.
- Het is belangrijk om een kind op de een of andere manier te bedanken voor het gesprek.
- Na een gesprek moet een kind even uit kunnen razen.
- Jonge kinderen zijn minder geneigd vragen te beantwoorden, maar communiceren via spel en verhaal.
- Bij het spel zal er minder sprake zijn van sociaal wenselijke gedragingen.
- Vraagtechnieken: open vragen; gesloten vragen; toonvragen; retorische vragen; doorvragen; suggestief vragen; meervoudig vragen; vraag herhalen; vraag verduidelijken; tegendeelvragen; waarom-vragen; antwoord herhalen; antwoord samenvatten; samenvattend vragen.
- Gesloten vragen gebruiken om gesprek op gang te krijgen.
- Jongens zijn gemiddeld meer ingesteld op communiceren met hun lichaam en vertellen ook makkelijker via gebeurtenissen.
- Kinderen die 'gesloten' zijn, zullen in eerste instantie beter uit de voeten kunnen met gesloten vragen.
- Toonvragen is een zeer gebruikelijke techniek in schoolverband.
- Ouders hanteren veel retorische vragen bij kinderen vanaf ongeveer vijf jaar.
- De meest gebruikelijke manier van doorvragen is door op een vragende toon een woord uit een zin te herhalen.
- Doorvragen is de meest geëigende manier om dieper contact te maken, om dieper op een onderwerp in te gaan, om de ander te laten merken dat je hem of haar serieus neemt en om te voorkomen dat je misverstanden in de communicatie krijgt.
- Verschillende mensen hechten verschillende betekenissen aan een zelfde woord.

- Suggestieve vragen laten de bevraagde weten wat de mening is van de vrager en kunnen een waardeoordeel in zich dragen.
- Kinderen hebben de neiging bij volwassenen sociaal wenselijke antwoorden te geven.
- Jonge kinderen en minder begaafde kinderen zijn extra gevoelig voor suggestieve vragen van volwassenen.
- Suggestieve vragen kunnen, wanneer de volwassene zeker is van zijn of haar zaak, ook ondersteunend werken en het kind het gevoel geven begrepen te worden.
- Waarom-vragen kunnen uitnodigend zijn naar verder vertellen, maar ook de indruk geven van verantwoording moeten afleggen.
- Het samenvatten zal voor jonge kinderen op kunnen roepen dat het gesprek langdradig wordt.
- Kinderen spelen liever dan dat ze praten, dus ze zullen een gesprek niet langer willen laten duren dan nodig is.
- Non-verbale communicatie is bepalend voor het verloop van een gesprek.
- Wil een contact goed tot stand komen, dan zullen de non-verbale en de verbale communicatie overeen moeten stemmen.
- Met een goede lichaamshouding onderstreep je wat er gezegd wordt.
- Verzitten, geeft de indruk dat iets te lang duurt. Knikken is een bevestiging van wat er gezegd wordt.
- De betekenis van een zin is afhankelijk van de toon.
- Het ideale vraagtempo is eerder langzaam dan snel.
- Het noemen van de naam houdt alert.
- Het meest krachtige wapen in het weerbaar maken van kinderen is de bescheidenheid van de volwassene.

## HOOFDSTUK 5

### GESPREKSVOERING NAAR LEEFTIJD

- Om de juiste gespreksvoering te kunnen toepassen en aan te kunnen sluiten bij het kind, is het noodzakelijk om een grove inschatting te kunnen maken van de mentale leeftijd van het kind.
- Begaafdheid wordt niet alleen uitgedrukt in intellectuele vermogens, maar ook – en vooral – in de belangstelling van het kind voor bepaalde onderwerpen.
- De verschillen binnen een kind en tussen kinderen in mentale leeftijden zitten, naast cognitieve vaardigheden, vooral op levenskennis, omgang met leeftijdgenoten en verantwoordelijk, zelfstandig gedrag.
- De gespreksvoering kan gekenmerkt worden aan de hand van vijf onderwerpen: metacommunicatie, vorm waarin het gesprek plaatsvindt, verbale aspect, non-verbale aspect, vraagtechnieken en motivatie.

## HOOFDSTUK 6

### EPILOOG

- Had er vroeger maar iemand naar me geluisterd!

| **Gespreksvoering met kinderen leeftijdsgewijs** | | |
|---|---|---|
| Kenmerken gespreksvoering naar leeftijd | | |
| | 4-6 jaar | 6-8 jaar |
| 1 Metacommunicatie | - Uitleg gesprekskader<br>- Belang mening benadrukken<br>- Veel metacommunicatie | - Uitleg gesprekskader<br>- Belang mening benadrukken<br>- Veel metacommunicatie |
| 2 Vorm | - Spelen + praten<br>- 10 à 15 minuten verbaal<br>- Non-verbale spelvormen<br>- Familievoorbeelden gebruiken<br>- Spel aanhouden bij vermoeid-heid<br>- Niet te lang stilzitten | - Praten + spelen<br>- 15 à 20 minuten verbaal<br>- Verbale spelvormen<br>- Vrienden als voorbeelden gebruiken<br>- Niet te lang stilzitten |
| 3 Verbale aspect | - Kort en concreet, moeilijke woorden vermijden<br>- Hulp bij formuleren | - Kort en concreet, moeilijke woorden vermijden |
| 4 Non-verbale aspect | - Veel non-verbaal | - Non-verbale communicatie |
| 5 Vraagtechnieken | - Open + gesloten vragen<br>- Gesloten vraag niet op hoofd-onderwerp<br>- Suggestieve vragen vermijden<br>- Open vraag naar hoofdonder-werp, doorvragen op details<br>- Gebeurtenissen ruimtelijk<br>- Vragen gevarieerd herhalen, niet samenvattend vragen | - Gesloten vragen vermijden<br>- Suggestieve vragen vermijden<br>- Open vragen naar hoofd onderwerp, doorvragen op details<br>- Meer ruimtelijk dan temporeel<br>- Vragen gevarieerd herhalen, niet samenvattend vragen |
| 6 Motivatie | - Gedurig aan motivatie werken<br>- Materiële beloning<br>- Afronding op spanningsboog | - Gedurig aan motivatie wer-ken<br>- Materiële beloning<br>- Afronden op onderwerp |

**Delfos, M.F.** *(2000-2014), Luister je wel naar mij? Gespreksvoering met kinderen tussen vier en twaalf jaar.*

# BIJLAGE 3

| 8-10 jaar | 10-12 jaar |
|---|---|
| – Benoemen gesprekskader<br>– Veel metacommunicatie | – Benoemen gesprekskader<br>– Matig metacommunicatie |
| – Praten, soms spelen<br>– Half uur tot drie kwartier verbaal<br>– Vrienden gebruiken in navragen | – Praten<br>– Een uur verbaal<br>– Eventueel met vriend(in) |
| – Concreet, moeilijke woorden uitleggen | – Concreet en abstract, moeilijke woorden uitleggen |
| – Benoemen non-verbale communicatie | – Benoemen non-verbale communicatie |
| – Open afwisselen met gesloten vragen<br>– Suggestieve vragen vermijden<br>– Sociaal wenselijke antwoorden voorkomen<br>– Ruimtelijk + temporeel doorvragen<br>– Samenvatten voor structuur | – Open vragen<br>– Doorvragen<br>– Suggestieve vragen om sociaal wenselijke antwoorden te voorkomen, verder vermijden<br>– Ruimtelijk + temporeel doorvragen<br>– Samenvatten voor structuur |
| – Motivatie controleren<br>– Goedkeuring op codes van maatschappij<br>– Afronden op onderwerp | – Motivatie herhalen, niet gedurig<br>– Goedkeuring in de zin van goed mens zijn<br>– Afronden op tijd en onderwerp |

# BIJLAGE 4
## *Checklist Jennings*

De volgende checklist is gebaseerd op die van Rick L. Jennings (1982).

In de checklist staan aandachtspunten voor het afnemen van interviews met kinderen. Veel aandachtspunten zijn ook bruikbaar voor gespreksvoering in het algemeen.

**A VOORBEREIDING:**

1 doelen interview voor mezelf duidelijk en helder maken (onderzoeksvragen)
2 mijn attitude ten aanzien van dit interview helder hebben en keuzes maken hoe ik ermee om wil gaan
3 vragenlijst/aandachtspuntenlijst goed kennen

**B INTRODUCTIE:**

4 mezelf duidelijk voorstellen als persoon en deskundige
5 doelen interview duidelijk maken
6 gebruik gegevens/informatie duidelijk uitleggen
7 duidelijk maken wat voor soort interview dit is: informatie verkrijgen
8 uitleggen hoe vertrouwelijk de informatie behandeld wordt
9 mededelen duur interview/manier van registratie, eventueel vervolg interview
10 a) kind aanmoedigen om algemene motivatie voor interview aan te geven (positief/negatief)
b) kind aanmoedigen om eventuele angst of bezorgdheid aan te geven
11 a) reageren op aangegeven motivatie
b) reageren op aangegeven angst/bezorgdheid
12 mededelen wat ik verwacht ten aanzien van verbale deelname

**C SOCIAAL-EMOTIONELE EN TAAKGERICHTE GESPREKSLEIDING:**

13 a) hoeveelheid informatie die het kind aandraagt, bevestigen
b) inhouden/onderwerpen die het kind aandraagt, bevestigen
c) relevantie/duidelijkheid van wat het kind zegt, aangeven
d) voortgang interview benoemen
e) emotionele/cognitieve mededelingen van het kind bevestigen
f) eerlijke/serieuze omgang met antwoorden bevestigen

D **EXTRA TECHNIEKEN:**

14 a) verschillende stijlen toepassen (autoritair, begrijpend en dergelijke)
b) spelen/karakteriseren van een specifieke rol
c) gebruik maken van humor

E **EXTRA AANDACHTSPUNTEN:**

15 eigen gekozen/gewenste houding (hoe directief/actief en dergelijke) handhaven
16 reageren op provocatief gedrag van het kind
17 kind voor onrealistische hulpverwachtingen beschermen
18 zorgen voor voldoende stiltes
19 maak mededelingen over jezelf (verleden/heden/toekomst)
20 onderzoek de verhouding van gedrag, emotionele en cognitieve mededelingen

F **EIGEN GEDRAG/ATTITUDE:**

21 erkennen eigen (negatieve) emoties tijdens interview en er iets mee doen
22 erkennen en eventueel gebruiken eigen emotionele reacties op het kind
23 voldoende zicht op verloop van interview houden
24 voldoende zicht op de kwaliteit van de verzamelde informatie tijdens interview houden

# LIJST VAN VOORBEELDEN

# LIJST VAN OVERZICHTEN

# LITERATUUR


Allport, G. W. & Postman, L. (1947). *The psychology of rumor.* New York: Holt.

APA, American Pychological Association. (2005, August 17). *Resolution on Violence in Video Games and Interactive Media.* www.apa.org/releases/resolutiononvideoviolence.pdf.

Beek, F. van (1997a). *Training vraaggesprekken. Een training voor groepsleiders. 1. Handleiding voor de trainers. 2. Draaiboek voor de trainers.* Voorhout: WESP.

Beek, F. van (1997b). *De kunst is om vragen te stellen zonder vraagtekens te zetten. Syllabus Training Vraaggesprekken.* Voorhout: WESP.

Beek, F. van (1998a). *Ze zijn er gewoon voor mij. Pleegkinderen over de pleegzorg.* Voorhout: WESP.

Beek, F. van (1998b). *Hoe ze er gewoon voor mij zijn. Pleegkinder Kwaliteitscriteria ten aanzien van de pleegzorg.* Voorhout: WESP.

Behnke, K. (1998). *The acquisition of phonetics in young infants: a self-organizing artificial neural network approach.* MPI series in psycholinguistics, 5. Enschede: Proefschrift.

Berding, J. (1995). *Kinderen zijn al groot: werken met kinderen volgens Janusz Korczak.* Utrecht: Uitgeverij SWP.

Berk, L. E. (2003). *Child Development.* (6th ed.). Boston. MA: Allyn & Bacon.

Berne, E. (1976). *Transactionele Analyse in psychotherapie.* Amsterdam: Bert Bakker.

Boggs, K. (1999). Communicating with children. In E. Arnold, & K. Boggs (Eds.), *Interpersonal Relationships: Professional Communication Skills for Nurses.* (3rd ed.). Philadelphia: W.B. Saunders.

Borgers, N., Leeuw, E. de, & Hox, J. (1999). Surveying Children. Cognitive Development and Response Quality in Questionnaire Research. *Methodological Issues in Official Statistics.* Stockholm, Sweden: SCB.

Boszormenyi-Nagy, I., & Spark, G. (1973). *Invisible Loyalties.* New York: Hoeber & Harper.

Bowlby, J. (1984). *Attachment and loss Volume I, Revised edition.* London: Penguin Books.

Brouwers-de Jong, E. A. B., Burgmeijer, R. J. F., & Laurent de Angulo, M. S. (1996). *Ontwikkelingsonderzoek op het consultatiebureau. Handboek bij het vernieuwde Van Wiechenonderzoek.* Assen: Van Gorcum.

Bruner, J. (1980). *Under five in Britain. Oxford Preschool Research Project.* (Vol.1.) Ypsilanti, MI: High/Scope Press.

Capelleveen, E. M., & Cazemier, B. M. (1993). Ondervragingsmethoden bij kinderen en het effect van visuele ondersteuning. *Tijdschrift voor Orthopedagogiek, Kinderpsychiatrie en Klinische Psychologie,* 18, 2, 63-76.

Capjon, H. & Bjørk, I.T. (2010). Ambulant children with spastic cerebral palsy and their parents' percep-tions and expectations prior to multilevel surgery. *Developmental Neurorehabilitation, 13*(2): 80-87.

Ceci, S. J., Ross, D. F., & Toglia, M. P. (1987). Age differences in suggestibility: Narrowing the uncertainties. In S. J. Ceci, M. P. Toglia, & D. F. Ross (Eds.), *Children's eyewitness memory,* 79-91. New York: Springer Verlag.

Chomsky, N. (1957). *Syntactic structures.* The Hague: Mouton.

Chomsky, N. (1975). *Reflections on language.* New York: Pantheon.

Christensen, P. (2004). Children's Participation in Etnographic Research: Issues of Power and Representa-tion. *Children & Society, vol.18,* pp. 165-176.

Clark, A. (2005). Listening to and involving young children: a review of research and practice. *Early Child Development and Care,* 175:6, 489-505.

Cole, C. B., & Loftus, E. F. (1987). The memory of children. In S. J. Ceci, M. P. Toglia, & D. F. Ross (Eds.), *Childrens Eyewitness Memory.* New York: Springer Verlag.

Connellan, J., Baron-Cohen, S., Wheelwright, S., Ba'tki, A., & Ahluwia, J. (2001). Sex differences in human neonatal social perception. *Infant Behavior and Development,* 23, 113-118.

Conroy, H. & Harcourt, D. (2009). Informed agreement to participate: beginning the partnership with children in research. *Early Child Development and Care,* 179:2, 157-165.

Cook, T. & Hess, E. (2007). What the camera sees and from whose perspective. Fun methodologies for engaging children in enlightening adults. *Childhood,* 29-45.

Davies, G. (1991). Research on children's testimony: implications for interviewing practice. In C. R. Hollin & K. Howells (Eds.), *Clinical approaches to sex offenders and their victims.* New York: John Wiley & Sons Ltd.

Dekker, T., & Biemans, H. (1994). *Video-hometraining in gezinnen.* Houten/Zaventhem: Bohn Stafleu Van Loghem.

Delfos, M.F. (1992). De computer als hulpmiddel in de spelkamer. *Nederlands Tijdschrift voor Opvoeding, Vorming en Onderwijs, NTOVO,* jaargang 8, nr. 6, december 1992, blz. 388-394.

Delfos, M. F. (1993-2014). *Patja. Over adoptie en pleeggezinplaatsing. / Oline, het olifantje. Over opgroeien met verslaafde ouders. / Sanne. Over mishandeling en negatief zelfbeeld. / Blijf van me af! Over seksueel misbruik van meisjes. / Blijf van me af! Over seksueel misbruik van jongens. / Vogel. Over omgaan met leeftijdgenootjes. / Het is niet leuk! Over kinderen die andere kinderen seksueel misbruiken. / Pip. Over opgroeien met psychiatrisch gestoorde ouders. / Van alles twee. Over de betekenis van echtscheiding voor jonge kinderen. / Ze vinden me druk! Over drukke kinderen en ADHD. / Dood is niet gewoon. Over het verlies van een ouder. / Merel is bang. Over angst. / De wereld van Luuk. Over autisme. / Witstipje en Fleur / Ronald en Muis. Over allergie en anafylactische reactie. / Maartje de suikerheldin. Over diabetes. / Aletta en de giraf. Over kinderen met een leerachtersrtand. / Ik ga naar pappa! Over ouders in de gevangenis. / Spring, het eekhoorntje. / Couscous en kniekousen. Over opgroeien met ouders met een verstandelijke beperking. / Ik wil mijn ouders niet verliezen. Over autisme en verlies van ouders. / Lotte en de beer. Voor kinderen die niet makkelijk praten.* Amsterdam: Uitgeverij SWP / Niño.

Delfos, M.F. (1994a). 'Jij bent dood, daar krijg ik mooi 150 punten voor!' In: *TJJ, Tijdschrift voor Jeugdhulpverlening en Jeugdwerk,* september, 9-13.

Delfos, M. F. (1994b). De ontwikkeling van intimiteit. Een ontwikkelingspsychologisch model gekoppeld aan een model van de gevolgen van seksueel misbruik. *Tijdschrift voor Seksuologie,* 18, 282-292, december.

Delfos, M. F. (1998a). *Luisteren naar kinderen.* Voorhout: WESP.

Delfos, M. F. (1998b). In Denissen, R., 'Het aangevreten Marokkaanse zelfbeeld.' MWB koerier. *Personeelsblad politie Midden en West Brabant,* 5, 7, 20-21.

Delfos, M. F. (1998-2003). Serie seksuele voorlichting: *Een vrolijke drukte, over menstruatie; Kop en staart, over zaadlozing; Alles erop en eraan, over zwangerschap en bevalling; Verliefd is verliefd, over homo-seksualiteit; Zoek de verschillen, over de verschillen tussen jongens en meisjes; Dat heb je van mij, over erfelijkheid en evolutie; Overal te koop, over voorbehoedmiddelen; De dicht-bij-je-bed show, over geslachtsziekten; Zin in jezelf, over masturbatie; Dat nare gevoel, over seksueel misbruik.* Amsterdam: Uitgeverij SWP/Niño.

Delfos, M. F. (1999, September). Supporting children in difficulty: Close to the child. Keynote presented at the IFCW (International Forum Child Welfare) World Forum: *Empowering children*, Helsinki, Finland.

Delfos, M. F. (2001a). Van meezorgen tot zorg. Het kind centraal. In: W. Bakker, M.L.W. Damen; J.A.M. Merkx & B. Prinsen. *Alle kinderen in beeld. Ouder- en Kindzorg tussen Wetenschap en Praktijk.* Assen: Van Gorcum.

Delfos, M.F. (2001b). De ontmannelijking van de man. In: *Pedagogiek in Praktijk Magazine*, juni, 8-13.

Delfos, M.F. (2002). Afscheid van het normale kind. In: *Pedagogiek in Praktijk Magazine, 5*, 28-31.

Delfos, M. F. (2003a). The Conquered Giant: The use of Computer in play therapy. In: F. J. Maarsse, A. E. Akkerman, A. N. Brand & L. J. M. Mulder (Eds.). *Clinical assessment, computerized methods and instrumentation. CIP7.* Amsterdam/New York: Harcourt Book Publishers.

Delfos, M. F. (2003b). Seksuele oplichting. Je weg vinden in het seksuele oerwoud. In: M. Schaap & E. Skubisz (Red.). *Kinderen en seksualiteit. Een positieve bijdrage.* Janusz Korczak Stichting. Jaarboek 2003. Amsterdam: Narratio.

Delfos, M. F. (2004a). Een jongen is geen meisje. *De wereld van het jonge kind,* 31, 183-186.

Delfos, M. F. (2004b). Werken is nep-spelen. *De wereld van het jonge kind,* 31 (5), 130-133.

Delfos, M.F. (2005a). Seksespecifieke verwaarlozing. In: P*edagogiek in Praktijk Magazine*, juni, 8-11.

Delfos, M.F. (2005b). Klein en wijs, jong en getekend. Rouwverwerking bij kinderen en jongeren. In: R. Diekstra en C. Gravesteijn (Red.). *Lieve hemel. Over hulp bij rouwverwerking van kinderen en jongeren door opvoeders.* Uithoorn: Karakter Uitgevers, 54-76.

Delfos, M.F. (2006a). *Het maakbare kind. Opvoeding als (ver)gissing.* Amsterdam: Uitgeverij SWP.

Delfos, M. F. (2006b, september 2). Gooi kinderen niet voor de wolven, maar stel grenzen en trotseer de protesten. *NRC Handelsblad,* p. 17.

Delfos, M.F. (2006c) *Weekendvaders? Wie kent vaders?* Amsterdam: Uitgeverij SWP.

Delfos, M.F. (2007a). Het kind in het virtuele milieu. Interview van Goos Cardol en Wim Theunissen met Martine Delfos. In: Goos Cardol en Wim Theunissen. *Het kind: bijzonder belangrijk.* Amsterdam: Uitgeverij SWP, 79-90.

Delfos, M. F. (2007b, februari 5). Geef computerkinderen een eierwekker. *NRC Handelsblad*, p. 7.

Delfos, M.F. (2007c). Je bent de grond onder zijn voeten. Over vrouwelijk en mannelijk voorkeursgedrag. Interview van Carine Ex met Martine Delfos. In: Carine Ex. *Opvoeden, wat kun je?* Amsterdam: Wereldbibliotheek, 123-143.

Delfos, M.F. (2007d). Het kind tussen scheiding- en omgangsregeling. Interview van Goos Cardol en Wim Theunissen met Martine Delfos. In: Goos Cardol en Wim Theunissen. *Het kind: bijzonder belangrijk.* Amsterdam: Uitgeverij SWP, 115-132.

Delfos, M. F. (2009a, 7e druk). *Ontwikkelingspsychopathologie. Stoornissen en belemmeringen. Voorheen: Kinderen in ontwikkeling. Stoornissen en belemmeringen.* Amsterdam/New York: Pearson B.V.

Delfos, M.F. (2009b, 2e druk). *Virtuele ontwikkeling van de Jeugd.* Amsterdam: Uitgeverij SWP.

Delfos, M. F. (2010a, 5e druk). *De schoonheid van het verschil. Waarom mannen en vrouwen verschillend én hetzelfde zijn.* Amsterdam/New York: Pearson.

Delfos, M.F. (2010b). *Let's Game. Over gamers en gaming. Voor ouders en hun gamers.* Amsterdam: Uitgeverij SWP.

Delfos, M. F. (2011a, 5e druk). *Ontwikkeling in Vogelvlucht. Ontwikkeling van kinderen en adolescenten.* Amsterdam/New York: Pearson B.V.

Delfos, M. F. (2011b, 9e druk). *Een vreemde wereld. Over autismespectrumstoornisse n,(ASS). Voor ouders, partners, hulpverleners, wetenschappers en de mensen zelf.* Amsterdam: Uitgeverij SWP.

Delfos, M. F. (2012, 10e druk). *Kinderen en gedragsproblemen. Aanleg, rijping of omgeving?* Amsterdam/New York: Pearson B.V.

Delfos, M.F. (2013a, 2e druk). *Autisme vanuit ontwikkelingsperspectief.* Amsterdam: Uitgeverij SWP.

Delfos, M.F. (2013b, 2e druk). *In 80 dagen de virtuele wereld rond.* Amsterdam: Uitgeverij SWP.

Delfos, M. F. (2014a, 8e druk). *Ik heb ook wat te vertellen! Communiceren met pubers en adolescenten.* Amsterdam: Uitgeverij SWP.

Delfos, M.F. (2014b). *Ik ben aan ze gehecht! Gehechtheid als een boei in nood.* Amsterdam: Uitgeverij SWP.

Delfos, M.F. (2014c). *Developmental Perspective on trauma.* Amsterdam: Uitgeverij SWP.

Dollaghan, C. (1985). Child meets word: 'Fast mapping' in preschool children. *Journal of Speech and Hearing Research,* 28, 449-454.

Donaldson, M. (1979). *Children's Minds.* New York: Norton.

Dorval, B., & Eckerman, C. (1984). Developmental trends in the quality of conversa tion achieved by small groups of acquainted peers. *Monographs of the Society for Research in Child Development,* 49, 206.

Edwards, C., Gandini, L., & Forman, G. (Red.) (1998). *De honderd talen van kinderen. De Reggio Emilia-benadering bij de educatie van jonge kinderen.* Utrecht: Uitgeverij SWP.

Elbers, E. (1991). Context en suggestie bij het ondervragen van jonge kinderen. *Gezin, 3,* 234-243.

Elbers, E., & Laak, J. J. F. ter (1989). Kinderen als getuigen. *Justitiële Verkenningen, 15 (6),* 91-110.

Ekman, P. (1992). *Telling lies. Clues to deceit in the marketplace, politics, and marriage.* New York: Norton.

Emans, B. (1990). *Interviewen. Theorie, techniek en training.* Groningen: Wolters-Noordhoff.

Erikson, E. (1950). *Kind en samenleving.* Utrecht: Aula (1977).

Feuerstein, R. (1981). *Structural cognitive modifiability as a powerful determinant of multicultural integration.* Jerusalem: Hadassah-Wizo-Canada Research Institute.

Field, T. (1979). Visual and cardiac responses to animate and inanimate faces by young term and preterm infants. *Child Development, 50,*188-194.

Fivush, R., Kuebli, J., & Clubb, P. A. (1992). The structure of events and event representations:
A developmental analysis. *Child Development, 63,* 188-201.

Fivush, R. (2002). Scripts, schemas, and memory of trauma. In N. L. Stein, P. J. Bauer, & M. Rabinowitz (Eds.). *Representation, memory, and development: Essays in honor of Jean Mandler* (pp. 53-74). Mahwah, NJ: Lawrence Erlbaum Associates.

Fivush, R., Sales, J. M., Goldberg, A., Bahrick, L., & Parker, J. (2004). Weathering the storm: Children's long term recall of Hurricane Andrew. *Memory, 12,* 104-118.

Flavell, J. H. (1985). *Cognitieve development* (2nd ed.). Englewood Cliffs, NJ: Prentice Hall.

Fraiberg, S. (1978). *De magische wereld van het kind.* Bussum: Paul Brand.

Frank, J. D., Hoenh-Saric, R., Imber, S.D. et al. (1978). *Effective ingredients of successful psychotherapy.* New York: Brunner & Mazel.

Frith, U. (1989). *Autisme. Sleutel tot het raadsel.* Antwerpen: Hadewijch.

Fulker, W., Cherry, S. S. & Cardon, L. R. (1993). Continuity and Change in Cognitive Development. In R. Plomin & G. E. McClearn (Eds.), *Nature, Nurture and Psychology,* 77-95. Washington DC: American Psychological Association.

Gabeler, J., Weeda, W., & Wieringen, J. van (1996). *Kinderen zijn zichzelf: werken met kinderen volgens Thomas Gordon.* Utrecht: Uitgeverij SWP.

Garbarino, J., & Stott, F. M. (1989). *What children can tell us.* San Fransico/London: Jossey-Bass.

Geest, J. N. van der (2001). *Looking into autisme. Eye movements and gaze behavior of autistic children.* Proefschrift Erasmus Universiteit.

Gesell, A., & Ilg, F. (1949). *Child Development.* New York: Harper and Row.

Gordon, T. (1989). *Luisteren naar kinderen.* Baarn: Trion.

Gray, P. (1999). *Psychology.* New York: Worth.

Grover, S. (2004). Why won't they listen to us? On giving power and voice to children participating in social research. *Childhood,* 11 pp. 81-93.

Gruen, R. J., & Mendelsohn, G. (1986). Emotional responses to affective displays in others: The distinction between empathy and sympathy. *Journal of Personality and Social Psychology, 51,* 609-614.

Haaren, J. van (1983). *Agogische gespreksvoering.* Baarn: Nelissen.

Hackney, H., & Cornier, L. S. (1979). *Counseling Strategies and Objectives.* Englewood Cliffs, N.J.: Prentice Hall.

Hadders-Algra, M. (1997). De beoordeling van spontane motoriek van jonge baby's: een doeltreffende methode voor de opsporing van hersenstoornissen. *Nederlands Tijdschrift Geneeskunde,* 141 (17), 816-820.

Hameetman, M. & Meerdink, J. (1999). *Een goed begin is het halve werk. Kwaliteitscriteria van kinderen en ouders ten aanzien van de opname in (semi-) residentiële voorzieningen.* Voorhout: WESP.

Harris, J. R. (1999). *Het misverstand opvoeding. Over de invloed van ouders op kinderen.* Amsterdam/Antwerpen: Contact.

Harris, P. L. (2000). *Understanding Children's Worlds: The work of the Imagination.* Oxford: Blackwell Publishers.

Hofstede, G. (1991). *Allemaal anders denkenden. Omgaan met cultuurverschillen.* Amsterdam/Antwerpen: Contact.

Internationaal Verdrag inzake de Rechten van het Kind (IVRK) (1990). Vertaling van het verdrag vastgesteld in New York, Algemene vergadering van de Verenigde Naties, 20 november 1989, gepubliceerd in Tractatenblad 1990, 170, 6-29.

IJzendoorn, M. H. van, Tavecchio, L. W. C., Goossens, F. A. & Vergeer, M. M. (1988). *Opvoeden in geborgenheid: een kritische analyse van Bowlby's attachment theorie.* Deventer: Van Loghem Slaterus.

Jennings, R. L. (1982). *Basic considerations in interviewing children.* Independence, Iowa: Counseling and Assessment Service.

Kappen, A. (2007). *Deskundigheid zit in het kind. Ad Kappen in gesprek met Martine Delfos.* Amsterdam: Uitgeverij SWP.

Katz, L. (1998). 'Wat kunnen we van Reggio Emilia leren?' In C. Edwards; L. Gandini & G. Forman (Red.), *De honderd talen van kinderen. De Reggio Emilia-benadering bij de educatie van jonge kinderen,* 29-38. Utrecht: Uitgeverij SWP.

Keesom, J. (1998). Reggio Emilia in Amsterdam. *Tijdschrift voor Onderwijs en Opvoeding, 57 (2),* 20-21.

Kegl, J., Senghas, A., & Coppola, M. (1999). Creation through Contact: Sign Language Emergence and Sign Language Change in Nicaragua. In M. DeGraff (Ed.), *Language Contact and Language Change: The Intersection of Language Acquisition, Creole Genesis, and Diachronic Syntax.* Cambridge: MIT Press.

Keirse, M. (2005). Kinderen rouwen anders dan volwassenen. In: R. Diekstra en C. Gravesteijn (Red.). *Lieve hemel. Over hulp bij rouwverwerking van kinderen en jongeren door opvoeders.* Uithoorn: Karakter Uitgevers, 77-99.

Kiili, J. (1999, September). Paper presented at the IFCW (International Forum Child Welfare) World Forum: *Empowering children,* Helsinki, Finland.

Klimkeit, E.; Graham, C.; Lee, P.; Morling, M.; Russo, D. & Tonge, B. (2006). Children should be seen and heard: Self-report of feelings and behaviors in primary-school-age children with ADHD. *Journal of Attention Disorders, 10*:181, pp. 181-191.

Koenen, L. (1998). *De taal van doven in Nederland.* Amsterdam: Atlas.

Kohlberg, L. (1969). Stage and sequence: The cognitive-developmental approach to socialization. In D. Goslin (Ed.), *Handbook of socialization theory and research* (pp.347-480). Chicago: Rand McNally.

Kohnstamm, R. (1980). *Kleine ontwikkelingspsychologie.* Houten: Bohn Stafleu Van Loghem.

Kommer, C. van den, & Elbers, E. (1998). Het horen van kinderen bij een vermoeden van seksueel misbruik. Een interactie-analyse. *Comenius, 18,* 147-168.

Lamers-Winkelman, F. (1995). *Seksueel misbruik van jonge kinderen. Een onderzoek naar signalen en signaleren en naar ondervragen en vertellen inzake seksueel misbruik.* Amsterdam: VU uitgeverij.

Lang, G., & Molen, H. T. van der (1998). *Psychologische gespreksvoering. Een basis voor hulpverlening.* Baarn: Nelissen.

Leeuw, E. D. de, & Otter, M. E. (1995). The Reliability of Children's Responses to Questionnaire Items. Question Effects in Children's Questionnaire Data. In J. J. Hox, B. F. van der Meulen, J. M. A. M. Janssens, J. J. F. ter Laak, & L. W. C. Tavecchio (Eds.), *Advances in Family Research.* Amsterdam: Thesis Publishers.

Leeuw, E. D. de, Hox, J., Kef, S., & Hattum, M. van (1997). Overcoming The Problems of Special Interviews on Sensitive Topics: Computer Assisted Self-Interviewing Tailored For Young Children and Adolescents. *In Sawtooth Software Conference Proceedings.* Sequem, WA: Sawtooth Software Inc.

Loftus, E. F., & Davies, G. M. (1984). Distortions in the memory of children. *Journal of Social Issues, 40,* 51-68.

Loftus, E. (1995). *Graven in het geheugen.* Amsterdam/Antwerpen: Contact.

Maccoby, E. E., & Maccoby, N. (1954). The interview: A tool of social science. In G. Lindzey (Ed.), *Handbook of social psychology, volume I, Theory and method,* 449-487. Cambridge, MA: Addison-Wesley.

MacDonald, A. (2009). Drawing stories: The power of children's drawing to communicate the lived. *Australian Journal of Early Childhood, 34*(3), 40-49.

Marshall, L. S. (2004). Communicating with children. In C. L. Williams & C. M. Davis (Eds.), *Therapeutic interaction in nursing* (pp. 67-76). Sudbury, MA: Jones and Bartlett Publishers.

Matthews, G. (1994). *Willen planten ook baby's?: Filosoferen met kinderen.* (B. Heesen, Vertal.). Rotterdam: Lemniscaat. (Origineel werk gepubliceerd 1984).

Meer, B. van der (1993). *Kinderen en pesten: wat volwassenen er van moeten weten en eraan kunnen doen.* Utrecht: Kosmos.

Meerdink, J. (1996). *Weet u wanneer ik weg ga? Tussenrapportage van het Project Follow-up onderzoek: kinderen over hun beleving van en mening over de jeugdhulpverlening.* Voorhout: WESP.

Meerdink, J. (1997a). *'Weet u wanneer ik wegga?' Kinderen over hun beleving van en mening over de jeugdhulpverlening. Follow-up onderzoek deel I - vertrekinterviews met 60 kinderen uit de (semi-)residentiële hulpverlening; verantwoording van het project; conclusies en aanbevelingen.* Voorhout: WESP.

Meerdink, J. (1997b). Alles zo gewoon mogelijk. Kinderkwaliteitskriteria in de jeugdhulpverlening. *0/25 Tijdschrift over Jeugd,* nr .3, 18-21.

Meerdink, J. (1999a). Driving a car for the first time: teachers, caregivers and child-driven approach. *Early Childhood Matters, 9,* 24-29.

Meerdink, J. (1999b). *I. Weet u waarom ik hier ben? Kinderen en jongeren over de kwaliteit van het primair proces van de (semi-)residentiële hulpverlening. II. Weet u wat een hulpverlener moet doen? Kinderen en jongeren over de kwaliteit van uitvoerend medewerkers in de (semi-)residentiële hulpverlening. III. Weet u hoe het in een groep is? Kinderen en jongeren over de kwaliteit van de organisatie in de (semi-)residentiële hulpverlening.* Utrecht: Uitgeverij SWP/WESP.

Menyuk, P., Liebergott, J. W., & Schultz, M. C. (1995). *Early language development in full-term and premature infants.* Hillsdale, NJ: Erlbaum.

Miller, A. (1981). *Het drama van het begaafde kind.* Bussum: Het Wereldvenster.

Min, N. M. (1966). *Voor wie ik liefheb wil ik heten.* Den Haag: Bert Bakker/Daamen.

Montessori, M. (1950). *De methode, de ontdekking van het kind.* Amsterdam: Van Holkema en Warendorf.

Nagy, M. H. (1948). The child's theories concerning death. *Journal of Genetic Psychology, 73,* 3-27.

Nikken, P. (2007). *Mediageweld en kinderen.* Amsterdam: Uitgeverij SWP.

Nossent, S. (1998). *Babyvisie.* Amsterdam: Oievaar

Nurcombe, B. (1986). The Child as Witness: Competency and Credibility. *Journal of the American Academy of Child Psychiatry, 25,* 473-480.

Perlmutter, M., & Myers, N .A. (1976). Recognition memory in preschool children. *Developmental Psychology, 12,* 271-272.

Perlmutter, M., & Ricks, M. (1979). Recall in preschool children. *Journal of Psychology, 27,* 423-436.

Peterson, C. (1999). Children's memory for medical emergencies 2 years later. *Developmental Psychology, 35,* 1493-1506.

Peterson, C., & Rideout, R. (1998). Memory for medical emergencies experienced by 1- and 2-year olds. *Developmental Psychology, 34,* 1059-1072.

Piaget, J. (1954). *The construction of reality in the child.* New York: Basic Books.

Piaget, J., & Inhelder, I. (1978). *De psychologie van het kind.* Deventer: Van Loghem Slaterus.

Pope, B., & Siegman, A.W. (1972). Relationship and verbal behavior in the initial interview. In A. W. Siegman & B. Pope (Eds.), *Studies in the dyadic communication,* 69-89. New York: Pergamon Press.

Powell, M, & Smith, A. (2009). Children's participation rights in research. *Childhood,* 16: pp.124-142.

Punch, S. (2002).Research with children. The same or different from research with adults? *Childhood,* 9: pp. 321-341.

Ravesloot, J. (1997). *Seksualiteit in de jeugdfase, vroeger en nu.* Leiden: Het Spinhuis.

Renders, M. W. P. (1997). *Werken is nepspelen. Tussenrapportage voor het project 'Young Children's views'.* Voorhout: WESP.

Reznick, J. S., & Goldfield, B. A. (1992). Rapid change in lexical development in comprehension and production. *Developmental Psychology, 28,* 406-413.

Rich, J. (1968). *Interviewing children and adolescents.* London and Basingstoke: The Macmillan Press.

Riihelä, M. (1996). *How to deal with children's questions? Semantic aspects of encounters between children and professionals in child institutions.* Helsinki: University of Helsinki.

Rogers, C. (1951). *Client-Centered Therapy.* Boston: Houghton Mifflin.

Rosenthal, R. (1976). *Experimenter Effects in Behavioral Research.* New York: Irvington Publishers.

Rousseau, J-J. (1726). *Emile of over opvoeding.* Meppel: Boom (1980).

Rutter, M., & Rutter, M. (1993). *Developing Minds. Challenge and Continuity across the Life Span.* London: Penguin Books.

Schachtel, E. (1973). *Metamorfose: ontwikkeling van affect, waarneming, aandacht en geheugen.* Rotterdam: Lemniscaat (1959).

Selman, R. (1981). The child as friendship philosopher. In S. A. Asher & M. Gottman (Eds.), *The development of children's friendships.* Cambridge: Cambridge University Press.

Shatz, M., & O'Reilly, A. W. (1990). Conversational or communicative skills? A reassessment of two-year-olds' behaviour in miscommunication episodes. *Journal of Child Language, 17,* 131-146.

Sinclair, R. (2004). Participation in practice: making it meaningful, effective and sustainable. *Children & Society,* Vol.18: 106-118.

Soppe, H. J. G., & Hees-Stauthamer, J. C. (1993). De geloofwaardigheid van getuigenissen van jeugdige slachtoffers van zedenmisdrijven. *Tijdschrift voor ontwikkelingspsychologie, 20 (2),* 125-149

Speece, M. W., & Brent, S. B. (1984). Children's understanding of death: A review of three components of a death concept. *Child Development, 55,* 1671-1686.

Steiner, G. (1965). *Children's concepts of life and death: a developmental study.* New York: Colombia University.

Stemberger, J. P. (2004). Phonological priming and irregular past. *Journal of Memory and Language, 50,* 82-95.

Stern, D. (1977). *The first relationship: Infant and mother.* Cambridge: Harvard University Press.

Subrahmanyan, K., & Greenfield, P. (2009). Online communication and adolescent relationships. *The future of children, 18*(1), 119-146.

Sullivan, H. S. (1953). *The Interpersonal Theory of Psychiatry.* New York: W.W. Norton & Co.

Syndnor-Greenberg, N., & Dokken, D. L. (2001).Communication in healthcare: thoughts on the child's perspective. *Journal of Child and Family Nursing, 4,* 225-230.

Tannen, D. (1990). *You just don't understand. Women and men in conversation.* New York: William Morrow.

Tanner, J. (1978). *Fetus into man: Physical growth from conception to maturity.* Cambridge: Harvard University Press.

Tomasello, M., Carpenter, M., & Hobson, R. P. (2005). II. The Emergence of social cognition: A longitudinal study. *Monographs of the Society for Research in Child Development, 70,* 1, 29-45.

Villiers, J. G. de, & Villiers, P. A. de (1999). Language development. In M. H. Bornstein & M. E. Lamb (Eds.), *Developmental psychology: An advanced textbook* (4th ed.) (pp. 313-373). Mahwah, NJ: Lawrence Erlbaum Associates.

Vygotsky, L. S. (1996). *Cultuur en Ontwikkeling.* Samenstelling René van der Veer. Amsterdam: Boom (1934).

Watzlawick, P., Beavin, J., & Jackson, D. (1967). *Pragmatics of Human Communications.* New York: Norton.

Waxman, S. R. (2002). Early word-learning and conceptual development: Everything had a name, and each name gave birth to a new thought. In U. Goswani (Ed.), *Blackwell handbook of childhood cognitive development* (pp. 102-126). Malden, MA: Blackwell.

Waxman, S. R. (2003). Links between object categorization an naming: Origins and emergence in human infants. In D. H. Rakinson & L. M. Oakes (Eds.), *Early category and concept development: Making sense of the blooming, buzzing confusion* (pp. 213-241). London: Oxford University Press.

Wispe, L. (1986). The distinction between sympathy and empathy: To call forth a concept, a word is needed. *Journal of Personality and Social Psychology, 50,* 314-321.

Wilkins, L., Fleischmann, W., & Howard, J. E. (1940). Macrogenitosomia precox associated with hyperplasia of the androgenic tissue of the adrenal and death from corticoadrenal insuffiency. *Endocrinology, 26,* 3, 385-395.

Wilkinson, K. M., Ross, E., & Diamond, A. (2003). Fast mapping of multiple words: Insights into when "the information provided" does and does not equal "the information perceived." *Journal of Early Adolescence, 20,* 129-149.

Wit, J. de, Veer, G. van der, & Slot, N. W. (1997). *Psychologie van de adolescentie.* Baarn: Intro.

Yarrow, L. J. (1960). Interviewing children. In P. H. Mussen (Ed.)., *Handbook of researchmethods in child development* (pp. 561-602). New York: John Wiley & Sons.

# NAMENREGISTER

# ZAKENREGISTER

# INFORMATIE OVER DE AUTEUR

Dr. Martine-France Delfos studeerde eind jaren zestig klinische research psychologie en begin jaren negentig Franse taal en letterkunde aan de Universiteit van Utrecht. In 1999 promoveerde zij op een psychologisch, demografisch en letterkundig onderzoek over rouwverwerking bij Franse schrijvers.

Zij is opgeleid als wetenschappelijk onderzoeker, klinische psychologie, en is vervolgens in de praktijk gaan werken sinds 1975. Daar heeft ze langdurig ervaring opgedaan in het diagnosticeren en behandelen van kinderen, jeugdigen en volwassenen. Zij is onder andere gespecialiseerd in relatietherapie, autisme en eetstoornissen.

Vanaf 1994 verzorgt zij naast haar therapeutische praktijk nascholing aan psychologen, psychiaters, orthopedagogen, artsen, maatschappelijk werkers en groepsleiders.

In 1997 richtte zij het PICOWO op: Psychologisch Instituut voor Consultatie, Onderwijs en Wetenschappelijk Onderzoek om haar researchwerk vorm te geven. De resultaten worden inmiddels in boekvorm gepubliceerd in de Picowo-serie.

Vanuit de combinatie van een researchopleiding en een therapeutische praktijkervaring begon ze haar kennis om te zetten in biopsychologische modellen. Daarbij worden verschillende wetenschapsgebieden betrokken met name psychologie, biologie, chemie, en wiskunde. Martine Delfos hecht er belang aan dat er een verbintenis is tussen wetenschap en praktijk. De modellen die zij ontwikkelt, staan in directe relatie tot de maatschappelijke en wetenschappelijke werkelijkheid.

Tot 2012 was Martine Delfos lector *Virtuele Ontwikkeling van de Jeugd* aan de Hogeschool Edith Stein. Sinds 2010 is ze gasthoogleraar aan de International University of Sarajevo, Bosnië-Herzegovina. Sinds 2011 gasthoogleraar aan de Universidad Central, Quito, Ecuador. In beide landen is haar gevraagd mee te helpen aan het vormgeven van de autisme hulpverlening voor het land.

Naast haar werkzaamheden als zelfstandig gevestigd therapeut en docent publiceerde zij vanaf 1993 onder andere op het gebied van de psychologie. Verscheidene handboeken en specialistische boeken, onder andere over gespreksvoering met pubers en adolescenten *(Ik heb ook wat te vertellen! Gespreksvoering met pubers en adolescenten)* en verschillen tussen mannen en vrouwen *(De schoonheid van het verschil. Waarom mannen en vrouwen verschillend zijn én hetzelfde* en de versie voor een breder publiek: *Verschil mag er zijn. Waarom er mannen en vrouwen zijn).*

In 1994 kreeg zij de Wilhelminaprijs voor haar eerste vier therapeutische kinderboeken. In deze serie zijn inmiddels eenentwintig boeken verschenen. Vanaf 1997 verschenen de eerste tien delen uit een serie van serie van tien delen over seksuele voorlichting.

Omdat wetenschap dynamisch is, wordt in nieuwe drukken van haar boeken steeds het meest recente onderzoek verwerkt.

Verschillende van haar boeken verschijnen in vertaling (Engels, Duits, Frans, Spaans, Bosnisch en Burmees).
Informatie op de website: www.mdelfos.nl

Colofon

*Luister je wel naar mij?*
*Gespreksvoering met kinderen tussen vier en twaalf jaar*
Martine F. Delfos
www.mdelfos.nl

ISBN 978 90 8850 510 2
NUR 847

Het onderzoek dat ten grondslag ligt aan dit boek is gefinancieerd door de Bernard van Leer Foundation en deels door de Stichting Levensbeschouwing Jeugdhulpverlening.

Fotoverantwoording omslag:
Stockbyte

Vormgeving:
Nicolien van der Keur, Utrecht

Uitgever:
Paul Roosenstein

Voor informatie over overige uitgaven van Uitgeverij SWP:
Postbus 257, 1000 AG Amsterdam
Telefoon: (020) 330 72 00
Fax: (020) 330 80 40
E-mail: swp@mailswp.com
Internet: www.swpbook.com